JN086029

Introduction
to Data Science
for Business

ビジネス・データサイエンス入門

データ分析業務の自動化と
データサイエンティストのリスキリング

喜田昌樹 ［著］
Masaki Kida

東京　白桃書房　神田

はじめに：本書の背景と特徴

　喜田（2019）では，データマイニングのビジネスでの利用法について説明してきた。しかし，現在では，データマイニングという手法を中心にする議論ではなく，ある種の体系としてのデータサイエンスが議論されるようになってきた。データサイエンスは次の５つの領域を持っている。第１は，分析用データを作成する領域であり，ここにはデータクリーニングの議論が含まれる。第２は，データビジュアライゼーションの領域であり，データ全体を把握する。グラフ化セオリーなどが含まれる。第３は，統計的分析の領域であり，既存の統計学の議論が中心となっている。そして，最後が，モデリングの領域であり，機械学習や，モデリングに用いる各種アルゴリズムの議論，そして，最近では，人工知能の議論がここに含まれる。それらがそれぞれで議論が進められている。

　最初のデータマネジメントの領域は，データサイエンスと直結することに限定すると，データ分析基盤の構築，データ分析ニーズの把握，分析ニーズに合わせたデータ構築などが議論されている。より詳しくは，喜田・日本情報システム・ユーザー協会（2018）を参照されたい。この領域は，データマイニングなどデータ活用の前提条件としてとらえられ，本書第３章でより詳しく見てみることにしよう。喜田（2019）では，データマイニングをデータサイエンスの中で位置づけ，しかも，ビジネスでの活用法と関係するように各関係領域での議論を説明してきた。つまり，**ビジネス・データサイエンス**というビジネスという領域を持つデータサイエンスの構築を目指してきた。

　しかし，このように多種多様な領域で構成されており，著者の能力の限界もあり，１冊の書物では手に負えない。そこで喜田（2019）では，課題として２つの領域に含まれる４点を挙げた。１つは，データマネジメント及び

「分析用データ作成」の領域であり，もう１つはアルゴリズムに関連する領域であり，経営課題とアルゴリズムの関係の把握（フレーム化）とアルゴリズムのカスタマイズの問題である。

　第１のデータマネジメントの領域では，基幹系システム内のデータの質の管理を中心に，分析基盤の構築などの前処理工程の議論を進める必要がある。そこでは，データクレンジングや Data Fusion（データ融合）についてもより議論を進める必要があると考えられる。最近では，第３章で議論する人工知能システムを含む情報のエコシステムの構築という，データエンジニアリング領域に進んでいる。

　第２の分析用データを作成する領域では，多様なデータを構造化データに変換するための前処理を中心に行われる。特にテキストであれば単位設定やコンテクストの固定化などの言語資料としての特性を明らかにする必要性がある（喜田，2018）。その上で，データクリーニングが行われるがデータクリーニングの基準の問題など課題は多くある（Nettleton，2014）。この領域も昨今のデータプリペアレーションツールの開発や，そのツール内に AI を組み込むということが出てきている。

　この２つの領域の課題は昨今出現してきた BI ツール，特にデータプリペアレーションツールによって解決がなされようとしている。

　そこで，本書ではこの２つのツールに注目した上でデータサイエンスのエコシステムという考え方を提示し，「**意思決定工学**」という領域への橋掛かりとしたい。なお，情報エコシステムの概念については，Kuehn（2023）を参照されたい。その上で，アルゴリズムの選択についても自動化が進んでいる。この点について第５章及び第６章以降で各経営課題に対応したアルゴリズムの選択の自動化について説明することにしよう。

　これらの点は，データサイエンティストの業務を自動化することに他ならない。Taddy（2019）では，データサイエンスをビジネスと関連付け「ビジネス・データサイエンス」を提示する際に，データサイエンス業務の自動化に注目している。つまり，ビジネスに関連づけることは必然的に自動化を

想定しているということである。これは現在の DX と同じ動きである。しかし，Taddy（2019）は，理系向け及びデータサイエンスの専門家向けに書かれており，かなりのプログラミングスキルと数学を必要とする。

　そこで，本書では，Taddy（2019）とは異なり，一般業務部門でもデータサイエンスが可能となるツールを用いた**データサイエンス業務の自動化**に注目し，各事例においても自動化という点から議論している。最新の動向では，データ分析業務の自動化自体を人工知能で不具合などを予測・管理するということが行われている[1]。この点は専門家の業務とされてきたデータサイエンスを民主化する動きである「**市民データサイエンス**」の立場に立脚している。なお，この点については，Redman and Davenport（2021）を参照されたい。

　市民データサイエンスは，より簡単に言うと，ツールを用いてデータサイエンス及びデータ分析業務を行うことであり，ツールによって誰でもできることで，その手法の民主化を図ることである。その上で自動化に応じて最近言われている**リスキリング**が必要となる。その方向性の1つが経営課題を把握し，それをデータマイニングの機能（アルゴリズムの選択）で解決できるようにフレーム化を行うことができるスキルであり，ドメインである業務知識が必要となる。

　そこで著者の事例を挙げることにしよう。退学者予測の参考になるのが，アメリカ通信業界での「チャーン・マネジメント」である。「チャーン」は通信業界では「乗換」のことで同業他社に顧客が移っていくことである。チャーン・マネジメントでは乗換すると予測された顧客リストを作り，その顧客に対して個別にサービス・商品を提供することなどで引き留める手法で，その他，保険業界等で用いられている。顧客維持に力点がある場合リテンションマネジメントとも呼ばれる。

　このプロジェクトでは，日常業務で利用している基幹系システムから，分析用のデータを作成する。データには，学籍番号順に退学・卒業を変数化した上で，基幹系システムでの変数で構成されている。それを AI につながる

ニューラルネットワーク等の機械学習の手法を用いて予測モデルを作る。そこでは，入試関連（高校設置区分，入試区分，評定平均等）とカリキュラム関連があることが分かった。前者は入試制度改革に，後者はカリキュラム改革につながった。次に面談記録を対象にしたテキストマイニングを用い，より深く追求した。そこでは，1，2年次退学では「専門学校」等の進路変更が中心であり，3，4年次退学では「卒業の目途」等の卒業の可能性が中心であることが分かった。これから初年次ではキャリア意識が低いという結論を導き，初年次教育の科目を設置した。しかし，チャーン・マネジメントが目標とする個別対応には程遠いが，退学者数も徐々に減少したので，ある程度の効果があったと考えられる。

　この経験がデータ活用の課題と解決方法を考察するようになり，それが喜田（2019）に反映されている。それは次の4点である。1）大学経営での退学者問題というように経営課題を明確にすることである。これは経営課題発見であり，そこでは，業務知識はもちろん，経営学での知識も必要である。2）非構造化データも含めての分析用データ作成の問題である。これには，基幹系システムが稼働しており，データがビジネスを反映していること，データマネジメント（データの質の管理及びデータを扱う人の管理）が実施されている必要がある。また，ビッグデータの利用可能性もここに含まれる。3）適切なアルゴリズムを選択することであり，各アルゴリズムと課題との関係を理解する必要がある。さらには，データサイエンスと経営学及び関連領域等の「領域」との関係を明らかにすることが必要不可欠である。4）結論に対して経営成果に直結する施策・行動計画を立案することが課題となる。そうでないと単なる分析オタクになってしまう。これにはデータ分析部門の組織影響力が必要となる。また，組織影響力を持つ部門（経営企画部など）で分析スキルを構築することも重要であり，これが本書でいう市民データサイエンスとデータ分析業務の自動化に直結する。

　そして，重要なのがこれらは1つのフレームを持つことであり，その1つがチャーン・マネジメントである。このようにフレーム化には，特にフ

レーム化の起点である経営課題の発見に経営学や関連領域の知識もしくは職務遂行能力が大きな役割を果たす。そして，そのフレーム化の是非がデータ活用，AI の活用，もっと言うと**業務特化型 AI の自作**には不可欠であり，その可能性を決めるといっても過言ではない。本書で業務特化型 AI の自作に注目するのは，業務特化型 AI 自体が多様でしかも複雑化しており，自社のビジネスに効果をもたらすツールの選択に困難を極めているからである。この点は各業務についての AI についてカオスマップが存在することで明らかである。それ故，自社のビジネスに精通した分析者が自作する必要があるのである。今後のデータサイエンティストにはこの能力が求められるのではないかと本書では考えているのである。

最後に，「**ビジネス・経営は地形であり，データは地図である**」という言葉を紹介したい。地形であるビジネス・経営の理解を進めるのが経営学の果たす重要な役割であること言うまでもない。しかも，ビジネス・データサイエンスで注目される自動化という側面から，業務特化型 AI を自作し，文系による「意思決定工学」への挑戦である。

そこで，本書の特徴として次の点が挙げられる。

■仕事〔職務〕を意識したデータサイエンス，ビジネス・データサイエンスを中心にする。

■データサイエンス業務を自動化する。→「データサイエンス」から「意思決定工学」へ。

■自動化を意識するために統計的分析よりも機械学習（AI）を重視する。

■経営課題発見のための経営学の基礎を習得する。言い換えると，課題解決よりも課題発見を重視する。

そして，本書の最終目標としては，業務特化型 AI を自作し，エコシステムとして実装することである。

本書の流れ

第 1 章では，まず，ビジネス・データサイエンスとは何か，ということを

中心に議論する。まず，データサイエンスが何か，ということを確認したの
ち，そこでは，データサイエンスを職務及び仕事で生かすことの視点となる
CRISP_DM との関連付けについて議論する。また，その際には，CRISP_
DM について詳細に説明することにしよう。その上で，データサイエンスを
位置づけることにする。次に，データサイエンスの代表的な手法を 2 つ紹介
することにしよう。1 つは，データマイニングであり，もう 1 つはテキスト
マイニングである。なお，本章ではデータマイニングについて説明する。第
3 に，仕事で生かすためには，データサイエンスの活用領域を知ることが必
要である。その上でデータサイエンスの結果の付加価値化を行うために必要
なビジネス・システムと商圏を説明することにしよう。

　第 2 章では，データマイニングの導入の背景としてどのように経営手法
が変化してきたかを明らかにする。そのためには，まず経営戦略論の基礎
的な知識が必要となり，しかもどのように経営手法が変化してきたかを明ら
かにするためのスタートポイントが必要である。データサイエンスはナレッ
ジ・マネジメントとの深い関係がある。その上で，データサイエンスを導入
することについては，初期のナレッジ・マネジメントから情報技術を用いる
ナレッジ・マネジメントへの転換という大きな流れがある。そこでここで
は，これらについて説明する。最後に，データサイエンスと競争戦略論でい
う競争優位との関係を示す研究を紹介し，データサイエンスと経営戦略との
関係をより明確にすることにしよう。

　第 3 章では，データサイエンスを行う前提条件 1 について説明すること
にしよう。前提条件の第 1 としては，ツールの基礎的な知識が必要である。
本章では，最新のツールである IBM SPSS Modeler の操作手順などについ
て説明することにしよう。これは，現在の **BI ツール**の基礎となっており，
ツール検討をする際の参考となる。それ故，本書では，BI ツールとの関係
で IBM SPSS Modeler を説明することにしよう。次の前提条件は，「基幹系
システム（データベース）及び ERP：データウェアハウスの構築」，「デー
タマネジメント」，「分析用データを作る」，「VISUALIZATION（可視化，も

しくはデータ表現）」である。本章では，前者２つを次章では後者２つについて説明することにしよう。その上で，本章ではビジネスとの関係を明らかにするために，経営課題とデータソースとの関係について説明することにしよう。最後に，最近話題になっているデータ活用基盤の構築と分析サーバーについて説明することにしよう。

第４章では，データサイエンスの前提条件のうち最も重要かつ，実際データ活用を行う際の課題となる**データプリペアレーション（データの準備）**とこれを行う際の指針となるデータビジュアライゼーションについて説明することにしよう。そこでは，データの理解：データ活用の１つとしてのデータ表現，データの準備（Data Preparation）；データクリーニングから「分析用データ」の作成へ，分析用データの例，データの準備のツール化，データプリペアレーションツールについて説明することにしよう。

第５章では，まずモデリング手法の概説をすることにしよう。次にIBM SPSS Modeler で利用可能で，代表的な**アルゴリズム**（ニューラルネットワーク，決定木，クラスター化，アソシエーション・ルール）について説明する。そこでは，概説，用いる際の要件，長所と短所などについて説明する。その上で，アルゴリズム選択の自動化とデータ入力の自動化による学習の推進について説明することにしよう。最後に，これらアルゴリズムをどのような経営課題に用いるのか，について示すことにしよう。

つまり，第３章から第５章までで業務特化型AIを自作することと「**意思決定工学**」への挑戦の可能性を示唆することにしよう。そして，第６章から各業務に応じて業務特化型AIを自作する基礎を示すことにしよう。

第６章では，取引関係及びビジネス・システムにおいてデータサイエンスが生かせる領域としては古くからあるリスクマネジメント（リスクアセスメント）が代表的である。そこで，本章では金融機関での**与信管理**を中心に検討することにしよう。与信管理においてのデータ活用を説明した後，金融リスクの自動化とダッシュボード例を取り上げることにしよう。最後にビジネス・システムに新たな視点を提示すると考えられる**マーケットデザイン**の

可能性を示唆することにしよう。そこでは，金融機関の顧客の個別化の背景にも触れている。

第7章では，顧客行動を理解することと予測することに注目し，そこでのデータサイエンスの事例を挙げることにしよう。まず，**需要予測**について説明する。次に，決定木はその名にもあるようにある**顧客の意思決定**のプロセスを示す点から，消費者行動論のモデルとの関連を示唆する。次に，経営課題であるダイレクトメールに反応する顧客の予測について説明する。その後，決定木などの予測モデルで代表的な**乗換；途中解約；顧客離反（チャーン）**の事例を説明することにしよう。まず，チャーンについての理論的な議論から顧客関係管理との関係を説明し，その次にデータを用いて予測モデルの構築とそのモデル内容を明らかにする。本書では，データ分析業務の自動化に注目している。そこで，最後に，需要予測とチャーン・マネジメントの自動化とダッシュボード例を取り上げることにしよう。

第8章では，まず**マーケット・セグメンテーション**の理論的基礎とその分類軸に関する変遷を明らかにしたのちに，パン屋さん（小売店データ）を基にした実際の購買活動によるセグメンテーションについて説明することにしよう。そして，最後に，実際の購買活動によるセグメンテーションと個人属性との関係を明らかにすることで，本章で取り上げる方法の可能性を示唆することにしよう。最後に，セグメンテーションの自動化とダッシュボード例を挙げることにしよう。

第9章では，アソシエーションを用いた**マーケット・バスケット分析**の背景となっているロングテール現象やその現象を取り込んだビジネスであるロングテールビジネスについて説明する。次に，ロングテールビジネスの基礎となり，データサイエンスの代表的な方法であるマーケット・バスケット分析について説明する。その上で，より具体的にパン屋さんを事例にどのようにマーケット・バスケット分析を行い，おすすめ商品を選定するのか，について提案することにしよう。最後にこのようなロングテールビジネスがどのような市場（商圏）の変化を引き起こしているのか，を説明することにし

よう。

　第10章では，データサイエンスでのもう1つ重要な手法である**テキストマイニング**について説明する。テキストマイニングは最近のビッグデータの一部であるテキストという「非構造化データ」を対象にする。そこで，まず，データサイエンスの中でのテキストマイニングを位置づけ，定義を行った後，テキストマイニングの流れ（作業手順）を説明する。その後，データサイエンスの1) VISUALIZATION（可視化），2) ANAYSIS（分析），3) PREDICITIVE ANAYSIS（MODELING）（＝予測的分析）に応じて，自己の研究例を挙げながら説明することにしよう。

　おわりにでは，データサイエンティストのリスキリングの方向として2つ議論する。1つは技術動向の把握とそのスキル形成についてであり，もう1つはデータサイエンスをマネジメントの3種の側面（アート・サイエンス・クラフト）の中で位置づけ，サイエンスを自動化した上で，アートとクラフトをバランスさせることであるとしている（Mintzberg, 2005）。

謝辞

　なお，小生が浅学のため，本書におけるありうべき誤謬は，すべて小生に帰するものである。

　本書を上梓するに当たり，神戸大学の加護野忠男先生をはじめとする多くの先生方，ならびに緒先輩の皆様に厚く御礼申し上げなければならない。

　加護野忠男先生には，大学院時代，その後勤めてからも，ナレッジ・マネジメント，データマイニング及びテキストマイニング，企業内情報活用という研究テーマをご理解いただいたうえでさまざまな援助をしていただいた。このようなご理解とご援助に対して，本書の上梓を持ってご恩返しとできればと思います。

　また，所属する経済学部の先生方には，通常の業務などの点において数多くのご迷惑をおかけしたことをお詫びし，小生の研究にご理解をいただいたことを御礼申し上げます。

　本書の意図及び目的をご理解いただき，出版を快くお引き受けくださり，丁寧なご指導をいただいた白桃書房の大矢栄一郎氏にも厚く御礼申し上げる。

▊注

1　この点については，https://it.impress.co.jp/articles/-/20382?fbclid=IwAR2hqJz44eZoHn_HcPeFH15evqOkbD5dJhdHGlFjd4sfi6ozMd2HRpxCqjw を参照されたい。2023/05/25 アクセス。

目　次

第6章　リスクマネジメントに使う

第7章　顧客行動を理解し，予測する：
需要予測とチャーン・マネジメント

第8章　より効率的な顧客ターゲッティングを行いたい：
　　　　自己組織化マップによる合成変数の構築

第9章　売上が伸びる仕組みを構築したい：
　　　　店舗設計とレコメンドシステム

第 10 章　非構造化データを扱う：テキストマイニングの活用

ビジネス・データサイエンス
とは

はじめに

　第1章では，まず，ビジネス・データサイエンスとは何か，ということを中心に議論する。まず，データサイエンスが何か，ということを確認したのち，そこでは，データサイエンスを職務及び仕事で生かすことの視点となるCRISP_DM と関連付けについて議論する。また，その際には，CRISP_DMについて詳細に説明することにしよう。その上で，データサイエンスを位置づけることにする。次に，データサイエンスの代表的な手法を2つ紹介することにしよう。1つは，データマイニングであり，もう1つはテキストマイニングである。なお，本章ではデータマイニングについて説明する。第3に，仕事で生かすためには，データサイエンスの活用領域を知ることが必要である。そこでデータサイエンス領域でのデータサイエンスの活用領域について説明する。その上でデータサイエンスの結果の付加価値化を行うために必要なビジネス・システムと商圏を説明することにしよう。

I　データサイエンスとは

　データサイエンスという言葉は 1990 年代に出てきた。しかし，データに関連する議論は，データ収集とデータ分析という2つの側面を持って長い歴史を持っている。

　データ収集では，図書館学や，各領域の統計データの収集がそれであり，データ分析では，統計学がそれに当たる。統計学も，各関連領域の発達とともに，心理統計，社会統計，経済統計というように発達してきている（Kelleher & Tierney, 2018）。そして，IT 化の推進により，コンピュータサイエンスの発達や認知科学及び人工知能領域の発達，誰でも使える人工知能として機械学習などが生まれてきて，現在の隆盛を見るのである。

　このようにデータサイエンスの歴史を見てみると，その領域が，哲学，言語学，論理学，歴史学，文献学，認知科学の源流としての心理学などのいわゆるリベラル・アーツの領域を基礎分野として発展してきたことが分かる。もちろん，数学や統計学，コンピュータサイエンス，人工知能，プログラミングなどの理系領域も基礎とする。つまり，データサイエンスは**文理融合**の領域なのである。そして，人工知能の接点を持つことによって，認知科学，情報科学などを中心に幅広い領域と関連するのである。現在ではスタンフォード大学の**シンボリックシステムズ**（コンピュータサイエンスと心理学，人工知能，認知科学，哲学・論理学，言語学，心理学，統計学，数学を含むさまざまな表現領域からなる知識を総合的に扱うカリキュラム）がその延長線上で注目されている[1]。日本においては，神戸大学を中心に計算社会科学という領域が生まれている（鳥海・石井・岡田・上東・小林，他，2021）。計算社会科学では，経済学，経営学はもちろん，心理学（社会心理学），政治学の領域で計算，つまり，データサイエンスを活用することを目的として文理融合がなされている。

　そして，このようなデータ活用は意外に思われるかもしれないが，政府〔行政府〕が中心となって行われてきた。それ故，各国には統計データを収集し，分析する統計局を持ち，政策決定には，統計的な裏付けが求められることからも，データ活用には熱心である。なお，この点については第3章の外部データの利用を参照されたい。この一部は，現在でのビッグデータの基礎となっている。そのほかの非営利組織の活用としては，大学などの教育機関，病院などの医療なども領域で用いられることが多くある（Kelleher &

Tierney, 2018)。また，行政機関ではスマートシティー推進にデータサイエンスが用いられている。

　本書は，ビジネスでの活用方法を特に考えてきたために，ビジネス，マーケティング領域での活用方法が中心となっているが，それには理由がある。現在のデータサイエンスへの注目を集めているのはマーケティングでの活用であるからである。また，企業のデータ活用及び意思決定の議論は古くから経営学領域で行われてきた。それ故に，ビジネス領域においてのデータマイニング・テキストマイニングの活用例は数多くある。つまり，データサイエンスと呼ばれているものは，ビジネス・データサイエンスなのである（Kelleher & Tierney, 2018 ; Taddy, 2019）。

　データサイエンスは，データの利活用を行うための諸領域であり，図表1-1 が示すような領域を持っている。なお，データサイエンスについては，Provost & Fawcett（2013），Davenport & Kim（2013），Nettleton（2014），Zaki & Wagner（2014），Buttrey & Whitaker（2017），Kelleher & Tierney（2018）などを参照されたい。

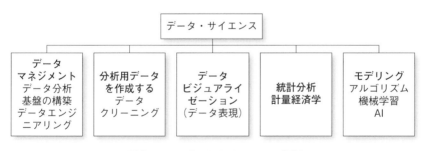

図表 1-1　データサイエンスの領域

　データサイエンスは次の5つの領域を持っている。第1は，分析用データを作成する領域であり，ここにはデータクリーニングの議論が含まれる。第2は，データビジュアライゼーションの領域であり，データ全体を把握する。グラフ化理論などが含まれる。第3は，統計的分析の領域であり，

既存の統計学の議論が中心となっている。そして，最後が，モデリングの領域であり，機械学習や，モデリングに用いる各種アルゴリズムの議論，そして，最近では，人工知能の議論がここに含まれる。それらがそれぞれで議論が進められている。

　最初のデータマネジメントの領域は，データ分析基盤の構築，データ分析ニーズの把握，分析ニーズに合わせたデータ構築などが議論されている。より詳しくは，喜田・日本情報システム・ユーザー協会（2018）を参照されたい。この領域は，データマイニングなどデータ活用の前提条件としてとらえられ，本書第3章でより詳しく見てみることにしよう。

Ⅱ　ビジネス・データサイエンスの台本としてのCRISP_DM

　前節では，データサイエンスの一般像を提示した。ここでは，ビジネス・データサイエンスについて説明していくことにしよう。データサイエンスをビジネスの観点で説明したのが，CRISP_DM である。

　データサイエンスは計画されて体系的な方法で実行された場合により効果的になる（Larose, 2004；喜田, 2019；Wendler & Gröttrup, 2016；Kelleher & Tierney, 2018）。

■解決したい問題は何か？→課題の構築
■どのようなデータソースが使用できるのか？→データへのアクセスの問題
■データのどの部分が扱っている問題に関連しているのか？
■どのような前処理とデータの整理が必要なのか？→データクリーニング
■どのデータマイニング手法を使用するか？→どのアルゴリズムを使うのか。
■データマイニングでの分析結果をどのように評価するのか？→評価基準（機能的，正しさ）

■データマイニングから最大限の情報及び成果を得るにはどうしたらよい
　のか？

　一般的にデータサイエンスの過程はすぐに複雑になってしまう。複雑なビ
ジネス上の問題，複数のデータソースにおけるデータの質のばらつき，複数
のデータマイニングの手法の併用法，データマイニング結果のさまざまな評
価法など，考慮すべき点は多々ある。

　これらの問題を適切に扱っていくには，データマイニング及びデータサイ
エンス用に特別に定義されたプロセスモデルが役立つ。このようなモデル
は，上述のような重要な問題点をどのように扱ったらよいのか，その指針
を示し，重要なポイントが見過ごされないようにする。これはデータマイニ
ングの目的地までの地図のような役割を果たし，複雑なデータを扱っている
際でも，道に迷わないようにしてくれる。言い換えると，データマイニング
にはある種の台本が必要である。その台本を提示しているのが，次に挙げる
CRISP_DM というモデルである。

　ビジネスで多く採用されているデータマイニングツールで推奨するデー
タマイニングプロセスモデルは，CRISP_DM（Cross-Industry Standard
Process for Data Mining）である（図表 1-2）。CRISP_DM は 1996 年に，
クライスラー社，SPSS 社，NCR 社を代表する研究者により発展させられ
た（Larose, 2004）。名前からも分かるように，このモデルはさまざまな業
種やビジネスにおいて使用することができる一般的なモデルとして考案され
ている。CRISP_DM には，データマイニングの主要な課題を扱う 6 つの段
階があり，循環的，適応的な過程を構成している（Larose, 2004；喜田,
2019；Provost & Fawcett, 2013；Wendler & Gröttrup, 2016；Kelleher &
Tierney, 2018；Taddy, 2019）。

Phase1：【ビジネスの理解】

　ビジネス上の問題点をはっきり理解し，プロジェクト目標を設定する段
階。アカデミックで言うと，研究テーマ・研究課題を構築する。一言で言う
と「何を知りたいのか」を明らかにすることである。

A；マイニングプロジェクトの目標及び要件を組織全体及びリサーチ部門に明らかにする。

B；このような目標をデータマイニングの問題定義の形式に置き換える。

C；このような目標を達成するためのマイニング戦略を準備する。

Phase2：【データの理解】

使用するデータが本当に利用できるかどうかを把握する段階。

A；データ収集。

B；記述統計を用いて，データへの理解を深め，内在する洞察（パターン）を発見する。

C；データの質を評価する。欠損値の存在，もしくは分布の調査を行う。

D；もし必要なら，興味深い仮説を含むかもしれないデータのサブセットを選択する。比較するためのサンプルの分割などがこれに当たる。

Phase3：【データの準備】

データマイニングの前処理として，使用可能なデータを分析に適した形式に整形する段階。欠損値の処理などを行う。また，データの理解で行ったサブセットの作成などを行う。アカデミックにおいてはこの段階は奇妙に感じるかもしれない。それは，データ自身や変数を操作することについてである。しかし，データマイニングツール上においては，この段階を含めてすべてのプロセスがストリーム（プログラム）上に表されており，何をどのように操作したのか，を他の研究者に知らしめることができる。ただし，ストリームの解釈についての知識が必要である。このような知識を取得することも本書の目的の１つである。

A；初期の生データをすべての段階に用いることができるように最終的なデータセットに準備する。これは最も手のかかる仕事である。

B；分析したい，もしくはマイニングの目標に適合したケースや変数を選択する。

C；必要であれば，ある特定の変数を操作する。

D；モデリングツール（アルゴリズム）の要件に合わせて，生データをク

リーニングする。なお，変数の操作もある。

Phase4：【モデリング】

　モデルの設計の段階。モデルとは，適した手法を用いて作成され，学術的な裏付けに立脚したデータを処理するための機能である。

　　A；適切なモデリング手法（アルゴリズム）を選択，適用する。ここでのアルゴリズムには，ニューラルネットワーク，決定木，クラスタリング手法，アソシエーション・ルールなどがある。

　　B；最適な，有効な結果を導くために，モデリングの条件を設定する。モデリングノードの編集。

　　C；同じマイニングの課題にいくつかの異なるモデリング手法を用いることができる。例えば，ニューラルネットワークと決定木を併用することなどである。

　　D；もし必要であれば，ある特定のマイニング手法の特殊な要件に合わせるために，データ準備の段階に戻ること。これは，モデルの併用の段階で考えられる。

Phase5：【評価】

　プロジェクト目標を達成するには十分なモデルであるかどうかをビジネスの観点から評価する段階。

　　A；モデルを現場（実際のビジネス）に展開する前に，そのモデルの有効性及び質について評価する。評価グラフ，精度分析を行う。

　　B；第一段階でビジネス目標を達成できると考えられるモデルを選択し，それに決定する。

　　C；ビジネス及びマイニングプロジェクトの中で重要な事実が忘れられていないかを確認する。これは，マイニングのプロジェクト全体の見直しにつながる。

　　D；データマイニングの結果の観点から意思決定を行う。

Phase6：【展開／共有】

　プロジェクトで得られた結果を意思決定者が使用できるようにし，具体的

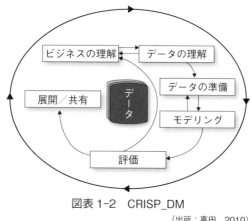

図表 1-2　CRISP_DM

（出所：喜田，2010)

なアクション（業務改善）を起こす段階。

　A；作成されたモデルを用いる。モデル作成はマイニングプロジェクトの
　　終着点ではない。

　B；単純な展開の例；レポート(マイニングの結果)を一般化し,報告する。

　C；より複雑な展開の例；同時に，並列的に他の部門で行われているデー
　　タマイニングプロセス及び業務を改善する。

　D；ビジネスにとって，顧客はわれわれのモデルを発展させる基礎である
　　ことを意識すること。

　その上で，各フェーズには次のような構成要素を持っている（Kelleher &
Tierney, 2018)。

　図表 1-3 はデータサイエンスのプロジェクトのプロセスのそれぞれの段階
で必要となる主なタスクを簡単に説明している。経験の浅いデータサイエン
ティストが犯しがちな失敗は， CRISP_DM においてモデリングに多大な労
力を費やし，その他の段階を軽視することである。プロジェクトの最も重要
な成果物はモデルであるので，モデルを構築し，さらに精度を高めるために
大部分の時間を費やすべきだと考えるかもしれない。しかし，熟練データ
サイエンティストは，プロジェクトの焦点が明確に定まっているか，適切な

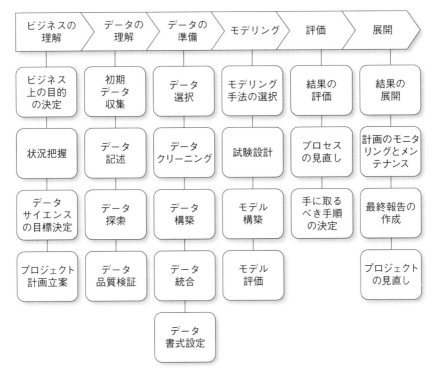

図表 1-3　CRISP_DM の段階とタスク

(Kelleher & Tierney, 2018, p.83)

データが揃っているかなどの確認に，より多くの時間を割いている。この点が第 3 章で説明するデータプリペアレーションツールを開発するきっかけとなる。

　プロジェクトを成功させるためにデータサイエンティストは，プロジェクトが解決しようとしている業務上のニーズを明確に理解する必要がある。だからこそ，プロセスの中でも「ビジネスのニーズの理解」の段階は特に重要である。それには業務知識や職務上の専門知識が重要であり，職務上の経験が必須であり，この点が配置転換上の課題となるのである。

　以上のような段階を経て 1 つのデータマイニング及びデータサイエンス

のプロジェクトが実行されることになる。そこで，重要な点として次の3つが挙げられる。

重要な点1；相互に関連している。

重要な点2；相互に関連しているために，明確な順序を持たない可能性がある。

重要な点3；反復的に行われる。つまり，組織として継続的に行っていく必要がある。この点が分析サーバーの構築によって分析業務を自動化する必要があるのである。

このようなプロセスを経て，データマイニングのプロジェクトは遂行されていく。このプロセスは，テキストマイニングにおいても共通する。

繰り返しになるが，CRISP_DM で重視しているのは，分析そのものではなく，経営課題を発見し，それを解決していくのであるが，それが，組織（企業内）でどのように共有・展開されていくのか，という付加価値に重点が置かれていることに注意すべきである。

なお，以前はデータマイニングという手法のモデル（台本）として議論されてきたが，現在ではデータサイエンスのモデル（台本）として議論されている。

本書でいうビジネス・データサイエンスと分析力

そして，ビジネス・データサイエンス，つまり，仕事に生かすためのデータサイエンスに CRISP_DM を関連づけると，図表1-4になる。そこでは，ビジネスとデータとの関係を維持するデータマネジメント，ビジネスを理解し，経営課題を発見する，実際の戦略策定・形成や収益化に関係する付加価値化を含めたデータサイエンスである。これは，分析するだけではなく，企業の戦略・利益に貢献することを意図している。この点は，のちに業務特化型 AI 及び分析サーバーの構築でも重要な点であり，どのように新たな戦略を生み出すのか，どう企業の収益に影響するのかを意識することの重要性を示している。

図表 1-4　本書で言うデータサイエンス（ビジネス・データサイエンス）

　そこで，重要なのは，本書で言うビジネス・データサイエンスでは，経営課題の発見（ビジネスの理解）とそこでの分析結果の共有展開を示す付加価値化を重視することである。ただし，データサイエンスが中心としているデータクリーニング，データ表現，モデリングなどは言うまでもなく重要である。この点は，図表 1-5 の分析力の能力リストにつながっていくことになる。なお，データサイエンティスト協会が 2022 年に行った採用担当者向けアンケートでも同様の分析結果を得ていることを示唆しておくことにしよう。

　分析力で一番重視しているのが，課題発見能力である。課題発見能力には経営学及び業務知識が重要である。それ故，本書では，まず経営戦略論と

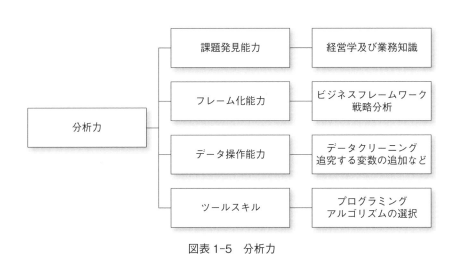

図表 1-5　分析力

マーケティング論の基礎知識を習得する。なお，ここでいう課題発見能力には，業務部門などでの分析ニーズ（課題）の理解する能力を含んでいる。

　第2のフレーム化能力は人工知能，もしくはアルゴリズムが解決できるように，経営課題を細分化する能力である。そこでは，ビジネスフレームワークやいわゆる戦略分析，広くは経営分析，企業分析の知識が必要になる。そこで，本書では，第6章でリスクマネジメントの知識を，第7章では，需要予測のモデルとチャーン・マネジメントの知識を，第8章では，マーケット・セグメンテーションの知識を，第9章では，マーケット・バスケット分析とロングテールビジネスの知識を習得する。つまり，各経営課題に直結するビジネスフレームワークや基礎知識を習得することで，より意味のあるモデル構築を目指している。

　また，本書では，経営戦略論を中心としているが業界構造分析のベースになる産業組織論の知識も重要であると考えられ，現在では，産業組織論の一部に用いられているゲーム理論，特にマッチングセオリーの知識も重要になっていることを指摘しておくことにしよう。

　第3のデータ操作能力は，第4章でデータの準備の理解のところで説明する。第4のツール知識については，第3章でBIツールの知識や自動化に必要と考えられるトピックについて説明する。その上で，第5章でアルゴリズムと経営課題の関係を重視して説明する。それによって，業務特化型AIを自作するに重要である第2のフレーム化能力の基礎となる。

　これらの点は，データサイエンティストに必要なスキルリストと合致している（Kelleher & Tierney, 2018）。

　図表1-6を見てみると，データサイエンティストにはさまざまなスキルが必要であることが分かる。機械学習，統計と確率などのアルゴリズムに関する知識，データの可視化，データラベリングなどのデータエンジニアリング領域，そして，コンピューターサイエンス領域や，データ倫理などである。そして，これらは細分化され専門化されているために，1つのプロジェクトを完成させるには，チームとして共働する必要がある。そこで重視され

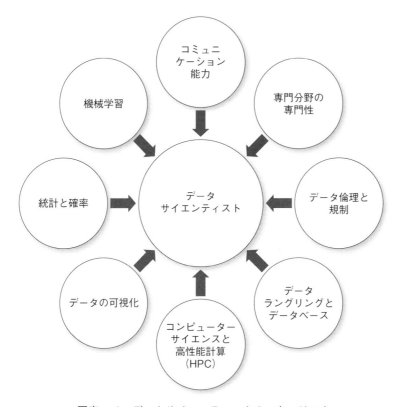

図表 1-6　データサイエンティストのスキルリスト
(Kelleher & Tierney, 2018, p.35)

るのがコミュニケーション能力である。

　このような知識とともに専門分野の専門性（ドメイン・エクスパタイズ）の重要性を示唆している。これは，職能別組織の職能と合致する。職能とは職務遂行能力のことである。各職能としては，仕入れ，生産，研究・開発，経理・財務，販売・マーケティング，人事，これら職能を統合する経営企画などが挙げられ，それぞれに専門知識が必要であることは言うまでもない。この点は図表1-7で示されるように，データサイエンス領域で注目されている人工知能の構成要素の1つとして重視されることになる。

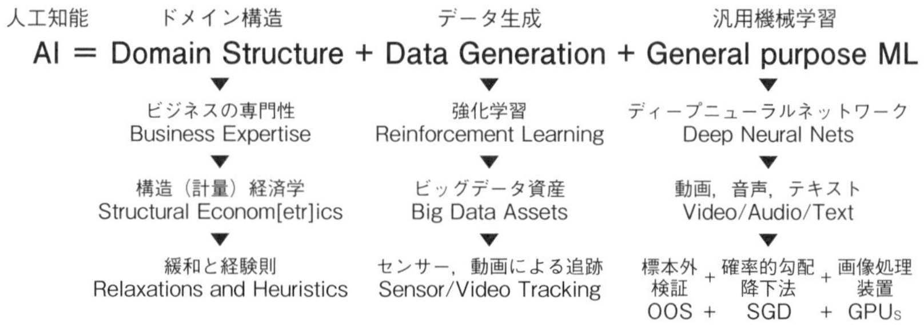

人工知能 　　　ドメイン構造　　　　　　　　データ生成　　　　　　　　汎用機械学習

AI = Domain Structure + Data Generation + General purpose ML

▼　　　　　　　　　　　　▼　　　　　　　　　　　　▼

ビジネスの専門性　　　　　　強化学習　　　　　ディープニューラルネットワーク
Business Expertise　Reinforcement Learning　　　Deep Neural Nets

▼　　　　　　　　　　　　▼　　　　　　　　　　　　▼

構造（計量）経済学　　　　ビッグデータ資産　　　　動画，音声，テキスト
Structural Econom[etr]ics　　Big Data Assets　　　　Video/Audio/Text

▼　　　　　　　　　　　　▼

緩和と経験則　　　　　センサー，動画による追跡　　　標本外　＋　確率的勾配　＋　画像処理
Relaxations and Heuristics　Sensor/Video Tracking　　検証　　　　降下法　　　装置
　　　　　　　　　　　　　　　　　　　　　　　　　　OOS ＋　　SGD　＋ GPUs

図表 1-7　人工知能

（Taddy，2019，p.266）

　このようにデータサイエンス業務を自動化し，人工知能を導入したとして
もビジネスでの専門知識（いわゆる業務知識），ここではドメイン構造が重
要であることは変わりない。そこで，次章で業務知識及び職能の習得の基礎
となる経営学，特に経営戦略論とマーケティング論の基礎を習得することに
しよう。そこでは，データサイエンス及びデータマイニングが導入される
背景などを中心に説明することにしよう。そして，「ビジネス」データサイ
エンスという名称はビジネスの知識が重要であるということを当然のように
述べているのである。それ故，本書では，このプロセスを重視し，図表 1-8
のような構成になっている。

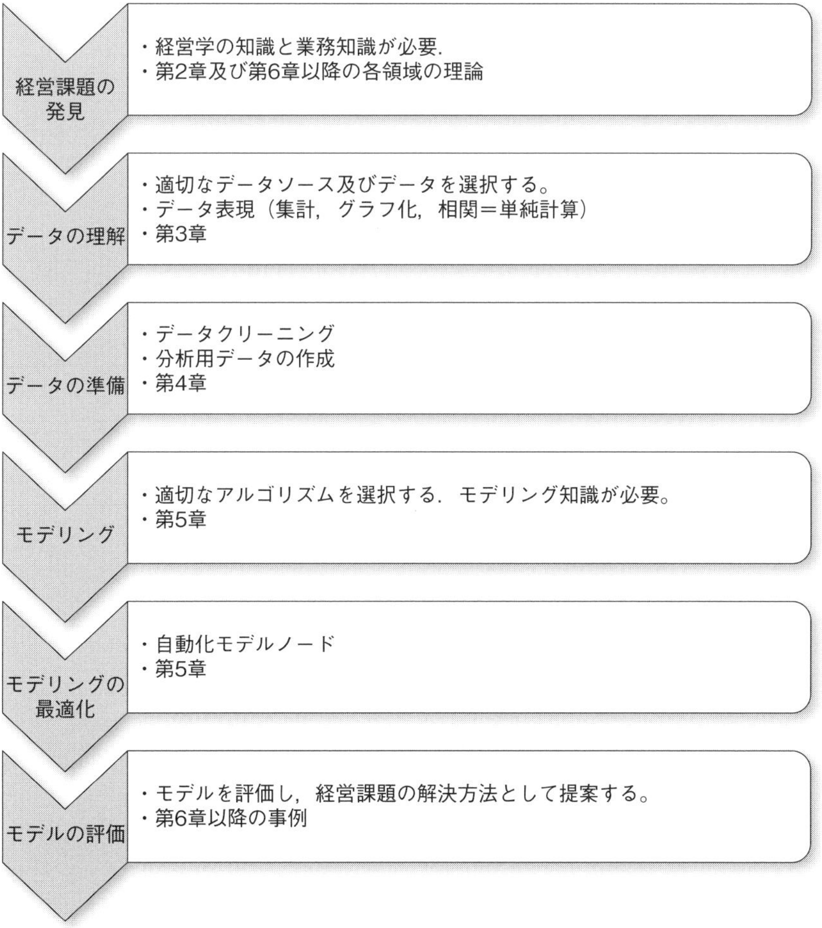

経営課題の発見
・経営学の知識と業務知識が必要．
・第2章及び第6章以降の各領域の理論

データの理解
・適切なデータソース及びデータを選択する。
・データ表現（集計，グラフ化，相関＝単純計算）
・第3章

データの準備
・データクリーニング
・分析用データの作成
・第4章

モデリング
・適切なアルゴリズムを選択する．モデリング知識が必要。
・第5章

モデリングの最適化
・自動化モデルノード
・第5章

モデルの評価
・モデルを評価し，経営課題の解決方法として提案する。
・第6章以降の事例

図表1-8　データサイエンスの流れと本書の流れ

Ⅲ ビジネス・データサイエンスの2つの手法（データマイニングとテキストマイニング）

　データサイエンスは，その手法として，既存の統計学ではなく，機械学習を中心とする。

　統計学において最も重要な点の1つにデータの正規性がある。データの正規性が維持されていないと通常の統計的手法（回帰分析等）が用いることができない。それ故，統計的手法が中心であった時代，データサイエンティストの仕事は，データの正規性を維持できるように生データを加工することであった（Taddy, 2019）。また，データサイエンスの中心の1つであった計量経済学を含む経済学においても機械学習を用いるようになってきている（Athey & Imbens, 2019）。機械学習が発展してきて，データサイエンティストはこの作業（データの正規性を維持すること）から解放されることになる。もっと言うと，プログラミングによる機械学習の利用から，本書が中心としているツールによる機械学習の利用に移行してくると，その傾向がより強くなる。

　機械学習を基礎としたのが，データマイニングとテキストマイニングである。

　データマイニングとは，一般的な用語で，データ内の情報や意思決定に使用される知識を特定するために使用されるさまざまな手法のことを指す。よくある誤解は，「データマイニングは膨大な量のデータをコンピューターのテクノロジーに通すだけでパターンを発見でき，ビジネス上の問題を瞬時に解決できる玉手箱のようなもの」だが，これはデータマイニングの理解として正しくない。なぜなら，データマイニングはインタラクティブかつ反復的な作業であり，発達したテクノロジーに加えて，ビジネス上の経験が必要であるからである。また，データマイニング・テクノロジーによって発見された一見すると役に立たないパターンでも，ビジネス上の経験を使用することで，有用かつ使用可能な情報（知識）に変わることがよくあるからである。

　このような手法は，予測・判別・アソシエーション等のアルゴリズムを用いて，データから重要な知識を導き出すことになる。そこで用いられるデータが数量的なデータ（構造化されたデータ）を中心とするという特徴を持っている。

　データマイニングについては，Berry & Linoff（1997），岡嶋（2006），

Linoff & Berry（2011ab）及び Larose（2004），喜田（2019），Provost & Fawcett（2013），Davenport & Kim（2013），Zaki & Wagner（2014），Wendler & Gröttrup（2016），Buttrey & Whitaker（2017）等を参照されたい。なお，テキストマイニングについては，第10章で説明することにしよう。

　最後に，この2つの手法に共通するのは，後述するように新たな変数が構築できることである。この点は，管理会計でいう「No measure, No control」（測定なしに管理はできない）に直結し，あらたな尺度（測定方法）を構築することに他ならない。なお，管理会計については，加登・吉田・新井（2022）などを参照されたい。そして，データサイエンスは管理のための尺度を構築することができるのであり，ビジネス及びアカデミックでの方法論上の進化と貢献を可能にするのである。そして，重要なことは管理をすることを目的に新たな変数を構築しデータを収集しているということを理解・意識していることである。つまり，管理目的でないデータ収集・データ作成は意味がないということであり，この点が，ビジネス・データサイエンスがいわゆるデータサイエンスと異なる点であると考えられる。

Ⅳ　ビジネス・データサイエンスの事例：ビジネスでの活用領域

　以上のようなデータサイエンスを行うには，必要となるデータとともに，それ活用できる領域を知ることが重要である。活用領域を理解することは「分析結果の付加価値化」に必要不可欠あるからである。ビジネス・データサイエンスの主要な手法であるデータマイニングの活用領域については数多くの書物で議論されている。これらの点については，Cabena, et al. (1989)，Berry & Linoff（2000），山鳥・古本（2001），矢田（2004），岡嶋（2006），Olson & Yong（2007），池尾・井上（2008）喜田（2010），Linoff & Berry（2011ab），Provost & Fawcett（2013），Nettleton（2014）な

マーケティング	リスク管理
データベース・マーケティング（1章） ターゲット・マーケティング（1章） 顧客関係管理（7章） マーケット・バスケット分析（9章） 併売分析，店舗設計（9章） マーケット・セグメンテーション（8章） DM・キャンペーンの予測（7章）	金融リスクの予測（6章） 保険契約の推進（6章） 品質管理（歩留まり） 不正検出 顧客の離反（顧客関係管理と関連する） →（7章）

図表1-9　ビジネス・データサイエンスの領域：データマイニングの活用領域から

(Cabena, et al., 1989, p.27, 図6加筆修正)

どがある。そして，領域のみならず，経営課題という具体的な課題に落とし込む必要がある。この点は前章においてデータマイニングの台本の説明をする際に明らかにしたことである。その領域として大きく2つある（Cabena, et al., 1989）。1つは，顧客関係管理を中心としたマーケティング領域であり，もう1つは，不正検出，途中解約の予測を中心とするリスク管理である（**図表1-9**）。

　次に，ビジネス・システム全体を意識することを提示する。ビジネス・システム全体を意識することで，顧客関係管理の重要性が高まることを理解する。その上で，データマイニングの活用領域を一言で言うと「商圏」を明らかにすることであることについて説明することにしよう。

1）マーケティング管理

　マーケット管理は最も確立されたデータマイニングの適用領域の1つである。最もよく知られている適用領域は**データベース・マーケティング**である。この目的は，企業の顧客データを中心としたデータベースの分析を行い，対象（ターゲット）を絞ることで効果的なマーケティングと販売促進キャンペーンを展開することである。一般に，販売会社は，クレジットカード，ロイヤルティー（ポイント）カード，顧客の苦情電話を中心としたクレームなどいろいろなデータソースから，顧客の商品嗜好や生活様式に関するデータベースを構築することが可能となる。この社内保有情報を，生活様

式調査などのソースから入手できる情報と組み合わせれば，有用な混合データができる。

　次に，第5章で説明するデータマイニングのアルゴリズムは，そのデータを篩にかけ，すべてが同じ特徴（例えば，興味，収入レベル，及び消費習慣など）を共有する**顧客セグメンテーション（グループ）**を探し出すことができる。そのグループは明らかに販売努力を傾ける対象となる。これは，顧客と販売会社の双方にとって有益である。すなわち，顧客は（不要な情報にわずらわされず）少ない広告メッセージで必要な情報を得ることができるし，販売会社は販売促進費用を節約できるとともに，**キャンペーンへの反応率**を向上させることができる。

　データマイニングの別の適用領域は，ある期間の顧客の購入パターンを予測・判別することである。例えば，リピーターか否かなどである。販売会社は，消費者の行動（家族が増えるにつれて，金融サービスを購入する順序，または車を買い替える方法など）に関して多くのことを予測・判別できる。その場合の戦略は，マーケットのシェアではなく，継続的な顧客関係を構築することであり，後述の**顧客関係管理**につながる。そして，独自の価値観，将来の見込み，及び習慣を持つ個人として，いっそう密接に顧客に焦点を合わせ，顧客を生涯的な投資対象として見るという方法は，**ワン・ツー・ワンマーケティング**または**マーケット・セグメンテーション**と呼ばれる。

　併売キャンペーン（商品を組み合わせる），**マーケット・バスケット分析**は，データマイニングが広く利用されている適用領域である。併売は，小売業者またはサービス提供者が，ある製品またはサービスを購入する顧客にとって，関連した製品またはサービスを購入することが有益であると思うようにする販売方法である。この方法は店舗設計にも関連する。また，最近では，Mitsa（2010）では，時系列データマイニングを用いて，イベント・マーケティングや顧客生涯価値のモデル構築などに用いられている。日本企業の事例については池尾・井上（2008）は1社であるがマーケティング領域での活用法を説明している。

2）リスク管理

　リスク管理は，保険や投資に関連したリスクだけではなく，競争相手による脅威，製品品質の低下，あるいは**顧客の離反（チャーン）**などから生じる，幅広いビジネス上のリスクを含んでいる。リスクは，保険業において特に重要であり，データマイニングは，保険契約者の資産や傷害の損失を予測するのに極めて適している。そのような予測は，通常保険業者を支援するルールの基準となり，損失の危険度をもっと正確に把握できれば，保険契約の改善が可能になる。小売業では，ある特定の製品が競争相手の製品に比べてどれだけ劣るか，顧客の購入パターンの変化を把握するのに用いている。

　銀行業での典型的な例は，第6章で提示する融資申し込み処理に際して，与信限度枠（リスク判定）を設定する領域である。また，保険業界及び金融業界では，不正検出の領域で用いている。

　リスク管理特有の適応領域について説明してきたが，マーケティング管理とリスク管理の接点にあり，次に説明する領域と特に関連するのが，第7章で説明する顧客の離反（チャーン＝churn）である。チャーンとは，顧客を失うことであり，特に競争相手に奪われていくことを意味する。チャーンは競争が激化している市場でますます増えつつある問題である。データマイニングの活用によって，最初は通信業で，金融業，小売業などにおいて，顧客離反（チャーン）の可能性を予測している。一般的な方法は，第7章で提示するように，「浮気な」顧客（つまり，競争相手に鞍替えする可能性のある）のモデル（顧客リスト）を作成することである。例えば，携帯電話のキャリアを変更（ドコモから，ソフトバンクなど）するような顧客を予測する，などが挙げられる。

　このような顧客離反という経営課題から特に注目されるようになり，マーケティング管理とリスク管理の両方の側面を持っているのが，顧客関係管理である。

3）ビジネス・システム全体をイメージする

そして，「分析結果の付加価値化」をより進めるのがビジネス・システムの理解である。

喜田（2010）では，**ビジネス・システム**でいうと，どちらかというと，顧客接点である川下を中心にしている。そこで，本書では，ビジネス・システム全体をイメージすることで，この点の重要性を示すことにしよう。なお，ビジネス・システムはバリューチェーン，バリューシステムとしても議論される。

ビジネス・システムは図表 1-10 のようになり，川上（図の上）から価値連鎖が始まっている（加護野・井上，2004；加護野・山田，2016）。

このようなビジネス・システム全体を見てみたのち，各段階でのデータマイニングの活用を整理すると**図表 1-11** になる。

この図表のようにビジネス・システムの各段階でのデータ活用を整理する

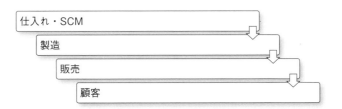

図表 1-10　ビジネス・システム

（出所：喜田，2019）

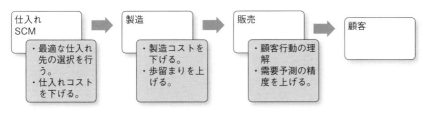

図表 1-11　ビジネス・システムでのデータマイニングの活用

（出所：喜田，2019）

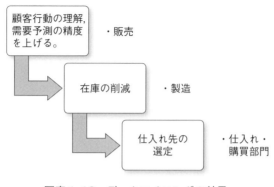

図表 1-12　データマイニングの効果

（出所：喜田，2019）

ことができるが，その効果は**図表 1-12** のように，顧客起点で引き起こされる（Coyle, Bardi & Langley, 1996）。

　この点は，ビジネス・システム全体を考慮したデータマイニングを行うには，顧客起点が重要であることを示しており，名寄せを含めた顧客関係管理の重要性を示している。

　つまり，ビジネス・システムは顧客行動（市場）の理解を起点として最適化されるということである。

　そして，このような点，顧客起点重視は，最近注目を集めている DX（デジタル・トランスフォーメーション）の基礎となっている。このようにビジネス・システムを理解することはデータサイエンスプロジェクトをより効果的に運用することの基盤となる。それ故，自社の全社レベルであるとビジネス・システム，部門レベルであるとバリューチェーンを理解することが必要不可欠になるのである。そのベースとなるが，次章で挙げる経営学及びマーケティングの知識であり，もっと身近で言うと「業務知識」に他ならない。つまり，最近のデータサイエンティストに求められているのは，ビジネスを理解した上で機械学習などの知識を生かすことができることである[2]。

4）商圏を明らかにする

　このような顧客関係管理が重視されると，ビジネス・データサイエンスは，見えない顧客を可視化すること，「商圏」を明らかにすることが大きな役割となる。商圏という言葉は聞き慣れないかもしれないが，第1章で説明した経営戦略論で言われるドメインに近い概念である。このような抽象性を持つ「ドメイン」という概念をより，物理的に定義しようとするのが，「**商圏**」である（**図表1-13**）。商圏とは，当該企業がビジネスを行っている時間的，空間的範囲のことである。例えば，街の本屋さんの場合，お客は自宅からの徒歩圏，もしくは勤めている企業もしくは通学している学校の近くということが多いであろう[3]。

　このようにビジネスを行っている物理的空間を「商圏」と呼ぶが，より明確に示すと地域別の売上構成比がそれを示しているかもしれない。また，商圏を言い換えると，顧客層（顧客セグメンテーション）ともいえる。なぜ，このような商圏を確認することが重要であるのか，といえば，商圏の中で購買するお客を探すことになることからである。しかし，この「商圏」を当該企業が正しく理解しているかということについて疑念がある，というのが，データマイニング研究者の共通認識であり，データマイニングを用いれば「商圏」を明らかにすることができるというのがその主張である（岡嶋，

図表1-13　商圏のイメージ
（出所：喜田，2010）

2006）。なお，この点は，ビジネス・データサイエンスができてきた今でも変わっていない。そして，データマイニングを用いた商圏の確認の代表的な事例として，ダイレクトメールやキャンペーンに反応する人を予測することや実際の購買活動からセグメンテーションを行うことなどが挙げられる。

　ここでは，ビジネス・データサイエンスの活用領域や経営課題について説明してきた。大きな活用領域としては顧客関係管理につながるマーケティング領域とリスク管理の領域を挙げた。その上で，ビジネス・システム全体を意識することから顧客関係管理の重要性を示した。最後に，データマイニングの活用領域を一言で言うと「商圏」を明らかにすることであるということについて説明した。Mitsa（2010）の第7章において興味深い活用領域及び活用法を提示していることを示唆しておくことにしよう。そこでは，前述したマーケティング領域以外では，ビジネス・システム全体での活用を検討すると，経営戦略論と直結するファイブフォースモデルの各要因の変化の予測とそれを基にした経営戦略及び競争戦略の改善，オペレーション・パフォーマンスの測定，サプライ・チェーン・マネジメント及びバリュー・チェーン・マネジメント，もっと言うと，ビジネス・システムの最適化，情報技術導入の成果を測定するモデルの構築等が挙げられている。

　これらは本書が意図するデータサイエンスと経営戦略・ビジネスとの関連付けを強化し，しかもより広範囲な活用領域を持つ可能性を示している。

おわりに

　本章では，ビジネス・データサイエンスとは何か，ということをデータサイエンスを職務及び仕事で生かすことの視点となる CRISP_DM と関連づけ，データサイエンスの代表的な手法（データマイニング，テキストマイニング），データサイエンスの活用領域，データサイエンスの結果の付加価値化を行うために必要なビジネス・システムと商圏などについて説明してきた。

　それ故，データサイエンティストは自社の全社レベルであるとビジネス・

システム，部門レベルであるとバリューチェーンを理解することが必要不可欠になるのである。そのベースとなるが，次章で挙げる経営学及びマーケティングの知識であり，もっと身近で言うと「業務知識」に他ならない。つまり，最近のデータサイエンティストに求められているのは，ビジネスを理解した上で機械学習などの知識を生かすことができることである[4]。

また，社会科学とデータ分析を混合した領域（計算社会科学）でも社会科学領域の理論を重視する傾向を持っていることを指摘しておくことにしよう（鳥海他，2021）。計算社会科学では，経済学は，もちろん，心理学（社会心理学），社会学，政治学などの理論を重視している。この点は，経営学においてもデータサイエンスとの関係でも同じである。

そして，ビジネス・データサイエンスにはもう1つ重要な側面がある。それは，データ入力業務，データ整理・準備業務，データ分析業務を**自動化**することである。その中心になるのが，業務特化型 AI や BI ツールなどの各種ツールを用いての自動化であり，これが DX（デジタル・トランスフォーメーション）なのである。特に AI をどのようにビジネス及び業務に組み込んでいくのかである。

この点についても本書で紹介していくことにしよう。ここでは，まず，課題発見などに注目し，経営学領域との関係でデータサイエンスと「ビジネス・データサイエンス」の関係について検討してきた。

▎注

1 詳しくは https://symsys.stanford.edu/。2023/07/16 アクセス。
2 データサイエンティスト協会 2022，採用担当者向けアンケート参照 https://www.datascientist.or.jp/common/docs/corporate_research2021.pdf。2023/080/10 アクセス。
3 岡嶋（2006）p.41 より。
4 データサイエンティスト協会 2022，採用担当者向けアンケート参照 https://www.datascientist.or.jp/common/docs/corporate_research2021.pdf。2023/080/10 アクセス。

第2章

ビジネスの理解（経営課題の発見）に必要な経営学の知識

はじめに

　本書は，まえがきでも述べたように，データサイエンスがどのように経営学での経営戦略論やマーケティング論の中で位置づけられるのか，を意識し，基本的な経営戦略論及びマーケティング論の知識の習得を間接的・直接的に目的とする。つまり，ビジネス・データサイエンスとは何かということである。ここでは，ビジネス・データサイエンスを理解することにあるが，経営学ではまず手法としてデータマイニングが導入された。

　そこで，本章では，データサイエンスの導入の背景としてどのように経営手法が変化してきたかを明らかにする。そのためには，まず経営戦略論の基礎的な知識が必要となり，しかもどのように経営手法が変化してきたかを明らかにするためのスタートポイントが必要である。なお，経営学及び経営戦略論については石井・奥村・加護野・野中（1985），伊丹・加護野（1989），Barney（2002），岸田（2005），加護野・吉村編（2006），坂下（2007），沼上（2009），Hitt, Ireland & E. Hoskisson（2012）等を参照されたい。特に，経営戦略の歴史や経営学の全体像については，岸田（2005；2019）を参照されたい。マーケティング論については，石井・栗木・嶋口・余田（2004）＝石井他（2004），Kotler & Keller（2006），沼上（2008）を参照されたい。

　その上で本書では経営課題の発見に経営学の知識が有効，かつ基盤であることを意識して検討することにしよう。

　なお，本書では，より詳しい点については，各章で必要であると考えられるところで説明している。最後に，データサイエンスと競争戦略論でいう競争優位との関係を示す研究を紹介し，データサイエンスと経営戦略との関係をより明確にすることにしよう。

　本章では，経営戦略論とマーケティング論の基礎を習得した上で，データサイエンスが重要とするトピックについて説明する。

I 経営戦略論の基礎：全社戦略と競争戦略，ビジネス・システム，マーケティング管理

1）経営戦略とは

　経営戦略については，数多くの定義や概念が見られる。

　経営戦略の多様な概念の多くに見られる共通項の第1は，経営戦略が企業の将来の方向あるいはあり方に一定の指針を与えるものであるとする点である。第2の共通項は，経営戦略が企業と環境の関わり方（つまり環境適応のパターン）に関するものであるということである。最後は，経営戦略が企業におけるさまざまな意思決定の指針あるいは決定ルールとしての役割を果たしている点である。

　以上の共通項を統合すると，経営戦略とは「環境適応のパターンを将来志向的にしめすものであり，企業内の人々の意思決定の指針となるもの」と定義される（石井・奥村・加護野・野中，1985）。この定義は，環境におけるポジショニングを重視し，組織の能力からの戦略立案という視点とは異なることを指摘しておく。このように定義される経営戦略は次のような機能を持っている。

1) 企業が進むべき将来の方向を指し示すことによって，企業の中で行われる重要な意思決定に，基準と指針を与える。

2) 企業の中のさまざまな部署で行われる決定に組織的な一貫性及び整合性をもたらす。

3）さまざまな時点で行われる決定に時間的な一貫性と整合性をもたらす。

4）人々の学習と注意の焦点を決める。

5）人々に自信や将来に対する期待を与える。

以上のように企業にとって経営戦略は重要である。そこでより具体的にその内容について見てみることにしよう。この内容が経営戦略の種類に関連している。本書はデータサイエンスの活用法を中心としているために，市場及び顧客に軸足のある戦略内容に注目する。この点は，経営戦略論における2つの立場，**ポジショニングスクール（環境分析中心）**と**リソースベースド・ビュー（能力分析中心）**に関連していうと，前者を中心とする傾向があることを示している。そのほかの経営戦略の立場については，Mintzberg, Ahlstrand & Lampel（1998）を参照されたい。

■経営戦略の全体像と階層構造

このように定義される経営戦略は図表2-1で示される。経営戦略は大きく2つに分かれる。1つは全社戦略であり，もう1つは競争戦略である。これはデータサイエンスをどのレベルに用いるのかを示している。全社レベルのデータサイエンスであれば，全社戦略の知識が，事業部レベルであれば競争戦略の知識が必要不可欠になる。そして，最も重要なことはこの区別を理解していることであり，経営学・ビジネスで言われるフレームがどのレベルの議論なのかを理解していることである。

この概説を基礎にしたモデルが，競争・事業戦略のモデル（S-C-P）である。これは，業界構造→競争戦略→経営成果というモデルである。これは，産業組織論を基礎に構築されており，業界構造，及び企業行動が経営成果を決めるということである。

このモデルによって，企業が経営戦略を立案する際に，業界分析（市場構造分析）を重要視することが理解できる。その上で，企業全体の方向性を決める全社戦略について説明することにしよう。

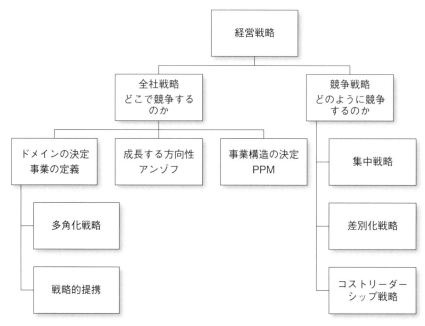

図表 2-1　経営戦略の概説

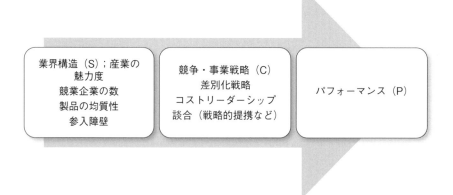

図表 2-2　競争・事業戦略のモデル（S－C－P）

1）企業戦略（＝全社戦略）

　企業戦略（＝全社戦略）は大きく言って企業全体の方向を決めることである。そこでは，次の2つの項目を決めることになる。1つは多角化の方向性に直結する**ドメイン**を定義することである。もう1つは，複数事業の中でどれを中心にするのか，等を決める事業構造の決定である。ここでは，企業全体の方向性に関連する議論として，多角化戦略と戦略的提携がある。両者については，Porter（1985），Barney（2002）等を参照されたい。

①ドメインの定義：フレームワーク1「アンゾフの成長ベクトル」

　ドメインとは，生物学での「生存領域」を意味し，経営学においては，「現在から将来にわたって自社の事業は何か，また，いかにあるべきか」である。また，「事業の定義」とも呼ばれる。ドメインは，企業の事業分野のリスト（事業ポートフォリオ）として示されることもあれば，それらを包括するあるいはそれらに共通した包括的なコンセプトで示されることもある。

　ドメインを決定するには，企業がどのような**成長ベクトル**を基礎とするのか，という点が重要である。成長ベクトルとは，企業が成長する方向性を示しており，次のように分類される（Ansoff, 1968）。1）「市場浸透」；既存顧客が購入する頻度，量を増大させる。つまり，リピーターを開発することである。2）「市場開発」；既存の製品を今までと違う顧客に販売すること，もしくは仕様を変更して今までと違うセグメントに参入することである。つまり，販路を拡大することである。3）「製品開発」；既存顧客及び市場に新商品を導入して成長を図ることである。4）「多角化」；新商品をこれまで参入していなかった市場セグメントに導入すること，新商品とともに新市場を開発することである。

　多角化，つまり，単一事業から複数事業への転換である。この際にドメインが特に関連するとされる。このような成長ベクトルに応じて，ドメインが決定されることになる。その上で，ドメインは，第4章の「**商圏**」と関連する。

		製品	
		既存	新規
市場	既存	市場浸透	製品開発
	新規	市場開拓	多角化

図表 2-3　成長ベクトル図表

(出所：Ansoff, 1968, 加筆修正)

②資源展開の決定（事業構造決定，ターゲット設定）

　決められたドメインの中で，企業が一定の地位を確立するために競争に必要な経営資源を蓄積しなければならない。経営資源の蓄積と配分に関わる戦略が資源展開戦略（事業構造決定，もしくは多角化の方向の決定）である。**経営資源**は，一般的に，ヒト，モノ，金など物的資源と，技術，ノウハウ，信用，のれん，ブランドイメージなどの情報的資源に分けられる。そこで重要になる点としてはいかに組織的な学習を推進するのか，という点にある。

資源展開の決定のフレームワーク（PPM）

　このような事業構造を決定するには，事業もしくは製品を評価する枠組みが必要であり，その代表的な枠組みが**PPM**（プロダクト・ポートフォリオ・マネジメント）である。PPM は，最も単純な場合には，市場成長率と相対シェア（最大競争者の市場シェアに対する自社の市場シェアの比率）という2つの基準を基に，ここの事業に対する投資戦略（拡大投資，現状維持，投資回収＝撤退）を決定する。基準（市場成長率と相対シェア）の理論的根拠となっているのが，**経験曲線**である。経験曲線は，累積生産量の増加とともに，平均生産費用が逓減することを示している。

　以上の基準を基にして，事業を評価する際に用いるのが**図表2-4**である。

　資金流入の点で要約すると，「金のなる木」を資金源とし，「花形事業」あるいは「問題児」に資金を集中する一方で，「負け犬」や有望でない「問題児」から撤退することを意味する。

　このように製品・事業部を評価することで，自社の事業構造，製品構成

BCG マトリックス

		相対マーケットシェア	
		高	低
市場成長率	高	花形 資金流入大 投資額大	問題児 資金流入が投資額を 下回る
	低	金のなる木 資金流入大 投資額小	負け犬 資金流入小

図表 2-4　PPM（BCG マトリックス）

（出所：石井他，1985，PPS5：図表 3-4 加筆修正，喜田，2019）

（ターゲット）を選択することになる。

3）競争戦略の決定

　個々の事業分野において，蓄積・配分された資源を基に，いかに競争優位を確立するのか，を決定するのが競争戦略の決定である。競争戦略は，伝統的には，マーケティング領域をルーツとする。

　競争戦略の策定に必要な構成要素としては，1）産業と市場の分析，2）顧客セグメントの分析，自社の弱み強みの分析，3）競争相手の弱み強みの分析，4）競争優位の確立手段の決定などがある。なお，この点については，Porter（1985），Barney（2002）等を参照されたい。このような競争戦略策定の枠組みは，SWOT 分析とも呼ばれる（Barney, 2002）。その上で，競争戦略について基本的なトピックとして，業界分析を示す市場構造分析とマイケル・ポーターの 3 つの競争戦略を取り上げる。

①市場構造分析（業界分析）

　業界構造（市場構造分析）の次元は 2 つある。1 つは既存企業間の競争の強さである。これに影響する要因として，業界を構成している企業の数と規模分布（集中度）と製品差別化の程度がある。差別化の程度が高いほど投資

収益率は高くなる。もう1つは，潜在参入者によってもたらされる参入の脅威の程度である。参入の脅威の程度は参入障壁の存在があり，それは次の3つの要因がある。第1は，規模の経済性の存在である。累積生産量が影響する産業においては，新規に参入する企業にとっては，先行者にコスト上の不利が存在することになるためである。第2は，参入するのに巨額な投資が必要であることである。その投資の存在は規模の経済性に関連し，また，その投資自体が撤退するときのコスト（サンクコスト）になるためである。第3は，流通チャンネル及び供給チャンネルの独占などである。

　市場構造分析の目標はその業界の競争状態を明らかにした上で，**顧客セグメント**の分析と競争相手の弱み強みの分析などを行い，自社のその業界でのポジション（**競争状態**）を明らかにすることである。自社の競争状態には次の3つの状態がある。第1は，**競争優位**であり，他社との競争に勝っている場合である。第2は，競争均衡であり，他社と互角に戦っている状態である。最後が競争劣位であり，他社との競争に負けている状態である。そして，競争戦略の目標は，競争劣位から，競争均衡へ，競争均衡から競争優位へと自社の競争状態を良くすることである。

　その他の代表的な業界構造分析の手法として，Porter（1985）のファイブフォースモデルがある。ファイブフォースモデルでは，5つの要因がその業界の競争状態を決めるとしている。1）新規参入者の存在，2）売り手（サプライヤー），3）買い手（顧客），4）代替品の存在，5）競争相手の5つである。これを最も単純化したのが上での議論である。なお，これらを基にしたデータサイエンスの活用法については，Mitsa（2010）で議論されている。そこでは，特に，これらの要因の変化を予測するのに用いている（Mitsa, 2010, pp.260-261）。

②代表的な競争戦略（マイケル・ポーター）

　自社の競争状態を良くするために何をするのか，については，Porter（1985）での競争戦略論がある。そこで，彼は**競争優位**を確立するために次

の3つの**競争戦略**を挙げている。

　そこで，コストリーダーシップ戦略と差別化戦略と関係してデータサイエンス導入などのデータ活用の軸となる IT 部門の役割を説明する（Hitt, Ireland & Hoskisson, 2012）。

■**コストリーダーシップ戦略**とは，競合他社より低いコストを実現することで，より優位な立場を獲得している状態，あるいはそのための戦略である。ここでいうコストは，原材料調達から生産，流通，販売に至るまでのすべてのコストを含む。コストリーダーシップ戦略は市場シェア獲得が中心となる。なぜなら，販売数量の増加は経験効果を通じてコストの低下を導くからである。そして，この戦略は一般的な顧客を対象にしている。

　なお，IT 部門の役割としては，コストリーダーシップ戦略では，製造・仕入れなどのバリューチェーンでは川上のデータを中心とするためにコスト効果の高い経営情報システムのオペレーションの開発と維持が中心となる。

■**差別化戦略**とは，競争業者に比べて，買い手に対して価格以上の価値を提供する経営戦略である。基本機能は同じであっても，斬新なデザイン，ブランドイメージ，広告などによって，その製品・サービスなど，価値活動の一部が優れているということを強調する。市場が同質であるととらえ，他の競争業者と差別化を図ることで競争優位性を発揮しようとする戦略である。そして，この戦略は優良顧客及び顧客個人というように限定されている可能性があり，顧客関係管理が重要となる。

　なお，IT 部門の役割としては，顧客関係管理を中心とすることもあり，コストリーダーシップ戦略が川上のデータを中心にしていたのに対して，差別化戦略では顧客に近い川下のデータをも必要とするために，全領域における戦略的で重要なオペレーションの意思決定に関連する最新の市場情報とリアルタイム情報を提供する優れた情報システムの獲得と開発が中心となる。

■**集中戦略**とは，ある特定の商品，セグメントに経営資源を集中し，参入障壁を利用した独占的な地位を確立する戦略である。

　前者2つの戦略は市場全体を対象にし，後者の集中戦略はある特定の商品及び顧客などのセグメントに対象を絞り込むことである。このような絞り込み戦略は第8章で議論する顧客セグメンテーションと関連する。つまり，集中戦略はデータサイエンスの1つの適応領域であるといえる。また，絞り込んだ市場において，コストリーダーシップ戦略と差別化戦略を行うことになる（浅羽・牛島，2010）。また，第6章で日米の金融機関の競争戦略上の特徴を比較することによって，顧客データ分析の重要性の認識の違いなどを明らかにしている。その上で，IT部門の方向性の違いなどもあることから，自社の経営戦略の特徴を理解する必要があることを指摘しておくことにしよう。

③機能（職能）別戦略

　さらに，それぞれの機能＝職能（例えば購買，生産，マーケティング，財務，人事，ナレッジ・マネジメントなど）ごとに全社的に共通な戦略が構築される場合もあり，これは機能別戦略と呼ばれる。

　これらの戦略は視点や検討方法は異なるものの，お互いに整合性のとれた一貫したものであることが求められる。これらの企業経営に関わるさまざまな戦略を総称して経営戦略と呼ばれるのである。**全社戦略**が**競争戦略**と機能別戦略とを規定する機能を持っており，一般的に戦略の構造と呼ばれる（Hofer & Schendel, 1978）。

4）経営戦略の構造

　このように複数の種類があるが，経営戦略には構造がある（Hofer & Schendel, 1978）。その際重要になるのは，企業を1つの事業しか行っていない**単一事業企業**と，複数の事業を行っている**複数事業企業**（多角化企業）の区別である。前者の代表的なものとしていわゆる『老舗』企業が当たり，酒，味噌などの食品や陶磁器，漆器などの伝統産業に属するような企業が含

経営戦略の構造	単一事業企業	複数事業企業（多角化企業）
全社戦略と競争戦略の区別	全社戦略と競争戦略の間に明確な区別がない。ただし，全社戦略が競争戦略の枠組みを決めるということについては変わりがない。	全社戦略 ドメインの決定 事業構造の決定 ↓ 競争戦略 全社戦略と競争戦略の間に明確な区別がある。

図表 2-5　全社戦略と競争戦略

（出所：喜田，2010）

まれる。後者は単一事業から，企業の成長に基づいて複数事業に転換したものである（Ansoff，1968）。

　その上で重要なのが，全社戦略と競争戦略の区別である。全社戦略とは，企業全体としてどのような方向性で経営していくのかを示したもので，これは企業戦略（corporate strategy）と呼ばれる。競争戦略については前述のとおりである。その関係を示したのが**図表 2-5** である。

　そして，この議論で重要な点は，単一事業企業は**事業（ビジネスレベル）＝企業**であり，複数事業企業は**事業（ビジネスレベル）≠企業**であることである。この点は数多くのフレームワークを用いるときに重要となり，そのフレームがビジネスレベルか，それとも企業レベルなのかを理解する必要がある，ということを注記しておくことにしよう。

　その戦略の階層性は図表 2-6 で示される。

　そして，この階層性は組織構造とも合致する。全社戦略は本社で，事業競争戦略は事業部レベルで決定される。この違いは多様なビジネスフレームワークを用いる際の基礎となる。

図表 2-6　戦略ピラミッド

II マーケティング論の基礎

　経営戦略論でビジネス・システムが重視されるようになったことから，「顧客ニーズや市場動向」への注目がより高まった。このような点に注目する領域として古くからマーケティング論がある。マーケティングとは「（広くは）人間や社会のニーズを見極めてそれにこたえることである」とされる（Kotler & Keller, 2006）。石井・栗木・嶋口・余田（2004, 以下石井他, 2004）では，より企業での経営戦略との関係を強調し，「企業が顧客との関係の創造と維持を様々な企業活動を通じて実現していくこと」であるとされる。このようなマーケティングは，複数の手法や活動を統合的に展開することによって実現され，その手法や活動は「**マーケティング・ミックス**」と総称される。マーケティング・ミックスは次の4つのカテゴリーに分けて提示される。①製品（product），②価格（price），③流通（place），④プロモーション（promotion）であり，マーケティングの4Pと呼ばれる。これらの活動は図表 2-7 にまとめられている（Kotler & Keller, 2006）。

　図表 2-7 を見ると，マーケティング・ミックスは，マーケティングが広範囲な活動であることを示している。このような広範囲の活動をマネジメントするのがマーケティングマネジメントである。石井他（2004）では，マー

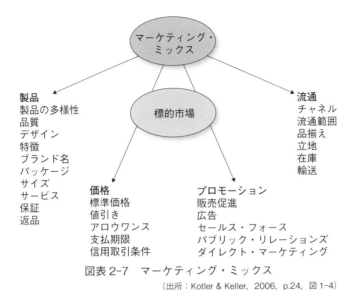

図表 2-7　マーケティング・ミックス

(出所：Kotler & Keller, 2006, p.24, 図 1-4)

ケティングマネジメントとは「内的に整合がとれているとともに外部環境とも整合的なマーケティング・ミックスを実現するためのマネジメント」としている。これにより、マーケティングの企業全体での位置付けを示すことが可能になる。

　本節では、データサイエンスの導入の背景としてどのように経営手法が変化してきたかを明らかにするために、まず経営戦略論の基礎的な知識が必要となり、しかもどのように経営手法が変化してきたかを明らかにするためのスタートポイントとして、経営戦略、競争戦略、マーケティング管理などの基礎的議論を説明してきた。最後に、経営戦略、競争戦略、マーケティング管理の関係を図示すると、**図表 2-8** になる。なお、これらは一貫性を持つように構成される。

　次に、ここでは、マーケティング手法の変遷を見ることで、データサイエンス導入の背景である手法の変化を明らかにすることにしよう。

図表 2-8　経営戦略，競争戦略，マーケティング管理

（出所：喜田，2010）

1) マス・マーケティング

　マス・マーケティングは「すべての人を対象として同じ製品を生産し，あらゆる店舗で販売し，幅広く広告宣伝を行い，共通の利益を創出する」というものである。広く一般的な消費財（生活必需品）を販売するビジネスにおいては古くから用いられてきた手法であり，比較的コストが安いというメリットがある。このような場合，顧客の嗜好が均一であることが前提条件になる。日本においては，1960 年代に最も成功し，いわゆる大量生産・大量消費時代のマーケティング手法といえる。

2) ターゲット・マーケティング

　顧客の嗜好の多様化に応じて，顔の見えないマスから，ある特定のグループにターゲットを絞り込んだターゲット・マーケティングに変更していくことになる。ターゲット・マーケティングとは，嗜好の多様化した市場に対応するためのマーケティング手法である。そのために，市場全体を細かく細分化し，その中で1つまたはいくつかのターゲットセグメントを絞り，自社の製品を位置づけていく。そこでは，3つのプロセスがある。第1は，市場細分化（セグメンテーション）である。本書で説明するデータサイエンスは特にこのプロセスに有効である。第2は，ターゲット市場（セグメント）を選択することである。これは，ターゲット・マーケティングの重要なプロセスである。第3は，商品のポジショニングである。この段階では，自社の商品を競合品との関係で位置付け（ポジショニング）を明確にする。通常，自社製品が圧倒的に競争優位を確立できるところ，他社製品が全くないとこ

ろ（競争状態にない）にポジショニングをすることになる。

　以上の２つのマーケティング手法はどちらかというと，商品・製品を起点においている。しかし，消費の個人化及び嗜好の多様化はマーケティング手法に『顧客起点』の考え方を定着させる必要がある。そこで生み出されてきたのが，相対取引を強調する**ワン・ツー・ワン・マーケティング**であり，優良顧客との関係を重視する**顧客関係管理**を意識した**リレーションシップ・マーケティング**である。

3）ワン・ツー・ワン・マーケティング

　これは，マーケティングの対象を市場ではなく顧客とし，顧客一人一人のニーズに対して個別に対応していくマーケティング手法である。顧客を大きな塊としてとらえるマス・マーケティングとは対照的であり，次のように比較することができる（**図表2-9**）。

　このようなマーケティングを可能にするのは，顧客一人一人のプロファイ

マス・マーケティング	ワン・ツー・ワン・マーケティング
平均的顧客	個別顧客
顧客の匿名性	顧客プロファイル・顧客属性重視：個別化
標準的製品，既製品	カスタマイズ商品，注文品
大量生産・大量流通	カスタマイズ生産・個別販売
マス広告	個別メッセージ
一方向メッセージ	双方向メッセージ
規模の経済性	範囲の経済性
市場シェア	顧客シェア
全顧客	収益性の高い顧客
顧客誘引（新規開拓）	顧客維持・顧客関係重視

図表2-9　マスとワン・ツー・ワンの比較

（Kotler & Keller, 2006, 翻訳 p.193, 図表 5-1 加筆修正）

ル（顧客属性）と取引履歴データを取得可能になったことである。その上で，そこで得たデータを分析する必要があり，データサイエンスの導入を引き起こすことになるのである。また，この点について重要な概念がある。それは，**市場シェア**と**顧客シェア**である。前者は市場においてどの程度自社製品の売上高が占めるのか，を示しているが，後者は顧客をどの程度獲得しているのか，である。顧客シェアを重視するようになったのは自社の全顧客の20％が売上高の80％を占めるという経験則に基づいているためである。また，Anderson（2009）にみられるように，最近インターネットビジネスを中心に，「無料」と「有料」をどのように組み合わせるのかが重視されるようになってきている。この点は，売上高という指標では，自社のビジネスを把握できないようなことが起きているとも考えられる。それ故，後者の顧客シェアを重視することにもつながっていくのである。

　マス・マーケティングでは前者に注目し，ワン・ツー・ワン・マーケティングでは後者に注目している。このマーケティング手法の顕著な例が，第9章で示す**ロングテールビジネス**である。ロングテールビジネスでは，顧客の消費へのニーズを気づかせるという側面が重視され，優良顧客以外の顧客への気付きを中心とする。

4）リレーションシップ・マーケティング

　顧客志向の代表的なマーケティング手法がリレーションシップ・マーケティングである。

　リレーションシップ・マーケティングとは，既存顧客との関係を深め，さらに維持・進行していこうとするマネジメント手法（顧客関係管理）を実践するためのマーケティング手法である。リレーションシップ・マーケティングでは，顧客との親密で良好な関係を築き，既存の顧客を十分に活用しようとする。例えば，リピーター（常連客）を開発することが基礎となる。そのために，顧客を「**ライフタイム・バリュー（顧客生涯価値）**」という視点でとらえようとする。ライフタイム・バリュー（顧客生涯価値）とは「顧客の

生涯にわたる購買活動に期待できる将来の利益の流れを現在価値で表したもの」である。なお，この点にては Kotler & Keller（2006）を参照されたい。

　このようなマーケティング手法では，キャンペーンをどのように管理（キャンペーンマネジメント）するのかが重要になってくる。**キャンペーンマネジメント**とは「施策を実行した後の反応（レスポンス）や成約率などの効果的測定を行い，その結果をもとに次回のさらなる施策につなげていく活動」と定義できる。企業が行うキャンペーンはダイレクトメールを通じて行われることが多い。そこで，第 7 章では，ダイレクトメールに反応する顧客を予測する事例がキャンペーンマネジメントの事例として挙げることができよう。

5）データベース・マーケティング

　以上の 2 つのマーケティング手法は，ともに顧客の基本的プロファイル情報（顧客情報）と購買履歴などの行動履歴が保存されるデータウェアハウスとそれを分析するデータサイエンスを必要とすることになる。このような流れの中で生まれてきたマーケティング手法が**データベース・マーケティング**である。データベース・マーケティングについては，原田（1999）を参照されたい。

　データベース・マーケティングは，顧客との接触や取引，そして顧客関係構築を目的として，顧客データベースやそのほかのデータベース（製品，供給業者に関するもの，など）を構築し，メンテナンスし，活用するプロセスである（Kotler & Keller, 2006）。それ故，本書で説明するデータサイエンスの活用法の一部はこれに属すると考えられる。また，データベース・マーケティングでは，図表 1-7 で示したような中間業者（流通システム）の排除が重視されている（江尻, 2000）。その上で，江尻（1998）では，小売業でのデータベース・マーケティングの利用を示唆している。これにより，マーケティング部門を持つような大企業だけではなく，中小・零細企業，個人商店においてもデータサイエンスを用いる可能性を示唆していると考えら

れる。なぜなら，顧客データベースさえ構築できればデータサイエンスは店舗レベル，中小，個人商店レベルでも利用できるからである。そこで，本書では，このような動き，大企業のみのデータサイエンスではなく，中小・零細企業・個人商店でのデータサイエンスも想定・利用可能なことを考慮に入れて，第8章以降では店舗レベルでの事例を中心としていることを示唆しておくことにしよう。

そして，現在注目を集めているデータドリブン・マーケティングの源流である，ということを注記しておくことにしよう（Jeffery, 2010）。

以上のようにマーケティング手法は，製品起点のマーケティング手法（マス・マーケティング及びターゲット・マーケティング）から顧客起点のマーケティング手法（ワン・ツー・ワン・マーケティング及びリレーションシップ・マーケティング）へ変化している。両者とも顧客情報取得及び分析が重要である点から，データサイエンス導入につながり，最終的には，データベース・マーケティングという，データサイエンスとデータベース（データウェアハウス）を用いることを想定したマーケティング手法へと変化しているのである。このような動きがデータサイエンス導入の背景となっている。

このように，経営戦略論及びマーケティング論での導入背景を説明してきた。それを導入以前と導入以後でまとめると**図表 2-10** のようになる。

	前　提	経営戦略論	マーケティング論
導入以前	製品起点	商品・サービスの差別化	マス・マーケティング（平均的顧客を相手に）
導入以後	顧客起点	ビジネス・システムの差別化	ワン・ツー・ワン・マーケティング（個別顧客）

図表 2-10　導入以前と導入以後での経営戦略論とマーケティング論

（出所：喜田，2019）

Ⅲ　バリューチェーンとビジネス・システム

　顧客との関係を重視する経営戦略論の議論として，バリューチェーンとビジネス・システムがある。そして，バリューチェーンはビジネスレベル，言い換えると事業部レベルのフレームであり，ビジネス・システムは企業レベルのフレームワークである。

1）バリューチェーン（ポーター）

　バリューチェーンは，ポーターによって示され各価値付加活動を整理している図表 2-11 を参照されたい。

　主活動とは，商品製造やサービス提供など，製品の生産から消費までの一連の流れに直接的な関わりを持つ活動であり，購買物流（仕入れ），製造，出荷物流，マーケティング・販売，サービスなどである。

　支援活動とは，主活動の支援（バックヤード）活動である。

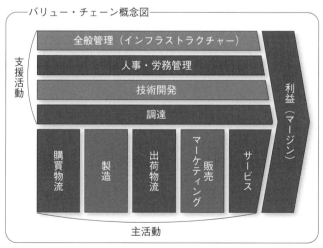

図表 2-11　バリューチェーンの概念図

（出所：Porter, 1985, p.389）

　製造業における支援活動としては，『全般管理（インフラストラクチャー）』；経理，財務，総務，IT部門などでの活動である。そのほかの支援として，『人事・労務管理』，『技術開発』，『調達』などがある。

　価値付加活動の整理は経営戦略論の資源ベース理論の基礎となり，自社の強みと弱み分析に関連するのである。つまり，バリューチェーンは企業内部，事業内部の分析を中心としている。そして，事業レベルでのあるバリューチェーンを全社レベルで用いることはできない。全社レベルでは，複数あるバリューチェーンの評価と組み換え，具体的な活動としては，吸収合併や戦略的提携が考えられる。なお，この点については，Barney, 2002を参照されたい。また，各事業部門で共通するバリューチェーンを共通化することなども議論されることになる。バリューチェーンが組織内の価値の流れにあるのに対して，バリューシステムは関係企業などとの共同によって顧客に価値提供を行う。このバリューシステムと同じような概念にビジネス・システムがある。

2) ビジネス・システムの構築：新たな競争戦略

　伊丹・加護野（1989）は，競争戦略論で言う差別化を商品の差別化と**ビジネス・システム**の差別化の二種類に分けている。そして，後者の差別化を重視している。なぜなら，商品レベルにおける差別化は寿命が短いことと，まねができるからである。ビジネス・システムレベルの差別化は，事業を行うための資源と，資源を活用する仕組みレベルでの差別化である。商品やサービスの開発のための要素技術，生産技術，工場設備や配置，セールスマンの数や営業組織，販売や流通の仕組み，顧客との長期的な関係（信頼蓄積）などによる差別化である。

　長期にわたり競争優位を確立した企業はビジネス・システムの差別化を行ってきたとする。言い換えると，企業が直面する競争には，商品の競争とビジネス・システムの競争があるということである。そして，長期的な企業成長のためにはビジネス・システムの競争に勝つことが重視される。

　ビジネス・システムは企業の経営資源と経営資源から価値を生み出すための仕組みから成り立っている。ビジネス・システムを構築する際の視点として，①どのような顧客にどのような価値を提供するか，②誰が競争相手か，③何を基に持続的に比較優位を構築するか，という3点が必要であるとされる。

　「どのような顧客にどのような価値を提供するか」については，顧客のニーズを確認することである。顧客がある商品を買う際のニーズは多面的である可能性がある。そこでは，製品の価格，製品そのもの（性能，品質，デザインなど），サービス（アフターサービスや支払い条件など），イメージ（製品の社会的認知や企業イメージ）に対してである。その上で，このような多面的なニーズの中で核となるところを考慮してビジネス・システムを構築することになる。

　「誰が競争相手か」で重要になるのは，マーケット・セグメンテーションと自社の位置付けをどのように行うのか，ということである。競争相手と自社とが異なるセグメントで競争及び差別化を行うことが重要となる。これについては，第8章で説明する。

　「何を基に持続的に比較優位を構築するか」については，産業への参入障壁もしくは移動障壁をどのように構築するのか，という点が問題となる。

　以上のように経営戦略論においてビジネス・システムの議論が重視されるようになっている。最近のビジネス・システムの議論については，加護野・井上（2004）を参照されたい。

　その上で，伊丹・加護野（1989）によると，ビジネス・システムの変化は次のような要因によって起こるとされる（伊丹・加護野（1989）p.74 より）。

①製品技術・生産技術（製品やサービスを開発，生産加工する技術）の変化
②交通技術（人の移動や物の輸送の技術）の変化
③情報伝達・処理技術（情報を伝達したり，処理したりするための技術）

　の変化

④取引・組織技術（商取引を制御し，人々の共同を促進するための技術）
　の変化

⑤社会構造や生活習慣の変化

①から④までは，供給側の要因であり，⑤は需要側の要因である。

　ビジネス・システムの変化はこれらの要因によって起こるが，これらの変化が起これば自動的に新たなビジネス・システムが生み出されるのではない。この変化をうまく取り込んだビジネス・システムを構築する企業家の存在が大きいのである。

　1990 年代以降，IT 化，情報化が進みインターネット社会が到来した。インターネット社会では，大量の情報が流通し，情報探索コストが低下し，情報利用が促進されている。その上でネットワークの特性から，地域的に限定されることなく，より国際的なビジネスの展開を見せている。このようなビジネスでのインターネットの利用（インターネットビジネスの普及）は，既存のビジネス・システムに変更を促したのである。この点をビジネス・システムの変化要因を関連づけると以下のようになる（図表 2-12）。

　図表 2-12 のように，各技術の変化に応じて，ビジネス・システムの変化が見られる。その上で，このような技術変化が引き起こしたビジネス・システムの変化は図表 2-12 のようにまとめることができる。既存のビジネス・システムと情報化時代のビジネス・システムの比較という形をとる（図表 2-13）。情報技術とビジネス・システムの関係については，井上（1998），平本（2007）を参照されたい。このようなビジネス・システムの変化を用いた代表的企業としてデル・コンピューター社がある。デル・コンピューター社は，ある特定顧客に注目するようなビジネス・システムを構築しているとされている（岸本，2004）。

　今までの流通システム（ビジネス・システム）は，問屋，小売店を中心とする流通システムを通じて，顧客情報（市場情報）を収集し，集約する流通システムであり，メーカーが直接顧客情報を収集する仕組みではなかっ

変化要因	情報化ビジネスと関連づける	インターネットビジネス・ロングテールビジネスの概念（第9章詳説）
製品技術・生産技術の変化	コンピューター技術による生産技術の開発（ソフト産業）	生産技術の民主化
交通技術の変化	宅配産業の発達	商圏の拡大
情報伝達・処理技術の変化	インターネットの普及 検索技術の進化	フィルタの進化 フィルタとは，商品及びサービスの検索を手助けする企業であり，グーグル等が挙げられる
取引・組織技術	電子商取引・インターネット決済の普及	インターネット販売の促進，アマゾン，楽天等の発展
社会構造や生活習慣の変化	インターネット及びコンピューターの普及	自らのニーズに応じた商品を検索できるようになったことによって，より消費の個人化と嗜好の多様化を生み出した。

図表 2-12　情報化社会とインターネットビジネス

(出所：喜田，2010)

た。しかし，情報化以降では，メーカーと顧客との関係は**相対取引（one to one）**へ変化し，顧客への個別対応（顧客関係管理の重要性）が必要となった。つまり，顧客情報を収集し，集約する機能を各メーカーが持つ必要があるということである。この点を受けて，マーケティングの領域で，ナレッジ・マネジメント，特に，データサイエンスの重要性が高まったのである。このようにインターネットを用いたメーカーと消費者との関係において**図表 2-14** の仕組みが必要となる。

既存のビジネス・システム

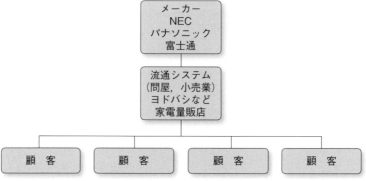

既存のビジネス・システム（パソコン業界の事例）

情報化社会のビジネス・システム

情報化社会のビジネス・システム（パソコン業界の事例）

図表 2-13　既存のビジネス・システムから情報化時代のビジネス・システム

（出所：喜田，2010）

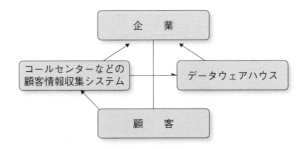

図表 2-14　インターネットビジネスの構成要素

（出所：喜田，2010）

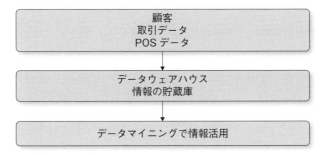

図表 2-15　インターネットビジネスでのデータの流れ

（出所：喜田，2010）

　顧客情報と取引データを収集する情報システム，代表的なものにコールセンターなどがある。そこに収集された情報（データ）はデータウェアハウスの中に蓄積される。その蓄積された情報はどのように処理されるのか，といえば，**図表 2-15** になる[1]。

　このような情報化の進展によるビジネス・システムの変化とともにマーケティング領域において，消費の個人化（嗜好の多様化）に対応するマーケティング手法の変化が，データサイエンスの活用・導入に大きな影響を与えることになる。

Ⅳ　顧客関係管理

　喜田（2010）では，**ビジネス・システム**でいうと，どちらかというと，顧客接点である川下を中心にしている。この点は，ビジネス・システム全体を考慮したデータサイエンスを行うには，顧客起点が重要であることを示しており，名寄せを含めた顧客関係管理の重要性を示している。つまり，ビジネス・システムは**顧客行動（市場）の理解**を起点として最適化されるということである。そして，顧客起点重視は，最近注目を集めている DX（デジタル・トランスフォーメーション）の基礎となっている。その上で，その基礎となるのが顧客関係管理である。

　顧客関係管理がなぜ重要になったのかといえば，企業にとって顧客は誰なのかを確定することが困難になったからであり，この点が企業の成長や存続にとって必要不可欠であるからである。それでは，なぜ顧客が見えにくくなったのかといえば Bauman（2000）が示唆するように，消費の個人化，もっと一般的に言うと，嗜好の多様化が推進したからである。また，顧客を取り巻く情報が過剰になったことも，結果的には顧客を見えにくくしている。

　顧客が見えにくい状況のもとでは，マス・マーケティングや通常の大量生産方式による新規顧客を獲得しているアプローチは効率的ではないと考えられている。

　顧客を一人一人の異なるニーズ，もっと言うと desire ＝欲望を持つ存在とした上で最適なアプローチをとるというのが，顧客関係管理で必ず出てくる『ワン・ツー・ワン』である。この考えには，「新規顧客の獲得コストは既存顧客維持コストの5倍」，「20％の顧客が売り上げの80％を示す」という経験則が背景にある。

　このような考え方のもとに顧客関係管理が重視されるようになったのである。顧客関係管理は商品やサービスを提供する企業が顧客との間に，長期

的・継続的な「親密な信頼関係」を構築し，その価値と効果を最大化することで，顧客のベネフィットと企業のプロフィットを向上させることを目指す総合的な経営手法のことである。顧客管理には，次の3つの側面がある（喜田，2019）。

1）顧客個別対応

　CRMが騒がれ始めた1990年代後半には，「顧客の好みやニーズを正確に把握・理解し，それに応じて的確な商品・サービス提供を行うことで，顧客満足を高め，顧客ロイヤルティーを最大化し，顧客拡大及び顧客維持を図る」という**“顧客個別対応の高度化”**という面が強調された。これには「One to Oneマーケティング」などのコンセプトが影響している。データサイエンスでの関係でいうと，**マーケット・バスケット分析**を基礎とした「**リコメンデーション（おすすめ商品)**」が挙げられる。

2）顧客分析

　“すべての顧客”に対する顧客満足向上促進は効率的ではないという点から，**“優良顧客の差別化”**としてのCRMが登場する。これは，顧客データベースを**分析**して優良顧客を抽出し，キャンペーンなどを通じて潜在的な優良顧客を優良顧客に育てるといったマーケティング的視点が強調されている。もともとCRMは“顧客囲い込み”の視点が強いため，「データベース・マーケティング」，「リレーションシップ・マーケティング」などと直結する。ここではCRMの「R＝リレーションシップ」は，企業と顧客の“情緒的な信頼関係”というよりは，“相互にベネフィットを認め合う合理的な関係”ととらえられる。データサイエンスでの関係でいうと，顧客の分類（**マーケット・セグメンテーション**）が挙げられる。この代表的な手法にRFM分析がある。

3）顧客チャネル統合：顧客起点のデータ統合

　以上の，顧客個別対応と顧客分析を可能にしようとすると，その基礎となるデータの保存形式などを CRM に対応させる必要がある。通常，企業においては顧客データを**図表 2-16** のように，事業部・製品起点で貯蔵している。つまり，各顧客を事業部視点で把握しているのである。

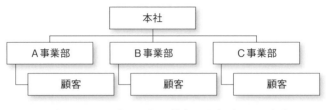

図表 2-16　通常の，製品基点の顧客データの保存

（出所：喜田，2019）

　このような保存形式であると，事業部間及び部門間での情報共有の問題（**データのサイロ化**）を引き起こすことになる。この点を解決することの 1 つの手法が **CRM** である。

　CRM は"セールス，マーケティング，カスタマサービスなど顧客に関わりのある部門間で情報を共有し，一貫性のない顧客対応を避け，効果的な顧客アプローチを目指すこと"である。これはセールス支援に限定されていた SFA（セールスフォースオートメーション）を顧客対応プロセス全体に広げたものといえる。さらに，CRM は，顧客からの要望やクレームを商品企画や設計，生産計画，つまり前述のビジネス・システム全体，にまで生かす，というコンセプトにまで拡張されている。すなわち，顧客や市場からのさまざまな情報を取り込み，その情報を分析・利用するための経営戦略システムの一部であり，**顧客起点経営**の出発点となる仕組みを指している。これについては，データサイエンスの基礎となるデータウェアハウスをどのように構築するのかと直結する。それは，**顧客 ID** を基に顧客個人を起点にデータを統合する，管理することになる（**図表 2-17**）。

図表 2-17　顧客基点のデータ管理（データ統合）
（出所：喜田，2019）

　以上のような顧客関係管理（CRM）は，情報技術導入以前はセールスマンの勘に頼る部分が大きかった。しかし，情報技術導入後，データサイエンスの活用とともに，データベース・マーケティングを生み出していった。

　そして，最近では，インターネットが顧客接点になりうることを強調する**eCRM**の概念が提示され，普及してきている。CRMでは，コールセンターを設置し，人員を配置する方法で顧客関係を維持することを中心としてきたが，人員配置などのコストがかかることや24時間対応できないなどの問題点から，eCRMが導入されることになった。eCRMは自社ホームページの作成などのインターネットを活用したCRMである。

　以上のような顧客関係管理などの顧客の理解は昨年くらいから注目を集めているカスタマーエクスピリエンス（顧客体験）の基礎となっていることを注記しておくことにしよう（Goodman，2014；Kalbach，2016）。

　なお，顧客関係管理と深い関係があるのが第7章で議論するチャーン・マネジメントもしくはリテンション・マネジメントである。

戦略策定とデータサイエンス

　前章で取り上げたデータサイエンスの台本であるCRISP_DMはどのように戦略策定及び戦略立案と関連するのであろうか。この点を示すことで，よりデータサイエンスと経営戦略論との関係を明確にすることにしよう。

　CRISP_DMは経営戦略論の戦略策定及び戦略立案の議論を基礎としている。経営戦略論の中で**戦略策定**及び**戦略立案**に関するものとして，Hofer &

Schendel（1978），Aaker（1984，2001）等が代表的である。なお，経営戦略の戦略策定については，石井・奥村・加護野・野中（1985）の第6章等を参照されたい。また，ここで注意しておく点が1つある。それは，経営戦略論は，内容論とプロセス論に区別できることである。特に構想としての経営戦略は，構想の内容面とその構想を生み出すプロセスに区別できる。第1章で提示した経営戦略論はどちらかというと前者の側面を持ち，ここで注目している戦略策定や実行プロセスについては経営戦略論のプロセス論として位置づけられる。

図表 2-18　戦略策定のフェーズ

（Hofer & Schendel, 1978）

　第1段階は，目標設定であり，売上，利益率，マーケットシェアなど具体的なものから，「○○業界でリーダーになる。」などの定性的な目標もある。

　第2段階は，データ収集であり，環境（マクロや政治），市場，競争相手の戦略や，自社の保有資源に関するデータを収集する段階である。

　第3段階は，これらの目標とデータから，自社の目標達成のための複数の戦略代替案を構築することである。

　第4段階は，それら戦略代替案を評価選択する段階である。

　第5段階は，戦略代替案を行動計画として立案することである。

　以上のような段階をもって戦略策定がなされていく。戦略立案（戦略市場経営）のうちデータサイエンスが直接的に関連するのは，**戦略的分析**と呼ばれるところである（図表2-19）。

　なお，ここでの戦略的分析は前節までの戦略論を基礎としており，特にSWOT分析を基礎に，それを精緻化している。

　このように戦略立案での対象として，組織外部の要因に関するものと，組

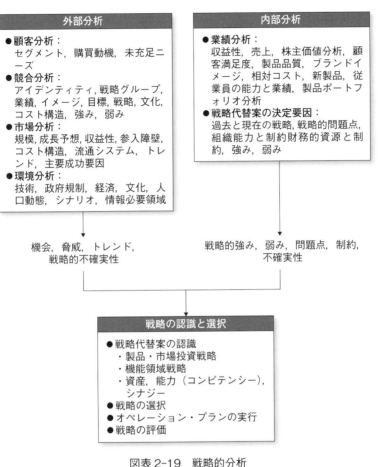

外部分析	内部分析
●顧客分析： セグメント，購買動機，未充足ニーズ ●競合分析： アイデンティティ，戦略グループ，業績，イメージ，目標，戦略，文化，コスト構造，強み，弱み ●市場分析： 規模，成長予想，収益性，参入障壁，コスト構造，流通システム，トレンド，主要成功要因 ●環境分析： 技術，政府規制，経済，文化，人口動態，シナリオ，情報必要領域	●業績分析： 収益性，売上，株主価値分析，顧客満足度，製品品質，ブランドイメージ，相対コスト，新製品，従業員の能力と業績，製品ポートフォリオ分析 ●戦略代替案の決定要因： 過去と現在の戦略，戦略的問題点，組織能力と制約財務的資源と制約，強み，弱み

機会，脅威，トレンド，　　　　　　　戦略的強み，弱み，問題点，制約，
戦略的不確実性　　　　　　　　　　　　不確実性

戦略の認識と選択

●戦略代替案の認識
　・製品・市場投資戦略
　・機能領域戦略
　・資産，能力（コンピテンシー），
　　シナジー
●戦略の選択
●オペレーション・プランの実行
●戦略の評価

図表 2-19　戦略的分析

（出所：Aaker, 2001, p.37, 図表 2-1）

織内部の要因に関するものの2つに分類される。組織外部に属するものとして，顧客・市場・競合（競争相手）・環境（一般経済環境）がある。組織内部では，自社の強み・弱み分析（SWOT 分析）を中心としている。データサイエンスはデータベース・マーケティングを行うために導入された経緯がある。この点は顧客の行動を明らかにするためのデータを収集する傾向が

あることとも直結する。それ故，データサイエンスは図表 2-19 の中で，外部分析の一部である**顧客分析**に位置づけられる，もしくは中心とする傾向がある。

　Aaker（2001）では顧客分析を外部分析の最初段階であり，その中心であり，最も重要であるとしている。なお，この点については各マーケティング領域の研究者も同意している（Kotler & Keller，2006）。

　顧客分析には，①セグメンテーション（顧客の囲い込みと優良顧客を見つける），②顧客の反応（行動）及び購買動機の理解，③未充足なニーズに対する分析，の 3 つの側面を持っている（Aaker，2001）。

　これらの顧客分析と本書で説明するデータサイエンスの活用法を関係づけると以下のように考えられる。

　①のセグメンテーションについては第 8 章で説明する。そこでは，通常の属性によるセグメンテーションに付け加えて，次の顧客の反応と購買動機に関連するように，実際の購買行動を基にしたセグメンテーションを行うことを提案している。

　②の顧客の反応（行動）と購買動機については，第 6 章及び第 7 章で説明する。ニューラルネットワークもしくは決定木を用いるデータサイエンスは，顧客の行動を予測するという機能を持っている。また，決定木はその名のとおり顧客の意思決定のプロセスを示しており，顧客からみたら購買動機，企業側からすると，自社製品の遡及点が明らかになる。

　③の未充足なニーズに関しては，第 9 章でマーケット・バスケット分析を用いたレコメンドシステム（おすすめ商品を見つける方法）は顧客自身のニーズに自ら気づかせるという側面があることを示すことと関連する。

　以上のようにデータサイエンスの活用法は戦略立案の中で重要な顧客分析と関連づけることができる。その上で，データサイエンスでいうモデル及びルールという言葉を少し説明する必要がある。それは，データサイエンスでいうモデル及びルールという言葉には，ここでいう分析するというだけではなく，実際ビジネスの現場において仮説（ビジネス仮説もしくはビジネス

モデル），もっと行動レベルに落とし込んでアクションプランを示している
(Pyle, 2003)。例えば，第9章で説明するマーケット・バスケット分析で
あれば，レコメンドシステムの構築や店舗設計，併売活動の基礎になる。つ
まり，単なる分析ではなく，マーケティング活動や戦略として利用すること
ができる。それ故，図表2-7においては組織内で共有するなどの段階を持っ
ているのである。

　このようにデータサイエンスは外部分析のうち顧客分析を中心としている
が，そのほかの要因の分析にも利用が可能である。例えば，市場動向の分析
などは第6章で示すように金融市場の動向のみならず業界全体の分析もデー
タがあれば可能である。

　データサイエンスは顧客分析及び外部分析を重視してきた。これは，デー
タサイエンスが何度も述べるようだがマーケティング領域と関連して生み出
されてきた結果であり，顧客情報や取引データなど顧客に関連するデータ
を分析するためである。それ故，本書ももちろんそのほかの多くの書物で
は，マーケティング領域及び顧客分析を中心とする利用法を説明している。
例えば，Cabena, et al. (1989), Berry & Linoff (1997 ; 2000)，山鳥・古本
(2001), Olson & Yong (2007), Jeffery (2010), Linoff & Berry (2011ab)
等が挙げられる。

　つまり，外向きのデータサイエンスが中心である。以上のように，データ
サイエンスは，経営戦略論を背景として導入されてきた経緯のために，組織
内部への活用は進んでいないように考えられるが，現在，人事部を中心に，
ピープル・アナリティクスと呼ばれ，HRM（人的資源管理）などに用いら
れている（West, 2019）。あと，経理部や財務部であると各予算策定におい
て外部データを対象とした活用法も考えられ，古くから管理会計や原価計算
などの経営分析領域で行われている。その際には，各経営学領域の知識がも
ちろん必要となる。

　しかし，組織内のデータ（会計情報や従業員の情報など）を収集すること
で内向きのデータサイエンスが可能であると考えられ，本書以降のデータサ

イエンスの活用法での大きな課題となると考えられる。この点については，分析力は社内・社外の両方に用いることができるとしている点でも示唆される（Davenport & Harris, 2007）。社内については，バリューチェーン，財務，製造，研究開発，人事の領域で分析を行うことになるとし，社外については顧客，サプライヤーについて分析を行うことになるとしている。なお，この点については，アルゴリズムと経営課題のところもしくは各アルゴリズムの活用事例を説明する際に議論することにしよう。

VI 初期のナレッジ・マネジメントから情報技術を用いるナレッジ・マネジメントへ

　以上のように，経営学（特に，経営戦略論）での背景からデータマイニング及びデータサイエンスは導入されてきた。その一方で，経営学もしくは企業経営で知識を重視するということから，知識発見の手法であるデータサイエンスへのアプローチもある。

　経営学では，競争優位及びイノベーションの源泉となる知識や情報について数多く研究されてきた（加護野，1998；2011，野中，1990：野中・竹内，1996）。言い換えると，経営のキーワードとして知識，情報などを挙げる研究がまず多くあり，その傾向はいまだに変わっていないどころか，最近のデータサイエンスの議論などにより進化している。

　経営学においてその問題をより深く扱ってきたのがナレッジ・マネジメント論である。そのナレッジ・マネジメントも大きく2つに分かれる。1つは，初期のナレッジ・マネジメントであり，もう1つは，情報技術を用いたナレッジ・マネジメントである。

　つまり，ここでは，データサイエンスを知識発見手法としてとらえ，ナレッジ・マネジメントの領域の中で位置づけることにしよう。また，それを通じて，最近のデータサイエンスをナレッジ・マネジメントと関連づけることを目的としている。

1) 初期のナレッジ・マネジメント：知識共有のナレッジ・マネジメント

　ナレッジ・マネジメントは「知識管理」と訳され，競争優位の確立を目的に企業内の知識もしくは従業員の知識を管理することである。現在のナレッジ・マネジメントは①知識共有と知識発見，②情報技術を用いる，用いない，③形式知を中心とする，暗黙知を中心とする等の分類軸があるが，数多くの手法を生み出している。このような現在のナレッジ・マネジメントは知識共有を中心とする初期のナレッジ・マネジメントからスタートした。

　初期のナレッジ・マネジメントの実務的意義は2つ挙げられる。

　1つは，企業が成長するためには企業の中で，新商品開発という知識を作るプロセスを埋め込む必要があり，その視点を提示していることである。しかし，新商品開発は，企業内での個人の発明を軸とするような個人が大きな役割を果たすとされる。特に欧米企業での商品開発では個人の知識創造が個人のまま，さらに言うなら，組織の中に埋め込まれることがほとんどない。しかも，個人に知識創造を頼っていると，企業内で組織的，継続的な知識創造が行えないことになる。その問題点をどのように解決するのかを野中(1990)は日本企業での商品開発を見てみることで解決しようとしている。日本企業の商品開発では，個人が暗黙知を用いて知識発見を行い，それが共有化されることを通じて，組織内（企業内）に普及し，商品化されるとしている。これは，企業内の個人的な活動である知識創造を組織の中に埋め込むということを可能にすると考えられる。

　もう1つは，欧米企業では従業員のキャリア形成の上で転職することが重視されることと関連する。知識創造を行えるような有能な社員もしくは企業において重要な知識を持っている社員は他の企業に引き抜かれる可能性があるということである。そうすると，企業の中の知識が維持できないことになり，企業内の知識を管理する手法であるナレッジ・マネジメントが生み出されたのである。そこでの実務的な理由は企業内で従業員の知識を共有化し，組織内で知識を維持するということである。それ故，初期のナレッジ・マネジメントを学習することは，企業内での知識の共有化に実務的な理由がある

といえる。

　ナレッジ・マネジメントは，1990 年代初めの野中の「知識創造企業」や加護野の「組織認識論」の論旨のうちにその源流を持っている。両者は，企業の動態的側面（組織革新，組織変動）及び環境に対する主体的側面を重視する組織論を提示した。この両者は，興味深いことにともに企業の「認知的」，「知識」に関心を持つことについては共通しており，その認知的変化，知識創造が組織革新・組織変動に影響するということを示している。このような理論的な議論は認知的組織科学の領域でより詳しく議論されている。このように，企業の知識の面を重視するという経営学が日本の研究者を中心に世界に発信されることになる。

　その代表的な議論が SECI モデルである（野中・竹内，1996）。彼らは，知識には，「暗黙知」と「形式知」が存在し，その相互作用が知識の創造に大きな影響を持つとし，「SECI モデル：組織的知識創造モデル」を提示している。そこでは，暗黙知→形式知の変換には，4 つのモードが存在するとされる。第 1 のモードは，暗黙知と暗黙知を結ぶ「共同化」である。第 2 のモードは，暗黙知を形式知に変換する「表出化」である。第 3 のモードは，形式知と形式知を結ぶ「連結化」である。第 4 のモードは，形式知を暗黙知に変換する「内面化」である。知識変換の 4 つのモードは独立的に行われるのではなく，スパイラルに作用し合うことによって知の増幅をもたらす。組織的知識創造では，知識変換の 4 つのモードの間のスパイラル運動は個人から組織へ，さらに顧客や他の組織を巻き込みながら展開される。そのモデルが，組織的知識創造のプロセスモデルである。図表 2-20 で示される。

　そこで強調されるのが，個人的知識である暗黙知をどのように組織的な知識として共有化するのか，という点であり，初期のナレッジ・マネジメントにおいては，**知識共有**を重視する議論が多い。また，このような知識共有を重視するものとして，コミュニティー・オブ・プラクティス（実践共同体）に関する議論がある（Wenger, McDermott & Snyder, 2002）。

図表 2-20　SECI モデル

（出所：野中・竹内，1996）

　このような初期のナレッジ・マネジメントに関する議論はナレッジ・マネジメントにおける情報技術の利用に関してある種の疑念を持つという特徴がある（Brown & Duguid，2000）。

　ただし，1つ注意する点がある。それは，日本企業は「人の管理」を行うことでナレッジ・マネジメントが可能になった一方で，欧米系企業は「人の管理」では結局ナレッジ・マネジメントが行えず，情報技術をベース，もっと言うと，業務及びビジネスのインフラにしたことである。そして，この点が次で述べる情報技術を用いたナレッジ・マネジメントにおいて欧米系企業が優位に立つ理由となり，その傾向は現在も変わっていない。

2）情報技術を用いたナレッジ・マネジメント：知識共有から知識発見へ

　初期のナレッジ・マネジメントではナレッジ・マネジメントにおいての情報技術の利用に関してある種の疑念を持つという特徴があることを指摘した。しかし，欧米企業での事例を見てみると，多くの企業が情報技術を用いることで，組織革新・利益率等の点で効果を発揮している。また，初期のナレッジ・マネジメントは個人的知識である暗黙知に注目するのに対して，情報技術を用いるナレッジ・マネジメントでは大量にある形式知（情報，デー

タ）に注目する。

　情報技術を用いたナレッジ・マネジメントの代表的な手法がデータサイエ
ンスである。データサイエンスは企業成長や経営戦略策定の基礎となる知識
発見の手法として実務界に導入された。データサイエンスとは，パターン認
識などさまざまな解析の技法を大量のデータに使うことで有用な情報を取り
出す技術である。データサイエンスを導入し成功している企業として，アマ
ゾン，ネットフリックス，グーグルなどが挙げられる。このような企業のほ
か，金融機関，通信業界，会員制のサービス産業でもデータサイエンスの手
法は用いられている。そこで，業界別のデータサイエンスの実務的な意義，
利用法について説明しておく。詳しくは第 6 章から第 9 章までを参照され
たい。

　アマゾン等の小売業では顧客の取引情報のデータを用いて，マーケットセ
グメンテーション（＝顧客分類）を実際の購買活動から行う。これの実務的
な意義は既存のマーケティング手法での個人特性によるセグメンテーション
の問題点を解決することである。例えば，現在のように消費の個人化，嗜好
の多様化が進むと，セグメンテーション内でニーズが分かりにくい傾向が強
くなる。個人属性とニーズの関係があいまいであるために，企業はどこにお
客がいるのか分からない状況に陥る可能性がある。実際の購買活動からのセ
グメンテーションであれば，このような問題点を解決することができる。ま
た，マーケット・セグメンテーションは自社の戦略策定に重要な役割を果た
すことはいうまでもない。他に代表的な用い方はおすすめ商品を選定する，
もしくは併売活動に用いることである。これは，ある商品を買った顧客にそ
の顧客自身が本来ニーズを持っていることを意識づけるために行われる。な
ぜこのような論点が出てきたかというと日本企業は新商品開発を重視し，そ
れを推進してきた。しかしイノベーションが利益に結びつかないという問題
点が出てきたのである。このように次々と生み出されてくる商品へのニーズ
の関心の方向性を明らかにできるのがデータサイエンスの代表的な実務的意
義である。また，キャンペーンに反応する顧客を予測し，その客に対しての

みアクションをとることにもデータサイエンスの実務的意義及び事例として挙げられている。

　次の金融業界であるが，もっと古くからデータサイエンスを用いていたのがこの業界である。そこでは，株価予測，倒産予測，滞納者探知，不正検出，不良債権予測及び信用評価（与信枠設定），ポートフォリオマネジメント等の課題にデータサイエンスを用いている。代表的なのが与信枠設定である。与信枠設定とは，顧客の取引データや個人属性から，いくらまでならお金を貸せるのか，をデータサイエンスの手法を用いて予測するのである。これを基に金利を策定するのが金融業界での実務的な用い方である。

　最後に，会員制サービス業と通信業界では，当該企業にとって，顧客の離反（チャーン）は大きな経営課題となる。例えば，会員制サービス業では会員が途中解約することや通信業界の場合はある機能的に優れた機種が出現したために既存の顧客が違うキャリアに乗り換えること等が起こりうる。このような途中解約・離反しそうな顧客を先に予測し，その顧客に新たなサービスを提案し，「いかないで戦略」を立てることが重要になっている。離反しそうな顧客を予測するモデル（途中解約モデル）を構築するのがデータサイエンスの実例として挙げられている。

　このように情報技術を用いたナレッジ・マネジメントの実務的意義が顧客情報と取引データを基にした知識発見ということであり，それをどのような場面で用いることができるのか，について説明してきた。そして，これらの点が本書の基礎となっている。

3）情報技術を用いたナレッジ・マネジメントの基本的な考え方

　情報技術（IT）化，コンピューター及びインターネットの普及が進むにつれ，情報技術を用いたナレッジ・マネジメントは，世界的な規模で注目され進化することになる。現在多くの企業でデータマイニングツールなどのナレッジ・マネジメントの手法を導入している。ナレッジ・マネジメントがどのように行われるかを簡単に言うと，次の2段階に分かれる。第1段階は，

図表 2-21　知識共有と知識発見

（出所：喜田，2013）

企業においてさまざまな知識を管理する貯蔵庫（データベース）を構築する。第2段階は貯蔵庫から有効な知識を発見する方法であるデータマイニングやテキストマイニングを行うことである。この段階は「知識創造」及び「知識発見」を重視する。ここでの議論をまとめると図表 2-21 になる。

　これを情報技術的に言うと「知識共有」は「入力」であり，「知識発見」は「出力」である。それ故この両者はどちらが欠けても，ナレッジ・マネジメントして成立しない。この点を最近のナレッジ・マネジメントの議論からまとめると図表 2-22 のように整理できる。

　図表 2-22 から，共有化を促進するナレッジ・マネジメントとして，組織レベルでのデータベース（データウェアハウス，ドキュメント処理，グループウェアなど）の構築，基幹系システムの構築，またデータの質を管理するデータマネジメント等が挙げられる。これについては，第3章で説明することにしよう。

　また，分散化を促進するナレッジ・マネジメント手法として，組織内ダッシュボードの構築，ユビキタスネットワークや SNS などのインターネット上のネットワークの構築，本書で中心としている「市民データサイエンス」に直結する従業員によるデータサイエンスの活用等が挙げられる。

　このように見ると，ナレッジ・マネジメント及びデータサイエンスの中で共有化は第3章で示すデータサイエンスの前提条件であることが分かる。

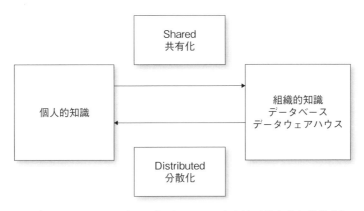

図表 2-22　ナレッジ・マネジメントの方向性（共有化と分散化）

（出所：喜田，2013）

VII 競争優位とデータサイエンス（分析力）

　前節では，経営手法及びマーケティング手法の変化や情報技術を基礎とするナレッジ・マネジメントの進行などによりデータサイエンスの導入の背景になっていることを示した。しかし，このようなビジネス・システムの変化やマーケティング手法の変化のみでデータサイエンスが重視されるようになったわけではない。2006 年以降，企業経営においてデータ分析及び事実の重要性を示唆するような文献が数多く出版されていることもその背景となっている（Pfeffer & Sutton，2006）。

　その代表的な議論が Davenport & Harris（2007）である。彼らは，企業がデータ分析に基づいて競争戦略を組み立てる傾向は今日では世界的な流れとなっており，事業データの収集力が飛躍的に強化されているとしている。具体的には，第 5 章で説明するデータウェアハウスの構築が進化したことなどである。その上で，各ベンダーによるその管理ソフトや分析ツール（データマイニングツール）の開発・進化やデータマネジメント手法の進化も関係

している。

　ここで 1 つ説明が必要である。それは，データサイエンスと彼の言う分析の関係である。分析は「データを多角的・多面的に活用して統計分析・定量分析を行い，説明モデル・予測モデルを作成し，事実に基づく意思決定・行動に結びつけるところまで意味する」としている（Davenport & Harris, 2007, p.22）。それ故，本書で説明するデータサイエンスは彼のいう分析に含まれることになる。そして，このような分析を行う力（分析力）が競争優位を確立する上での武器になるとしている。

　それでは，どのような企業が分析力を武器にして競争優位を確立しているのか，といえば次のような特徴を持っている。なお，この点については，Davenport & Harris（2007）の第 2 章を参照されたい。なお，分析力を武器にしている企業のリストは，p.23 の表 1-1 を参照されたい。

　①「わが社はこれでいく」という戦略上の強みが分析力をベースでしたものであること。本書で言うと第 9 章で説明するデータサイエンスを用いたマーケット・セグメンテーションでいうターゲットの設定などが挙げられる。②データの管理・分析が全社で統合的・統一的に行われていること。これについては，第 3 章でのデータマネジメントの必要性と関連する。③経営幹部がデータを重視し，分析力（データサイエンス）の活用に熱心であること。④分析力を競争優位にする戦略に社運をかけていること。等を挙げている。

　これらの特徴を持つ（分析力を武器とする）企業として，本書でも取り上げ，データサイエンス活用企業としても名の挙がるグーグル，アマゾン，ネットフリックス，ウォルマートを筆頭に，ハラーズ，キャピタル・ワン等を挙げている。なお，データサイエンスを活用している企業としては，Anderson（2006）を参照されたい。その上で，彼らは分析力と業績の間の関係についての調査を行い，「分析力の優れた企業ほど過去 5 年間の成長率が高い」という分析結果を提示している。なお，Davenport & Mittal（2023）ではこの点が進化し，人工知能技術を有効に活用することの効果を示唆して

おり，のちに議論することにしよう。

　この分析結果は興味深いものであり，本書でデータサイエンスの活用法を述べることを強力に支援していると考えられる。なぜなら，これほど明確にデータサイエンスを中心とする分析力と企業業績との関係について示した研究がほとんどないためであり，この関係について疑念を持つ関係者が多くいるためである。その疑念への１つの解答が，彼らの書物での分析結果であり，もう１つは，分析力を武器とするまでに数多くの段階が存在することとそれぞれでロードマップが存在することが挙げられる。

　もっと言うと，上述の企業はまれな例である。これらの企業は，独自のデータマネジメントを行った上で，データサイエンスなどの知識活用方法を構築した企業なのである。それ故，分析力，つまりデータサイエンスの活用企業が競争優位性を持っており，その理由は大きく２つある。１つは，「まねができない」ことである。これは，同業他社と同じ方法で分析力・データサイエンスの活用を行うことはできないことを示している。なぜまねができないかというと，「独自性がある」からである。データサイエンス及び分析の基礎となる自社で収集するデータの種類や方向とデータマネジメント自身が自社の組織文化やビジネス・システムに大きな影響を受けるからである。なお，データウェアハウスやデータマネジメントをナレッジ・マネジメントシステムの導入と考えると，ナレッジ・マネジメントシステムの導入及び利用と組織文化，ビジネス・システムの関係を示唆する調査結果が Maier（2002）などで提示されている。その上で，ナレッジ・マネジメントの研究として重要であると考えられている。なお，これらの点は，石倉他（2016）に応用されている。その上，データマネジメントは，第３章で説明するように人材の問題でもある。それに向けた教育プログラムが必要である。なお，データマネジメントの一部として人材開発，特に情報リテラシーの開発などが重要な点として挙げられている。これは実務会での研究会でも議論され，喜田・一般社団法人日本情報システム・ユーザー協会ビジネスデータ研究会（2018）となっており，特に第５章を参照されたい。

この2つの優位性及び課題が一般性を持ちにくいという意味でデータサイエンスの有効性に疑念を持つ理由なのである。つまり，自社ではうまくいっていない，ということである。

それでは，どのように自社を，分析力を持つデータサイエンス活用企業にすることができるのかについて，1つの回答を提示することにしよう。それにはいくつかのチェックポイントがある。これらのチェックポイントは第1章でデータサイエンスの台本（CRISP_DM）の基礎となっている。第1は，自社の経営課題やビジネスの状況などを明確に理解しているか，ということであり，それが自社の仮説を生み出す基礎となる。第2は，その仮説を導き出すためのデータ作成が行われているのか，ということである。また，データサイエンスを用いることを想定してデータ作成を行っているのか，というデータマネジメントに関連することである。第3は，正しいデータサイエンスの手法を選択しているのか，という問題である。データサイエンス，分析にはさまざまな手法があり，これを正しい方法で用いているのか，というチェックポイントである。第4は，データサイエンスで見つけられた知識に対してどのように，評価し，どのように共有化するのか，また，経営手法として生かすのかという問題である。これについては，彼らも指摘しているが，トップマネジメントの支援が必要である。トップマネジメントが分析及びデータサイエンスに対する信頼を持っていることが重要となる。

このような課題及びチェックポイントを経てデータサイエンス活用企業，競争優位に直結する分析力を武器にする企業となることができるのである。そこで，重要なのは，このような方法で競争優位を確立することは他社にまねができないことによって持続可能な競争優位なのであるということである。

おわりに

本章では，どのような背景でデータサイエンス（データマイニング）が必要とされるのか，を説明してきた。情報化の推進によるビジネス・システム

の変化と消費の個人化によるマーケティング手法の変化がデータサイエンス導入の背景である。最後に，データサイエンスを中心とする企業でのデータ分析が競争優位と関連することを示した。この点は，データサイエンスが競争戦略の一部として機能しているということを示しており，本書で提示する位置付けを支持していると考えられる。

　本章では，データサイエンスに必要な経営戦略やマーケティング論などを学習した。そこで，最後にここでの経営戦略とデータサイエンスの関係を図表 2-23 で示すことにしよう。データサイエンスが成功する戦略には必要不可欠であることが分かる。

　図表 2-23 で示されるように成功する戦略にはデータサイエンスを生かせそうな要因が多い。業界に対する深い理解については業界構造の分析が必要であろうし，自社についての客観的な理解については，顧客分析を中心にマーケットの分析が必要であろう。戦略の効果測定については施策と成果の関係の分析が必要であろう。これらの分析を通じて，正しい戦略認識と業績評価を行うことで目標設定を行うことが可能になる。つまり，第 1 章でも述べたように，データサイエンティストは経営学の知識を持ち，収益などの経営成果との関係で分析結果を生かすことができるように意識すべきである。

　その上で，人工知能の構築でのドメイン構築についても関係している。こ

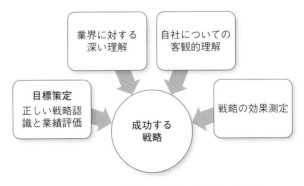

図表 2-23　成功する戦略に影響する要因

こでいうドメインには，経営企画での経営戦略策定に加えて職能（研究開発，仕入れ，製造，販売・マーケティング，経理・財務，人事など）が含まれる。そのベースとなるのが，経営学の知識であることは言うまでもない。

▌注

1　これを発展させたのが図表 2-21 である。

第3章

データサイエンスの前提条件 1：基幹系システムとデータマネジメント

はじめに

　本章では，データサイエンスを行う前提条件について説明することにしよう。その前提条件の第 1 としては，ツールの基礎的な知識が必要である。データサイエンスの代表的な市販のソフトとしては，IBM/SPSS 社の Clementine，IBM SPSS Modeler，数理システムの Visual Mining Studio，などが挙げられる。本章では，まず IBM SPSS Modeler の操作手順などについて説明することにしよう。これは，現在の BI ツールの基礎となっており，ツール検討をする際の参考となる。それ故，本書では，BI ツールとの関係で IBM SPSS Modeler を説明することにしよう。

　次の前提条件は，「データマネジメント」，「分析用データを作る」，「VISUALIZATION（可視化，もしくはデータ表現）」の 3 つの領域である。なお，ここでの「VISUALIZATION（可視化，もしくはデータ表現）」は，データクリーニングの基礎とするためである。本章では前者 2 つを，次章では後者 2 つについて説明することにしよう。最後に本章ではビジネスとの関係を明らかにするために，経営課題とデータソースとの関係について説明することにしよう。

I BIツール・データマイニングツールの基礎知識：IBM SPSS Modeler 入門

　IBM SPSS Modelerでは，Clementineと同様にデータマイニングプロセスの業界標準であるCRISP-DMとの連携によるプロセス管理を実現したことで，高度な機能が馴染みやすいGUIで簡単に操作できるデータマイニングツールである[1]。IBM SPSS Modelerの画面は図表3-1のように構成されている。

　IBM SPSS Modelerでは，ビジュアルプログラミング手法によって，データサイエンスができる。なお，このツールはRなどによって機能追加が可

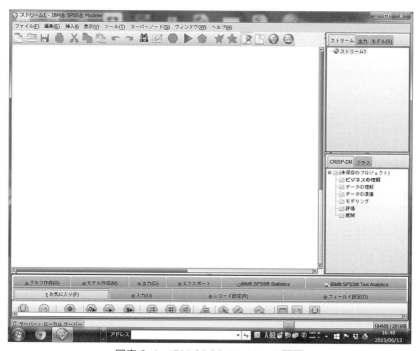

図表3-1　IBM SPSS Modeler の画面

（出所：喜田，2019）

能である。これは，ストリーム領域において行われる。ストリーム領域は
IBM SPSS Modeler におけるメインのワークエリアであり，ストリームをデ
ザインする場所と考えてよい。ストリームとは，IBM SPSS Modeler におい
てはデータマイニング及びテキストマイニングのプログラムのことであり，
データの流れ（ストリーム）を示している。

　ストリーム領域上のアイコンはデータに行う処理を表し，ノードと呼ばれ
ている。ツールバーはさまざまな機能を提供している。ユーザーはアイコン
をクリックすることであるストリームの実行，実行の中断，ノードの切り取
り，ノードのコピー，ノードの貼り付けなどを行える。

　ストリーム領域の右上には，ストリーム，出力，モデルの3種類のマネ
ジャーが用意されており，それぞれに対応したオブジェクトを表示，管理す
ることができる。各パレットには，データストリームに追加できる関連ノー
ドが含まれている。例えば，入力パレットにはデータを読み込むために使用
するノードが含まれる。お気に入りパレットは，ユーザーがカスタマイズで
きるパレットで，ユーザーが頻繁に使用するノードを表示しておくことがで
きる。

　複数のノードをストリーム領域に配置し，ノードをリンク（結合）してス
トリームを形成する。ストリームは，複数の操作（ノード）を通過していく
データの流れを表している。なお，第6章から第9章の具体的なストリー
ムについては付録を参照されたい。

　これは，現在の BI ツールの基礎となっている。BI ツール（ビジネスイン
テリジェンス・ツール）とは，企業に蓄積された大量のデータを収集して分
析するためのツールである。BI システムと呼ばれることもある。データベー
スに対する専門的な知識がなくてもデータの分析が可能で，帳票データや報
告書などを作成する際，エンドユーザーが独自に分析をすることが可能とな
るため，経営戦略や意思決定，マーケティング分析に役立つと考えられる。
BI ツールの提供形態は，従来のオンプレミス，パッケージ型に加え，近年
は低コスト・スモールスタートで始められるクラウド型の普及が加速してい

る。しかし，現在 BI ツールは多種多様になっており，それを一概に説明することは困難である。そこで，喜田（2018）では IBM SPSS Modeler をデータマイニングツールとして紹介したが本書では，BI ツールとしての整理を提示することで現在の BI ツールの理解を促進することにしよう。なお，BI ツール，特にデータプリペアレーションツールのベンダー団体として，JDMC がある[2]。

■ BI ツールの構成要素

　そこで現在発売されている BI ツールの概要と構成要素について説明することにしよう。

　BI ツールは先述したように企業に蓄積された大量のデータを収集して分析するためのツールである。その構成要素は前章で説明した **CRISP_DM** で示されるタスクをツールで行うことになる。第1はデータの入力及び統合ツールであり，代表的には hadoop がある。なお，これについては，西田（2017）などを参照されたい。そこでは，分析基盤の構築とともに説明されている。

　また，データの入力に注目しそれを自動化するためのツールとして RPA がある。現在では，RPA に AI を組み合わせた IA（インテリジェントオートメーション）がドイツを中心に導入されている[3]。これは，AI の認知的技術の進化などがあり，現在注目を集めている。第2はデータ準備（分析用データを作る）のためのツールであり，データプリペアレーションツールと呼ばれている。これについては，後述することにしよう。第3が分析ツールであり，通常の統計ソフトや機械学習のツールなどが含まれる。第4が，データの分析結果などをビジュアライゼーションするツールであり，一般的にグラフ化ツールなどがこれに当たる。最後がこれらのプロセスすべてをダッシュボードなどにエクスポートするツールであり，これは分析サーバーにおいてはデータ蓄積サーバーに含められる。

　これらの構成要素に分かれており，各社の BI ツールがどの構成要素を得

BIツール		
データプリペアレーションツール データ統合 データ入力の自動化 ツールも含む	分析ツール 統計ツール 機械学習	データビジュアライゼーションツール

図表 3-2　BI ツールの概要と構成要素

CRISP_DM	BI ツール	ノード
【データの理解】	データビジュアライゼーションツール データプリペアレーションツール	入力パレット グラフ作成（G） レコード設定（R）
【データの準備】	データプリペアレーションツール	入力パレット レコード設定（R） フィールド設定（D） データの自動準備
【モデリング】	分析ツール	オートメーション クラシフィケーション＝予測・判別 アソシエーション＝パターン発見 セグメンテーション＝分類
【評価】	データビジュアライゼーションツール BI ツールのエクスポート機能 エクスポートツール	グラフ作成（G） 出力パレット
【展開／共有】	BI ツールのエクスポート機能 エクスポートツール	グラフ作成（G） 出力パレット

図表 3-3　CRISP_DM のフェーズと BI ツールとノード

意としているのかによって違いがある。その上で自社の業務・既存システム
との関係でより良いシステム構築を行う必要がある。それをデータサイエン
スのエコシステムと呼んでおり，のちの人工知能のシステムに進化すること
になる（Kelleher & Tierney, 2018）。

　次に前章で説明した **CRISP_DM** のフェーズと BI ツールの関係について見てみることにしよう。そこでは IBM SPSS Modeler のノード（プログラム）との関係を示すことにしよう（図表 3-3）。

■ノードと BI ツールの構成要素

　図表 3-3 で示されるように **CRISP_DM** のフェーズと BI ツールとノードの関係を示している。そこで各フェーズに含まれるノードを示すことにしよう。

①データ入力

　データサイエンスにおいてまず第 1 段階はツールにデータを読み込むことである。それに必要なノードが［入力（∪）］である。

［入力（U）］ 以下のノードで示されるファイル形式からの読み込みが可能であり，CSV ファイルを代表とする可変長ファイル，Excel ファイル，SPSS ファイルなどを読み込むことができる（図表 3-4）。その上で最近だとデータベースに直接アクセスできるノードもある。また，データベースと XML 入力が可能であることで企業内のデータベースやオープンソースデータへのアクセスを可能にしている。

図表 3-4　入力パレット

（出所：喜田，2019）

②データプリペアレーションツール

　データサイエンスにおいて必要不可欠かつ重要なフェーズとしてデータプリペアレーションがある。これについては次章の「データの理解と準備」でより詳しく説明することにしよう。そこでデータプリペアレーションに用い

られるノードが［レコード設定（R）］と［フィールド設定（D）］の2つで
ある。前者はサンプルに関してのデータ加工，例えばサンプリングなどを行
い，後者は変数に関してのデータ加工，例えば，合成変数の構築などを行う
ことができる。

［**レコード設定（R）**］ここで言うレコードとはサンプルのことである。ここ
に属するノードは，レコードレベルでデータセット（サンプル）に変更を加
える場合に使用する（図表3-4）。具体的には，サンプリングやサンプルご
とでの並び替えなどが行える。また，データ操作で重要なデータの結合を行
う際に必要なノードが含まれている。データの結合にはサンプルを付加する
レコード結合ノードと変数を追加するレコード追加ノードがここに含まれて
いる。この点については後述する。IBM SPSS Modeler では，マーケティン
グ論で用いられる RFM 分析の基礎となる集計データを作成するノードが追
加されている。なお，RFM 分析については第 8 章及び中村（2008）の第 2
章を参照されたい。また，条件抽出ノードはダッシュボードで表示するデー
タを絞り込むのに用いられる。この点については付録にある第 7 章のスト
リーム及び退学者予測のストリーム（図表 3-16）を参照されたい。

図表 3-5　レコード設定パレット

（出所：喜田，2019）

［**フィールド設定（D）**］ここで言うフィールドとは変数のことである。ここ
に属するノードは，データの準備でデータを選択，クリーニング，及び構築
する際に役に立つ。また，変数をコントロール，新たな変数を作成する等の
機能を持っている（図表 3-7）。具体的な，モデル作成に用いる変数を特定
するのに用いる。ある質問項目に対してテキストマイニングを行う際にもこ
こでのノードを用いることになる。なぜなら，テキストマイニング自体，言

葉を中心に変数を作成することに他ならないからである。また，IBM SPSS
Modeler では，マーケティング論で用いられる RFM 分析を行えるノードが
追加されている。

　その上で重要なのがデータ型ノードである。データ型ノードで得られる情
報は，第5章以降でモデル構築を行うときに重要になる。なぜなら，各ア
ルゴリズムが得意とする変数があるからである。データ型ノードで得られる
データについての情報としては，①フィールド（変数）の名前，②尺度＝変
数の種類，③値，④欠損値の存在，⑤欠損値検査をしたかどうか，⑥方向で
ある。そこで，重要なのが，尺度（変数の種類）と方向である。尺度につい
ては第4章で説明する。データ型ノードでのフィールドの方向には以下の
種類がある。

- ■**入力（独立変数）**：モデル作成において，入力すなわち予測フィールド
  として使用される。
- ■**出力（従属変数）**：モデル作成において，出力すなわち目的フィールド
  として使用される。
- ■**両方**：マーケット・バスケット分析を行うのに用いるアソシエーション・
  ルールのアルゴリズムである Apriori と GRI のモデルに用いる。
- ■**なし**：モデル作成に使用されない。

　以上がデータ型ノードで得られるデータ及び変数（フィールド）に関する
情報であるが，各データ処理の段階でデータ型ノードとテーブルなどの出力
ノードを組み合わせて必ず行うことをお勧めする。なぜなら，これによっ
て，入力したデータの特性を把握することが可能になるからである。また，
フィールド設定パレット及びレコード設定パレットに含まれる各ノードを利
用したときには，同様の操作を必ず行うこともお勧めする。なぜなら，以上
の操作によってどのように変数操作及びデータ操作が行われたかをデータ
型ノードによって得られる情報で確認するためである。もっと言うと，IBM
SPSS Modeler の利用においてはデータ型が最も重要であるということを注
記しておくことにしよう。

図表 3-6　フィールド設定パレット

（出所：喜田，2019）

③データビジュアライゼーションツール

　データサイエンスでは，分析結果を共有するため，もしくはデータの構造を明らかにするためにデータビジュアライゼーション（データの可視化）を行う必要がある。それに用いられるノードがその名のとおり［グラフ作成（G）］である。

［グラフ作成（G）］以下のノードで示されるグラフ作成が可能である（図表3-7）。そこでは，棒グラフやモデルを評価するグラフなどを作成することができる。

図表 3-7　グラフ作成パレット

（出所：喜田，2019）

④分析ツール

　次にデータサイエンスで最も注目される分析ツールである。データを取得，加工したのち，分析を行うことになる。分析を行うのに用いられるノードが［モデル作成（M）］である。

［モデル作成（M）］以下のノードでは作成可能なモデルを示している（図表3-8，9，10，11）。そこでは，通常の統計分析で用いられる回帰分析やロジスティック回帰などはもちろん，ニューラルネットワーク，決定木，アソシエーション・ルール，クラスター化のモデルなどを作成することができる。なお，これらについては第5章，第6章，第7章，第8章，第9章で説明する。Clementine と IBM SPSS Modeler との大きな違いは，モデル作成パレットにある。IBM SPSS Modeler では，より多くのアルゴリズムが追加さ

れている。モデル作成パレットは、「すべて」、モデルの比較及びモデルの自動作成で用いる「オートメーション＝自動作成」、「クラシフィケーション＝予測・判別」、「アソシエーション＝パターン発見」、「セグメンテーション＝分類」のタグに分けられている。そして、そのそれぞれに数種のアルゴリズムが属しており、推定精度（数値の場合は相関係数）順にどのアルゴリズムを選択するかを示してくれる。データサイエンティストにとって重要な課題の1つであるアルゴリズムの選択を自動に行ってくれる。これについては第6章以降の自動化の事例を参照されたい。

⑤エクスポートツール

　そして最後に、これら分析結果を共有・展開するためにエクスポートする必要がある。これに用いられるノードが［出力（0）］である。

［出力（0）］以下のノードで示される形式への出力に対応している（図表3

図表3-8　オートメーション

(出所：喜田，2019)

図表3-9　「クラシフィケーション＝予測・判別」

(出所：喜田，2019)

図表3-10　「アソシエーション＝パターン発見」

(出所：喜田，2019)

図表3-11　「セグメンテーション＝分類」

(出所：喜田，2019)

図表 3-12　出力パレット
（出所：喜田，2019）

図表 3-13　お気に入りパレット
（出所：喜田，2019）

-12）。その出力の形式としては，テーブル（表形式），クロス集計，SPSS
ファイルなどが挙げられる。

　そのほか，エクスポート，IBM のそのほかのソフトと連携が取れるノー
ドが用意されている。

　なお，このように分類されて各パレットに収められているが，よく用いら
れるノードを「**お気に入り**」として整理することができる（図表 3-13）。

　以上のようなノードを用いて，ストリームの中でプログラムを作成しデー
タマイニング及びテキストマイニング，つまり，データサイエンスを行って
いくことになる。

■基本的なストリーム＝プログラム

　しかし，これらのノードをどのように組み合わせていくのか，という点が
初心者にとっては大きな問題になる。そこで，ここではその方向性を示すた
めに基本的なストリームの形，並び方を提示することにする（図表 3-14）。

　前述したように IBM SPSS Modeler はビジュアルなプログラミング手法で
ある。このように見ると，丸い形をした入力ノードから始まり，六角形の
データ及びフィールド操作ノードをとおして，三角形のグラフ作成ノード，
五角形のモデル作成，四角形の出力ノードの順で配置されるということが分
かる（図表 3-14）。これは Clementine と同様である。

　なお，三角形のグラフ作成ノード，五角形のモデル作成，四角形の出力

基本的なストリーム

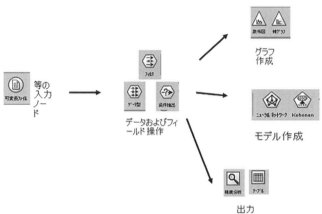

図表3-14　基本的なストリーム

（出所：喜田，2010）

ノードはターミナルノード（終点ノード）と呼ばれ，そこでデータ操作が一通り終わる。そこで，このようにストリームを作成することで，データマイニングを行うことになる。このストリームでの矢印はデータの流れを示しており，各ノードは変数の操作及びデータの操作の軌跡を示している。ここまでBIツールを用いたデータサイエンスの流れ（BIツールの構造）を図示すると図表3-15になる。

　このような自動化された一連のプロセスを経てダッシュボードなどを通じて，経営層，経営企画部，各担当部門，ひいては従業員にビジネス上の意思決定に必要な情報が提供されることになる。ダッシュボードについては次章のデータビジュアライゼーションとともに後述する。その上で，このツールは分析サーバーとして使うことができることが重要であり，自動化のために用いることができる（Kelleher & Tierney，2018）。自動化することで日常の分析業務から解放され，より収益性の上がる業務につくことが可能になり，付加価値化を促進できるようになる。分析サーバーについては後述する。

　そこで，ここでは筆者が経験した退学者予測に用いたストリームをBI

```
┌─────────────────────────┐  ┌─────────────┐  ┌─────────────────────┐
│ データプリペアレーションツール │  │   分析ツール   │  │ データビジュアライゼーション │
│                         │  │             │  │        ツール        │
└─────────────────────────┘  └─────────────┘  └─────────────────────┘
```

図表 3-15　BI ツールを用いたデータサイエンスの流れ（BI ツールの構造）

ツールと関連づけることにしよう（図表 3-16）。なお，図表は左から右へ
データ分析業務が流れていくことになる。

　このように，（データ）入力から始まりデータプリペアレーション，分析
ツール（モデリング），データビジュアライゼーション（ダッシュボード）
というように BI ツールの各機能が連続していることが分かる。このように
組み合わせることで，1 つの経営課題（ここでは退学者対策）を解決できる
ようになる。つまり，これは退学者予測という業務に特化した AI である。
業務特化型 AI をこのようにストリームを構築することで自作することがで
きるのである。

　重要な点は各経営課題，業種，職種などによってこれらの組み合わせの方

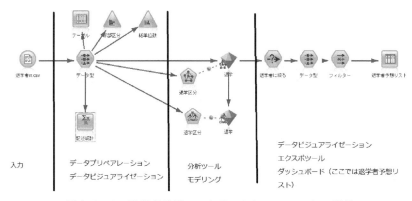

図表 3-16　退学者予測のストリームと BI ツールとの関係

向性（入力，準備，分析，情報提供）は同じであるが，その組み合わせ型は多様で，しかも数えきれないぐらいあることである。それ故，どのツールを用いて経営課題を解決するのか，それを簡単に指摘することについては筆者の能力を超えている。この点は最近の BI ツール及び業務特化型 AI の複雑化と多様化を見れば明らかである。

　言い換えると IBM SPSS Modeler を導入し，自作することで自社専用の業務特化型 AI を手に入れることができるのである。ただし，（データ）入力以前に各基幹系システムとデータ連携を行い，自動化するという分析（活用）基盤の構築と実装という課題が残っている。その分析（活用）基盤の構築にはデータエンジニアリングスキルが必要であり，プログラミングが重視されることを注記しておくことにしよう[4]。そして，この点がデータサイエンティストのリスキリングの方向性であり，企業内の AI システムを含めたエコシステムの構築できる能力が中心となると考えられる。この点については後述することにしよう。

　このようにツールを導入することができたとしよう。その上でデータサイエンス業務の中で最も重要であり，必要不可欠である基幹系システムの構築とデータマネジメントについて説明することにしよう。

Ⅱ　基幹系システム（データベース）及び ERP

　データマイニング及びデータサイエンスは大量のデータが存在することによって可能になる。なお，データベース構築前のデータ活用基盤については後述することにしよう。この点については，第3章でも述べるが，データの量と質という面で考えると，質のほうが重要であると考えられるようになってきている。これらのデータは構造化され，信頼されうるフォーマットで保存されるべきである。このように保存されたデータ，言い換えると「分析用データ」の集合体が**データベース**である。そのデータベースを基礎に構

築されるのが**データウェアハウス**である。なお，以下の議論は BI ソリュー
ション総覧編集委員会（2009）を参考としている。また，基幹系システム
など情報システムについては，越出（1998），Monk & Wagner（2006），歌
代（2007），Bradford（2008），Magal & Word（2012），宮川・上田（2014），
Pelphrey（2015），遠山・村田・岸（2015）などを参照されたい。データ
ウェアハウスを構築することは，よりよい経営上の意思決定の基礎として用
いられる，知られている事実や関連するデータの規則性を持ち，アクセス可
能な貯蔵庫を構築することである。データウェアハウスとは，基幹系業務シ
ステム（オペレーショナル・システム）からトランザクション（取引）デー
タなどを抽出・再構成して蓄積し，情報分析と意思決定を行うための大規模
データベースのことである。こうしたデータベースを中核とした**意思決定支
援システム**のこと，あるいはこのようなシステムの構築概念のことを指す場
合もある。意思決定支援に最適化したデータベースで，その特徴は分析に適
した形で加工していない生のデータをそのまま格納して長期間保持すること
もある。

　データウェアハウスは，「意思決定のために，目的別ごとに編成され，
統合化された時系列で，更新処理をしないデータの集まり」と定義される
（Monk & Wagner，2006）。

　基幹系業務システムは通常，「経理」，「販売」，「在庫」，「購買」というよ
うに，機能ごとにシステムが構築されている。これらのシステムでは，デー
タの形式やシリアル番号が異なるということがよくあるが，これがそのまま
では分析できないため，「顧客」，「製品」などの形で統合するのが“目的別”
であり，異なるシステムに分散されているデータを1つのデータベースに
集めるのが“統合化”である。

　また，基幹系業務システムは「今月の売上」，「現在の在庫」，「今期の利
益」といったように，いま現在の業務を処理するため，過去のデータを保存
しないことが一般的であるが，これでは「過去の顧客推移」を分析する場合
に対応できない。これに対し，データウェアハウスは過去データも順に格納

するが，これが“時系列”である。またデータウェアハウスは基幹系システムと独立して構築され，そのデータ更新を行わないのが基本となるため，“更新処理をしない”という特徴がある。

　データウェアハウスは企業の事業，製品，顧客に関する情報へのアクセスできることを可能にする。これらのデータは企業内及び外部にその源泉を持っている。データウェアハウスは，アップデートしやすく，しかもある特定のタイプのデータを読み出しやすい方法で膨大なデータを貯蔵するのに用いられる。また，多様なソースからの情報を統合する。再度，データベースとデータウェアハウスを区別するために，その特徴を明確にすることにしよう。データウェアハウスには次の4つの特徴がある。

　①活用目的別に整理された「サブジェクト指向」（subject-oriented）
　②一貫性をもってデータを変換して実現する「統合性」（Integrated）
　③過去の履歴を保持する「恒常性（不揮発性)」（non-volatile）
　④時間とのつながりを持っている「時系列性」（time-variant）

　この特徴を持ち，ビジネス，特にバリューチェーンとの関係で構築されたのが**基幹系システム**（ヒト，モノ，金の管理）である。つまり，ビジネスだとERP，非営利（教育，医療など）だと基幹系と呼ぶことが多い。なお，教育機関，大学であると教務，学生，就職，入試などの部門別に基幹系システムが構築されている。

　基幹系システムは経理・財務，人事，販売，仕入れ，製造などの職能（部門に必要な知識や能力）を基礎に構成され，その部門ごとでの資源をビジネスレベル・事業部レベルで管理している。その代表的なのがSAPのERPであり，現在の主流はSAP ERP 6.0であるが，SAP S/4HANAへの移行を図ろうとしている[5]。その上で部門間のデータ統合をタスクで統合している。なお，ここでは事業部レベルであることを強調しておく。その上で全社的なデータシステム統合が必要である。そのシステム統合を分析基盤の構築として議論されており，DXの前提条件にもなっていることを示唆しておくことにしよう。

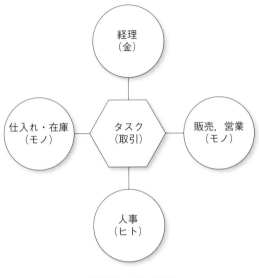

図表 3-17　ERP

　図表 3-17 の ERP とは Enterprise Resource Planning の略称で，企業の資産であるヒト・モノ・金を一元管理し，経営の効率化・見える化を図るためのソフトウェアである。業種・業態によって，業務内容が異なるため，製造業，流通業，建設業など業種に特化した ERP システムがある。当初は大企業が内部統制のために利用したが，中小企業向けの ERP パッケージも登場しており，さまざまな企業への導入が進んでいる。

　そして，データマイニング手法及びデータサイエンスは，データウェアハウスの構築とも含めて議論することにより，組織の知識管理（ナレッジ・マネジメント）や情報インフラとの関係で議論されることになる。この点は**ビジネス・インテリジェンス**の枠組みの中で議論され，現在では，**データマネジメント**とともに議論されるようになっている。特に注目されているのが，基幹系システムの刷新スピードの維持である（Pelphrey, 2015）。なぜなら，刷新スピードが遅いとビジネスとデータの関係が維持できず，分析に必要なデータが不足するという問題が起こるためである。そこで，次に，最

近注目を集めているデータマネジメントについて見てみることにしよう。また，データ分析基盤の構築については本章，おわりにで説明することにしよう。

Ⅲ　データマネジメント

　ビジネス・インテリジェンスの議論で特に重要になっているのが**データマネジメント**である。なお，ここではデータとしているが，情報もしくは知識としてもよい。データウェアハウスの構築では，どちらかというデータの量に注目する傾向が大きく，大量のデータを取得することが中心となっている。それ故，データの質に対する関心が低いこともあり，データマイニングはもちろんのこと，IT 及びナレッジ・マネジメントの有効性に疑念を持つ議論が一時期数多くみられた（Brown & Duguid, 2000）。

　このような中で Redman（2008）は**企業データの質**に注目すべきだとし，データマネジメントの必要性を強調することになる。彼は，分かり切っているはずである『データは企業の資産である』を再認識する必要があるとする。その上で，分析を得意とする企業がデータマネジメントとしての第 1 が発生源でのエラーを防ぐこととしている。なお，分析を得意とする企業については，Davenport & Harris（2007）p.23 の表 1-1 を参照されたい。彼らは，それには以下のような習慣を持つ必要があるとしている[6]。

　①最も重要な顧客の重要なニーズに注目する。②プロセスに徹底的に注目する。③サプライヤーも含めデータのあらゆる重要なソースを管理する。④ビジネスの言葉（自社の専門用語）を使いデータの発生源でデータ品質を測定する。⑤単純なエラーを防ぎ，改善活動を行うために，あらゆるレベルで管理に取り組む。⑥継続的な改善の習慣を育成する。⑦改善目標を設定し，達成していく。⑧マネジメント層によるデータの説明責任を公式化する。⑨経営幹部グループによってトップダウンで取り組む。⑩データ品質の課題は

「人の問題」であることを認識し, 必要な企業文化変革を積極的に管理する。

　この中で最も重要なのが, ①の「最も重要な顧客の重要なニーズに注目する」であり, 彼らが言う高品質なデータとは何かを確認する必要がある。「高品質のデータとは, 顧客の業務, 意思決定, 計画などの使用に適したものである。欠陥がなく, 業務の完了, 意思決定の実行, 計画の立案に必要な特性を有している場合に使用に適している[7]」。

　この言葉からみると, ここでいう顧客は自社の従業員, 業務部門もしくは経営層のことであり, 自社自身を顧客としていることが分かる。そして, データマネジメントの問題は, データを作成する人と使用する人との関係でミスマッチが起こっていることである。なお, この点については, 喜田・日本情報システム・ユーザー協会 (2018) を参照されたい。つまり, データを作成する人は使用する人のニーズを把握する必要があり, そのデータが「どのような意図で作成されているのか」,「どのような意味を持つのか」,「どこにあるのか」などのメタデータが必要であることを示している。これを通じて, 使用者はそのデータを使用することが可能になるのである。そして, この使用者の代表的な存在が業務部門, 経営企画部門などでデータマイニング・データ分析を行う人なのである。

　このようなデータ顧客に注目するということについて1つの注意点がある。

　数多くの企業が企業内のデータの管理に専門部門を設置している。具体的には情報システム部やIT部門である。また, そのための役職も任命している。しかし, Redman (2008) では, データと情報の質の責任を業務部門(事業部など) に割り当てる, としている。この点は少し奇異に映るかもしれない。なぜなら, 情報システム及びナレッジ・マネジメントシステム上でデータが蓄積されているのであれば, その中でのデータの質の責任は情報システム部やIT部門が持つように思われるからである。しかし, 情報システム部門やIT部門は全社での情報システム環境の整備等を主な職務にしており, その中でのデータの質に関しては, 業務部門での活動に依存している。

つまり，データの作成者であるのは業務部門に属する人々である。この点を認識することで，前述のデータを使用する人へのある種の配慮が可能になるのである。

Redman（2008）を経て，情報（IT）部門やベンダーを中心としたデータマネジメントの議論が2010年以降活発になってきている。日本でもデータマネジメントの普及を目的とするJDMC（日本データマネジメント・コンソーシアム）の設立やJUAS（日本システムユーザー協会）でのデータマネジメント研究会及びデータサイエンス研究会での活動などが挙げられる（喜田・日本情報システム・ユーザー協会，2018）。

そこでデータマネジメントとは何か，ということについてはいまだ議論が続けられているが，データマネジメントとは「データを資源／資産として活用するために必要な一連の活動の計画を立て，実行すること」であると定義することができる。この点については，JDMC出版の一連の書籍及びDAMA International（2006，2018）を参照されたい。

その背景としては，1）データは勝手に増えていく（利用しても減らない。意識して廃棄しなければ減らない）。2）データはある1つの値を表すのではなく，業務を表す複雑な構造を背景に持っている。3）データは利用されつつ，新たな価値及びデータを付加される。という企業内データの特性があり，データを放置すると，その品質は悪化していく。「見つけられない」「不正確」，「十分なセキュリティー」，「他データとの整合がとれない」，「データ定義が失われて分からない」などがその典型である。これを避けるべく，データを資産として価値を高めるためのデータマネジメントが必要であるということである。

そのトピックとしては，データ基盤，データの定義（変数の定義），データのガバナンス（資産としてのデータの責任の所在を明らかにすること），セキュリティー，入力ミスを防ぐ，データ入力フォーマットの作成などのデータの質の管理，ERPの刷新スピードの管理，データ及び分析ニーズの把握，名寄せなどのデータ統合及びシステム統合，データエンジニアリン

グ，データの利活用方法（データサイエンスと接点），データ分析基盤の構築，情報投資の事業価値化等が挙げられる。データマネジメントについて　は，DAMA International（2006），Bradford（2008），Loshin（2008），Redman（2008），Berson & Dubov（2010），Watson（2013），Pelphrey（2015），西田（2017），喜田・日本情報システム・ユーザー協会（2018）Davenport & Redman（2023）などを参照されたい。

　本書では，データマネジメントを，システムの中でのデータの質の管理を中心とする**データエンジニアリング**と**データを扱う「人」の管理**の２つの側面があることを注記しておくことにしよう。その上でこのデータマネジメント自体もツール化・自動化が行われ，ツール開発が進められていることを指摘しておくことにしよう。現在，Davenport & Redman（2023）ではデータマネジメントに AI を活用することを提案している。

 ## 経営課題とデータソースとの関係

　このように分析ツール，BI を導入しても経営課題を解決するためのデータがなければ，その効果を発揮することはできない。つまり，重要な点は経営課題の解決にはどのようなデータが重要，かつ必要であるのかを知っておく必要がある。そこで，ここでは，経営課題とデータソースの関係について説明することにしよう。経営課題ごとで必要とされるデータの種類が異なることは言うまでもない。それは，データソースが異なることである。特に，ここでは企業内データと企業外のデータということで説明することにしよう（図表3-18）。

　この図表3-18 の中で内部データと外部データの区別と，その内容について説明することにしよう。なお，ここで基幹系システムとしているが，ERPも含んでいる。

経営課題	外部データの利用可能性	データソース	データの種類
サプライチェーンの最適化（仕入れ先の選定）	◎	基幹系システム 外部データ	SCMデータ 競合データなど
解約者及び離反者の予測	○	基幹系システム	顧客プロファイル トランザクションデータ デモグラフィックデータ
不良債権者の予測		基幹系システム	顧客プロファイル トランザクションデータ
DM及びキャンペーンに反応する人の予測		基幹系システム アンケート調査	顧客プロファイル トランザクションデータ
顧客の不満の解決	○	アンケート調査 カスタマーセンター	アンケート調査 カスタマーセンターのログ SNSデータ（口コミ）
戦略重点の予測；戦略仮説の構築	◎	基幹系システム 外部データ	顧客プロファイル トランザクションデータ 各種経済統計資料 マクロ経済データ 競合データ 業界動向サーチ デモグラフィックデータ
他社行動の予測	◎	外部データ	マクロ経済データ 競合データ 業界動向サーチ 同業他社のホームページ及び公式資料
全体的な需要予測	◎	外部データ	マクロ経済データ 各種経済統計資料 競合データ 業界動向サーチ デモグラフィックデータ 取引先データ
優秀なセールスマンを予測：人事評価		基幹系システム	HRMモジュールデータ
効率的な採用計画	◎	基幹系システム 外部データ	HRMモジュールデータ デモグラフィックデータ
従業員のクラスター化 企業文化の理解		基幹系システム 従業員の満足度調査	HRMモジュールデータ

顧客のクラスター化（セグメンテーション）		基幹系システム	顧客プロファイル トランザクションデータ
マーケット・バスケット分析		基幹系システム	トランザクションデータ（POS データ）
併売活動,レコメントサービス		基幹系システム	顧客プロファイル トランザクションデータ
店舗設計	○	基幹系システム	顧客プロファイル トランザクションデータ デモグラフィックデータ
効率的な在庫管理 受発注システムの構築	◎	基幹系システム 外部データ	顧客プロファイル トランザクションデータ 天候データなど
新商品開発 新店舗設置	◎	基幹系システム 外部データ	顧客プロファイル トランザクションデータ 各種経済統計資料 競合データ 業界動向サーチ デモグラフィックデータ

図表 3-18　経営課題とデータソース及びデータ

1）内部データ（基幹系システムなど）

　内部データとしては，基幹系システムに含まれるデータを中心となる。基幹系システムの中には，CRM（顧客関係管理システム）の中の顧客プロファイルとトランザクションデータはもちろん，経理・財務データ（金），人事データ（ヒト），在庫・仕入れデータ（モノ），の企業のリソース（資源）のデータが含まれている。その上で，資源管理の効率化を行っている。

　データサイエンスで特に用いられてきたのが，顧客情報（プロファイル）とトランザクションデータである。前者は，性別，年齢，職業，住所（電話番号，郵便番号），年収，婚姻状況などの人口学的な特性に関する情報が基礎となる。その上で，ビジネス（当該企業）との関連する情報も顧客情報の一部として組み入れられる。なお，このようなデータについては，取引データとして取り扱う場合もある。また，RFM 分析に用いるようなデータについては，取引データと個人属性の情報のどちらともとらえることができる。

　金融機関であると，資産状況，預貯金額，貸し出しなどの取引履歴，等が組み入れられる。小売業であると，その商品のリピーターであるかどうか，キャンペーン，ダイレクトメール（DM）に反応しているかどうか，1回の購入金額の平均金額等のRFM分析の基礎となる情報が重要な顧客情報となるであろう。通信業界であると，遠距離電話，国際電話など利用状況に関する情報などが重要になると考えられる。後者は，1回の取引に関するデータ（トランザクションデータ）である。これは，小売業であると，POSデータが代表的なデータであり，それには，いつ買ったのか（日時，曜日），何を買ったのか，購入金額の合計，等が含まれる。金融機関であると，口座取引である入出金データなどがそれに当たる。

　以上の2つは，ポイントカード情報と呼ばれる（Nettleton, 2014）。

　顧客の属性，顧客情報（＝プロファイル）を収集するには，企業及び店舗は異なるもう1つの仕組みが必要となる。それが各店舗及び企業で行っている**ポイントカード**や会員カードである。ポイントカードに付随している情報としては，住所，電話番号がもちろん，年齢（誕生日），職業，家族構成などが含まれている。お客はポイントを取得するためにポイントカードを用いて買い物をするだろう。その結果，お店には，以上の取引データと属性を自動的に結びつけることが可能となる。この点が，ポイントカードの企業側に大きなメリットとなっているのである。

2）外部データ

　外部データを議論する際に重要なのは，当該組織（自社）がどのようなタスク環境に属しているのかを理解することである。その際，参考となるのが，桑田・田尾（1998；2010）での組織ドメインと組織が直面するタスク環境の議論であり，下記の要因が挙げられている[8]。

　(a) 業界セクター：競争相手，業界の規模，競争，関連業界

　(b) 原材料セクター：サプライヤー，製造会社，不動産，サービス業

　(c) 人的資源セクター：労働市場，雇用斡旋業者，大学，トレーニング・

スクール，他社の従業員，労働組合

(d) 財務資源セクター：株式市場，銀行，貯蓄・貸付，個人投資家

(e) 市場セクター：顧客，クライアント，製品・サービスの潜在的ユーザー

(f) 技術セクター：生産技術，科学，コンピューター，情報技術，e コマース

(g) 経済状態セクター：景気後退，失業率，インフレ率，投資率，経済状況，成長

(h) 政府セクター：市,州,連邦,言い換えると地方自治体の法律及び規制，租税，サービス，裁判所システム，政治的プロセス

(i) 社会文化セクター：年齢，価値観，信条，学歴，宗教，労働倫理，消費者運動，環境保護運動

(j) 国際セクター；外国企業による競争及び買収，海外市場への進出，外国の習慣，規制，為替レート

　この議論は組織・企業が環境要因としてどのようなデータを入手すればよいのかを示している。これらすべてが外部データである。代表的な外部データとしては，デモグラフィックデータ，マクロ経済データ，競合データの3つがある。

　デモグラフィックデータとは，ある集団を他の集団と区別できるように特徴づける集計データのことを指す（Nettleton, 2014, pp.48-50）。このデータは国全体や，地域，都市，または特定の製品やサービスのターゲットとなりうる集団単位で集計される，基本的なデモグラフィックデータには年齢，性別，人種，職種，教育，婚姻状態といった情報が含まれる。デモグラフィックデータを必要とするデータサイエンスプロジェクトとしては，社会的・経済的カテゴリーや教育レベルを顧客レコードに追加するといった顧客セグメンテーションが挙げられるだろう。国勢調査のデータは各国の統計において入手できる。

　マクロ経済データとは，企業が直面する経済環境についてのデータである（Nettleton, 2014, p.51）。企業とそのビジネスは完全に他者から独立した存

在ではない。例えば，ビジネスは複雑で相互に絡み合った関係性の中にあり，地域的，国家的，国際的に見ても地理的な影響を受ける。したがって，利益やコスト及び顧客に影響を及ぼす重要な要因のいくつかは外的要因となる。ビジネスセクターのレベルでの経済データには総売上，製品・サービスごとの売上，前期（四半期，年単位）との比較が含まれる。国家レベルでの経済データとしては，鉱工業生産指数，物価，労働コスト指数，GDP，経済活動指数，失業指数，総合消費者物価指数，統合消費者物価指数，標準金利，国債価格，家計負債指数，消費者態度指数，原油価格，金価格，鉱物価格（銅，石炭等），インフラに関するコスト（電気，ガス，電話等），エネルギー消費指数，建築業界の活動状況を反映する），自動車販売量，貿易収支，特定企業の株価，為替レート等が挙げられる[9]。

　外部データはロイター通信やブルームパーク，フィナンシャルタイムスなどの金融専門紙から得ることができる。これらのデータソースからは，アメリカだけでなく，EUやアジア，日本，中国その他の国の指標についてのデータも得ることができる[10]。

　次に重要なデータが競合データである。競合データとは，特定のビジネス領域における主要企業の動向についてのデータである（Nettleton, 2014, p.55）。特定のビジネス領域に関するデータは主要企業が公開している有価証券報告書や統合報告書などの年報を通じて得ることができる。こういった年報には，その都市の売上及びこれまでの推移，オフィスや営業代理店の数，人事情報，オフィスや販売店舗，工場の位置，原料の調達状況，従業員数，マーケット戦略，製品やサービスの数や種類，主要顧客，取引先数，製品ごとのマーケットシェアといった情報が含まれている。

　ビジネスにおいて，競合の新製品リリース及び市場におけるその受容状況については目を配る必要がある。なぜなら，もし競合の新製品リリースがうまくいったなら，同様の製品をマーケットに送り込むという方法が使えるからである。また，競合のベストプラクティスについて情報収集することもできる。

　市場において勝ち抜くためには質の良いデータベースが不可欠である。このデータベースには，競合の特徴やその製品及びサービス，それらに関するビジネスデータが含まれている。多くの企業は自身の製品やサービスに関するビジネスデータを企業サイトに公開しており，それらは容易にアクセス可能である。なお，日本であれば各種業界新聞，業界雑誌や業界地図，そして業界動向サーチなどがそのデータソースとなる。そのほか，外部データとしては，ヤフーファイナンスなどの各種金融データなども用いることが可能である。

　最後に，各企業が CS 調査などのサーベイデータも外部データとして挙げられる。ネトルソンにおいて質問項目の設計や注意点，その実装などについて説明されている（Nettleton, 2014, pp.47–55）。

　このようにインターネットなどで公開されているデータを中心に説明してきた。これらは 2 次データ及び 3 次データである。現在の ChatGPT などの openAI が主流になってくると前述のデータを対象とした分析だけであると企業独自の優位性を保つことができないかもしれない。つまり，社会（市場）に対してのフィールドワークを通じて，観察力と洞察力を持って 1 次データを作ることが重要になると考えられる。この点は Madsbjerg（2017）で言われていることを背景としている。また，松村（2016）で言われるように顧客のデータは，顧客行動を引き起すような「仕掛け」がないと収集できないことも書き加えておくことにしよう。一般的にマーケティングの各手法が第 9 章で説明するレコメンドシステムがその仕掛けの一種であると考えられている。

おわりに：分析サーバーの構築（業務特化型 AI の基礎に）

　本章では，データサイエンスを行う前提条件について説明してきた。最後に，最近注目されている分析基盤の構築と分析サーバーについて説明することにしよう。

　今までは，企業内のシステム内にあるデータのみでデータサイエンスが行

われてきたが，最近のビッグデータやデータサイエンスの議論などから図表
3-19 のデータソース（システムデータ，ソーシャルデータ，オープンデー
タ，センサーデータなど）にみられるように，外部データと組み合わせられ
てきている。それを可能にするために，データ活用・分析基盤を構築する必
要がある。データ活用・分析基盤の機能としては，**収集→保管→成形→蓄積
→活用（分析）**がある。そして，その各機能で必要なツールがある。その関
係を示したのが，図表 3-19 である。収集ではデータハブ，保管ではデータ
レーク，成形では第 4 章で説明するデータプリペアレーションツールと自
動化のための ETL ツール，蓄積では，本章で説明した活用目的別に整理し
たデータウェアハウス，そして，最後の活用（分析）では本書で中心として
いる各種分析ツールである。

　つまり，最後に以上で述べた BI ツールも含めてデータサイエンス，デー
タ分析業務の自動化を促進するためには，各種データソース，ストレージ
（収集と保管），成形，蓄積（データウェアハウス），分析ツールなどを組み
合わせて，データ活用基盤を構築し，その上で自動化のためにエコシステ
ム（ある種，情報システムの生態系）を構築する必要がある（Kelleher &
Tierney，2018；独立行政法人情報処理推進機構，2023）。

　Kelleher & Tierney（2018）では，データサイエンスのエコシステムの代
表的な基本設計を説明しており，規模の大小を問わず，ほとんどの組織に用
いることができる。そのシステムでは，通常のシステム論で言われる最適化
が必要であり，その業務にデータエンジニアリングに通じたデータサイエン
ティストが必要とされる。

　そして最近では，エコシステムを進化させ，分析サーバーとして組み込ま
れている（Kelleher & Tierney，2018）。

　分析サーバーでは，データを準備するための処理や分析のほとんどがデー
タベースやデータウェアハウスから独立したサーバー上で実行されることを
示している。したがって，単純にデータベースからデータの移動，データ
ベースに結果を戻す作業だけでも，かなりの時間が費やされることがなくな

データソース	・システムデータ（基幹系システム），ソーシャルデータ（口コミ等），オープンデータ（外部データ），センサーデータ，映像データなど
収集	・データハブ：社内外のさまざまなシステムとデータ活用基盤を接続し，データソースやデータレイク，データウェアハウス間でのデータ送信を行う仕組み
保管	・データレーク：さまざまなデータソースからデータの加工や返還をせずに，元の形式のままデータを保存する領域
成形	・データプリペアレーションツール：第4章参照 ・ETLツール：さまざまなデータソースから分析を開始するために必要なさまざまなデータの生計をバッチで自動処理するツール
蓄積	・データウェアハウス（基幹系システム）
活用（分析）	・BI ツール，各種アルゴリズム（機械学習），分析ツール

図表 3-19　データ活用・分析基盤の構築

る。そこで，最近のシステムではアルゴリズムをそのままデータベースに配置する仕組みがとられており，それが BI ツールとして市販され，いわゆる業務特化型 AI はこれに当たる。

　そのツールでは，データ生成からモデル構築，ダッシュボードへの情報を提供まで自動的に行うことができる。このようにデータサイエンス業務の一部はエコシステムの構築によって自動化・機械化，DX 化が可能であることが分かる。そこではデータエンジニアリング領域を中心に，最適化問題などの工学的な思考が必要かもしれない。その上でビジネスに直結するということは「**意思決定工学**」という領域の構築につながるかもしれないのである。

　ここでは，データソース，データの種類などを挙げた上でこれらのデータソース，分析システムなどの統合化を図り，ある意味エコシステムを構築することの可能性を示唆した。

　ただし，前述したように，システムの最適化の問題や入力の自動化などの問題があり，データエンジニアリング領域がより注目を集めるであろうし，

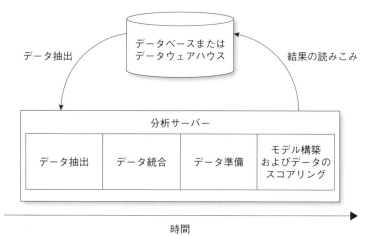

図表 3-20　分析サーバー

(Kelleher & Tierney, 2018, p.97, 図 7)

　この点が本書で中心とする市民データサイエンスの立場の限界であり，データエンジニアリングを中心とするデータサイエンティストとの共働が重要・不可欠であることを指摘しておくことにしよう（Taddy, 2019）。

　そこで次章ではデータサイエンスにおいて最も重要なトピックであるデータの準備と理解について説明することにしよう。特に重要なのは「分析用データ」の作成とその自動化であり，これがないとデータサイエンスのプロジェクトは失敗する。著者が参加した分析プロジェクトの失敗原因もこれに起因することが多い。また，各種 IT 系の調査でも同様の結果を得ている[11]。

▎注

1　以下の説明は，各種ユーザーガイド，トレーニングコースのテキスト及び Wendler & Gröttrup（2016）などを参考とした。
2　活動内容などについては https://japan-dmc.org/ を参照されたい。2023/4/17 アクセス。
3　詳しくは Davenport（2018）；Davenport & Mittal（2023）を参照されたい。ツールのことなどについては，https://it.impress.co.jp/articles/-/24670 を参照されたい。2023/05/15 アクセス。

4 この点については著者の能力を超えており，Nettleton（2014），Taddy（2019），独立行政法人情報処理推進機構（2023）などを参照されたい。

5 これについては，https://www.sap.com/japan/products/erp/s4hana.html を参照されたい。2023/4/23 アクセス。

6 Redman（2008）p.61 より。

7 Redman（2008）p.71 より。

8 桑田・田尾（1998）p.53，p.67 を参照されたい。

9 これらのデータについては，分析ツールで用いる場合加工が必要ではあるが，統計局（e-stat）で入手可能である https://www.e-stat.go.jp/。2023/04/28 アクセス。

10 なお，国際比較では総務省統計局編「世界の統計〈2023 年版〉」日本統計協会で毎年発行されており，便利である。

11 https://juas.or.jp/library/research_rpt/it_trend/　2023/4/23 アクセス。

第4章

データサイエンスの前提条件 2：データの理解と準備

はじめに

　本章では，データサイエンスの前提条件のうち最も重要かつ，実際データ活用を行う際の課題となるデータプリペアレーション（データの準備）とこれを行う際の指針となるデータビジュアライゼーションについて説明することにしよう。そこでは，データの理解：データ活用の１つとしてのデータ表現，データの準備（Data Preparation）；データクリーニングから「分析用データ」の作成へ，分析用データの例，データの準備の自動化（**Data Preparation**）について説明することにしよう。前述したように，今までは，企業内のシステム内にあるデータのみでデータサイエンスが行われてきたが，最近のビッグデータやデータサイエンスの議論など外部データと組み合わせることになる（図表3-20）。なお，この点は経営戦略論での戦略策定の議論と同様である。この点については第１章の戦略分析を参照されたい。

　そこで，簡単に**ビッグデータ**について説明することにしよう（Erl, Khattak & Buhler, 2015）。

　ビッグデータは①サンプル数が多い。②変数の種類が多い。いわゆる多様である。③刷新スピードが速い。の３つの特性を持ったデータである。そして，経営戦略策定などの視点から言うと，ここでいうビッグデータは基本的に企業外部データであり，オープンソース化が必要であり，分析基盤構築が重要であることについては第３章で説明した。これらの点から，企業内でのデータサイエンスに用いることができるデータを示すと図表4-1になる。

データソース及び データの種類	企業内・企業外	ビッグデータか	例
基幹系システム	内		トランザクションデータ 財務データ SCM データ 顧客データ 人事データ 在庫データ 製造データなど
テキストデータ	内		営業日誌など
テキストデータ	外	○	有価証券報告書等の各種公 表資料 口コミなどの SNS データ
公共機関などのオー プンソースデータ	外	○	法人統計などの経済・経営 データ グーグルマップ 天候情報
各種データマートの データ	外	○	金融市場, 労働市場に関す るデータ
センサーデータ	内・外	○	生産設備の動向データ
画像, 動画, 音声 データ	内・外	○	各種ビデオ動画 会議データなど

図表 4-1　ビジネスで用いることができるデータ

（出所：喜田, 2019 加筆修正, 初出）

　なお, 前章の図表3-19 では, **経営課題→データソース→データの種類**に注目している。

　以上のように, 各企業は膨大なデータを収集し, 蓄積することになる。このように蓄積されたデータに対して, 各企業はデータサイエンスを行うことになる。そして, 本書で議論するデータ分析業務の自動化はビジネスで用いることができるデータ, 特にビッグデータの刷新スピードが速いことがその第1の理由として挙げられるのである。

I　データの理解：データ活用の１つとしてのデータ表現

　次に，実務界でのデータ活用での位置付けを明確にすることにしよう。企業がデータを利活用するには２つの種類がある。１つは，売り上げの集計などの日常利用であり，携帯端末のダッシュボードに表示するための活用（データ表現）である。もう１つは，本書でのデータサイエンスを用いる可能性が高いのは，「分析（プロジェクト型）」である。この点が，第４章で説明する「分析用」データの作成に関連するのである。つまり，日常業務用のデータとデータサイエンスで用いるデータには大きな区別があるということである。なお，この点については，今後のアルゴリズムの開発の進展などの技術革新によって，分析型としていることが日常業務で用いられる可能性があることを示唆しておくことにしよう。

　その第１段階が，データ表現である。それは，データサイエンスの結果を左右しかねないデータの質を理解することであり，データサイエンスの領域では，**VISUALIZATION（可視化，もしくはデータ表現）**と呼ばれている（Tufte, 1990 ; Tufte, 2006 ; Mazza, 2009 ; Nussbaumer, 2015 ; 高間, 2017）。この目的は２つある。

　１つはデータ全体の特性（特に，分布）を把握することであり，単純集計，テキストマイニング領域であると言及頻度分析，グラフ化などを用いて，報告書やプレゼンを作成することである（Nussbaumer, 2015）。テキ

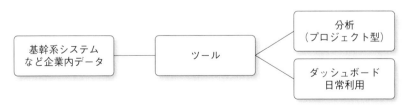

図表4-2　データ利活用とデータサイエンス

（出所：喜田, 2019）

ストマイニングでの VISUALIZATION（可視化）については Feldman & Sanger（2007）の第 10 章もしくは第 11 章，本書第 10 章を参照されたい。

　もう 1 つは，データサイエンスの中で重要視されるのだが，分析用データを作る際に欠損値処理に用いる方法である。これは欠損値にどのような値を入れるのか，という問題である。

　そこでは，正規分布であれば平均値を，その他の分布であると，中央値を入れるか，それと最頻値を入れるかなどの選択の問題を解決するために VISUALIZATION（分布を知ること）は重要である。

　このような欠損値処理とともに，この点は手法選択とも関連する。つまり，データの正規性（正規分布をしていること）を前提としている統計的に手法を用いるのか，それともこの点をあまり考慮していない機械学習の手法であるアルゴリズム（ニューラルネットワークや決定木）を用いるのか，という選択の問題になる。言い換えると，機械学習などのアルゴリズムはデータの正規性の問題から派生しているとも考えられるのである。そして，VISUALIZATION は，このように 2 つの目的によって，そのそれぞれで議論が進められている。

　IBM SPSS Modeler などのデータサイエンスソフトでは，データの質を理解する方法として，欠損値の調査とデータの分布を理解することになる。なお，Tan, Steinbach & Kumar（2006）において，データの質の検証には統計学的な手法を用いることを説明しており，第 2 章第 2 節を参照されたい。後者はデータの上でどの程度偏っているのか，正規分布をしているかどうか，を知ることである。データの特性を知った上でデータの操作を行うことになる。

　このようなデータ表現が重要になるのが，日常業務で用いられる**ダッシュボード**である。

　ダッシュボードは，元々自動車や飛行機においてスピードメーター，タコメーター，燃料計，距離計など，自動車や飛行機の走行に必要な情報を表示する「計器盤」である。

　経営者はパイロットとしてとらえることができる。そこから転じて，会社の経営や運営状況を反映するさまざまな情報をまとめて表示する画面のことになる。企業に蓄積した膨大なデータを集めてグラフや集計表で可視化によって迅速かつ最適な意思決定を導くと考えられている。BI ツールには，主にレポーティング，ダッシュボード，多次元分析（OLAP），シミュレーションという役割があるが，情報を分かりやすく伝えるダッシュボード機能は経営層に最も使われる機能であるため，ダッシュボードは「経営ダッシュボード」，「管理ダッシュボード」等とも呼んでいる。なお，ダッシュボードについては Croll & Yoskovitz（2013）が詳しい。そこではダッシュボードの目的設定などについても説明されている。ダッシュボードでのデータの見せ方については日本情報システム・ユーザー協会での研究会でも議論になった（喜田・日本情報システム・ユーザー協会，2018）。そこでは次のようなデータの表示方法について議論された。

■データの見せ方

　実務家が直面する課題として，データ利活用に向けてはビジネス力，データサイエンス，データエンジニアリングの各スキルが必要となるが，データ分析・利活用担当者はビジネス力が足りないという点がある。

　実務家たちは，この解決にはビジネス力を磨く必要があり，データ分析・利活用担当者が持っているデータの見せ方に関するスキルを磨くことで近づくことができると考えた。図表 4-3 にデータの見せ方として考慮すべき点を 7 つの目的別に考察している

　これは，「いつ」「誰が」「何を」に着目して報告者の意図に沿った表現方法を整理しており，表／グラフの見せ方について，プラス面だけでなくマイナス面からの採用評価を行う選択肢も有効である。何を表 / グラフから何を見たい（見せたい）のか目的の把握が重要で表現を目的に応じて変化させる必要がある。

　実例（実業務の一部抜粋）では，見せ方を少し工夫するだけで報告対象者

目的	カテゴリ1	カテゴリ2	可視化形態	＋	－
表				事実を数値で伝える	比較しづらい／読み手により判断が異なる
比較	時系列の推移	データ数多	折線グラフ	傾き・変化を伝えやすい	重なりを意識した表現必要／変化量が少ない場合伝えづらい
		データ数少	棒グラフ	絶対値を伝えやすい	変化量が少ない場合伝えづらい
	量を比較		棒グラフ	絶対値を伝えやすい	変化量が少ない場合伝えづらい
構成	時系列の推移	データ数多	面グラフ	変化・量を同時表現可能	データによってはグラフが分かりにくい
		データ数少	積上棒グラフ	構成要素を表現しやすい	比率を表現できない
	静的な一時点	全体に対するシェア	円グラフ	比率を視覚的に表現しやすい	項目が多いと分かりにくい／差異が小さいと分かりにくい
		構成比	積上棒グラフ	構成要素を表現しやすい	比率を表現できない
分布		単一の指標値	ヒストグラム	全体感・ばらつきを視覚的に伝えやすい	度数が多くないと意味を持たない
		2つの指標値	散布図	相関関係を視覚的に伝えやすい	度数が多くないと意味を持たない
		3つの指標値	バブルチャート	3軸比較を視覚的に伝えやすい	プロット数が多いと表現しづらい
関係		2つの指標値	複合グラフ	変化・量を同時に表現可能	グラフの種類が限られる
地域性		データ数多	記号マップ	場所の概念を視覚的に伝えやすい	作成に手間／事前知識必要
		データ数少	色塗りマップ	場所の概念を視覚的に伝えやすい	作成に手間／事前知識必要
バランス		5〜6の指標値	レーダーチャート	平均・特異点（差異）を伝えやすい	指標値数が限定される

図表 4-3　データの見せ方の考慮点一覧

（喜田・日本情報システム・ユーザー協会，2018，p.65）

への説明時間を短縮するなどの効果があり，ビジネス力向上につなげることができる。

　ここでは，ビジネスに直結するVISUALIZATION（可視化）の事例を見てみることにしよう。この領域では，単に売上個数などの「集計」がこの例に当たる。つまり，どの商品が売れているのか，を明らかにしようとする。それを示すのが図表4-4である。

　この例であると，食パンが一番売れており，アンパンが売れていないことなどが明らかになる。このような集計は通常業務で特に行われており，ビジネスにおけるデータ活用の第1段階，最初のステップであると考えられる。

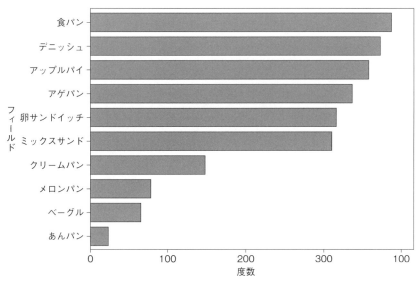

図表 4-4　POS データの VISUALIZATION（可視化）

（出所：喜田，2019）

次の段階の **ANAYSIS（分析）になる**。この段階では，POS データに加え
て，顧客データと統合した**分析**が行われる。つまり，「誰が何を買っている
のか」ということを明らかにしようとする。その結果が図表 4-5 である。

　このように，どのような年齢層がどの商品を買うのか，どの商品を買って
いる顧客がどの年齢層なのか，が明らかになる。なお，統計手法としてはχ
二乗検定を用いることになる。

　その上で，本書では，第 6 章から第 8 章での各経営課題のダッシュボー
ド例を挙げることにしよう。

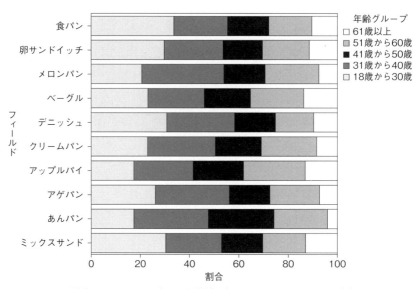

図表 4-5　POS データと顧客データでのアナリシスの例

（出所：喜田，2019）

Ⅱ　データの準備（Data Preparation）：データクリーニングから「分析用データ」の作成へ

　第 2 章でも説明したが，データサイエンスにおいてデータの準備（Data Preparation）は重要なプロセスである。以下では，データサイエンスに入る前のデータ操作について説明する。データサイエンスにおいては，このようなデータ操作が必ずといってよいほど行われる。

　この点は，通常の統計的な分析手法を用いる研究者にとっては奇異に写るかもしれないが，データサイエンスにとっては重要なプロセスである。なぜなら，データサイエンスの最終的な目標は統計的な分析結果を提示することではなく，有効なモデルを構築することであるためである。そして，その目的は，データの質（欠損値などがない状態）を上げることであり，その質の高いデータを用いないと有効なモデルが構築できないと考えているからである。ここでは有効なモデルの意味を述べておくと，実際ビジネスの上で，利

益及び売上高が上がるというような実践的な意味においてである。

　そこで，IBM SPSS Modeler が，有効なモデルを構築するためのデータ準備及びデータ操作として，以下の４つが考えられる。これらの点は，現在，データサイエンスの中ではデータクリーニング及びデータクレンジングの領域として確立し，分析用データを作成する上で重要である。データサイエンスでのデータクリーニングについては McCallum（2012），Nettleton（2014），Cody & SAS Institute（2008），Osborne（2013），Squire（2015），Buttrey & Whitaker（2017）などを参照されたい。McCallum（2012）では，質の悪いデータ（バッドデータ）の事例を挙げ，その解決策を議論している。例えば，欠損値，入力ミス，フォーマットの不具合等であり，これはかなり問題であるが，現実（ビジネス等）とデータが一致しない時などである。特に，現実とデータが一致しない問題は ERP インプリメンテーションとして議論される。この点については，Magal & Word（2012）などを参照されたい。また，ツール上でのデータ操作の方法については，喜田（2010），Wendler & Gröttrup（2016）の第２章を参照されたい。このような研究などから次の４つのデータ操作について説明することにしよう。

①欠損データの削除もしくは処理

　データビジュアライゼーションによって欠損値データ及びその状況を把握して，欠損データが多い場合はその変数を削除する。欠損データが少ない場合はそのデータの分布状況などから，その欠損値部分に平均値，中央値などを代替的に入れる（Nettleton，2014）。

②データの削除

　ここでは，重複しているレコードの削除が中心となり，例えば，顧客データなどでの重複やそのほか重複しているデータを削除する（Nettleton，2014）。この点は，日本企業の情報活用の質問票調査でもデータの不満点として挙げられている（石倉・後藤・喜田・奥田，2016；喜田・日本情報シ

ステム・ユーザー協会，2018）。

　この2つの点を，データクリーニングとしてデータサイエンスの中では1つの領域になっている（Nielsen & Burlingame，2013；Nettleton，2014；Buttrey & Whitaker，2017）。

③サンプリング

　最近のビッグデータと呼ばれる現状においては，有効なデータ作成を行うことにはデータクレンジング（データの要約）が必要であり，その1つの方法がサンプリングである（Nettleton，2014）。

　サンプリングを行うことで，ようやくデータを構築し，そのうち同じサンプル数で分析用データ（モデル構築用データ）とモデル検証用データを作成する。その流れは図表4-6で示される。

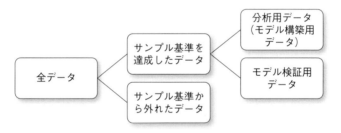

図表4-6　モデリング用データの作成手順

④データの結合

　データサイエンスに必要とされる関連する情報及びデータが1つのデータベース内にすべてあることが理想だが，そのようなことはほとんどない。現実，データが異なる場所及びソース，もしくは異なるフォーマット（異なる保存形式，異なる変数を用いている）にある可能性が高い。特に最近の動向から事業部門など部門ごとでのグループウェアやソーシャルネットワークサービス（SNS）の利用などからその可能性がより高まっている。

　そして，ERP（基幹系システム）自体が複数の情報システムのデータ統合

を行っており，各システム間の結合キーを持っている（Monk & Wagner,
2006；Magal & Word, 2012）。具体的には，すべてのシステムを結合する
のは「タスク」であるし，会計システムを中心にすれば「トランザクショ
ン・ナンバー」である。その上で，ビッグデータのような外部データと結合
するのは「顧客ID」である（Monk & Wagner, 2006）。

　それ故，データサイエンスを開始する前に，異なるデータソースをすべて
まとめて，1つのデータファイル（分析用データ）にする必要がある。その
ために IBM SPSS Modeler ではレコード結合ノードとレコード追加ノードを
用いる。レコード追加ノードは，サンプルを追加するのに用いられる。その
イメージを示すと次のような図表4-7で示される。このように，行の追加
を行うことで，そのデータファイル内でのサンプル，レコードを追加してい
るということが分かる。

　一方，レコード結合ノードはフィールド（変数）を追加するのに用いられ
る。そのイメージを示すと図表4-8で示される。このように，列の追加を
行うことで，そのデータファイル内での変数を追加していることが分かる。

　このようなノードの利用法において重要なのが，レコード結合ノードであ

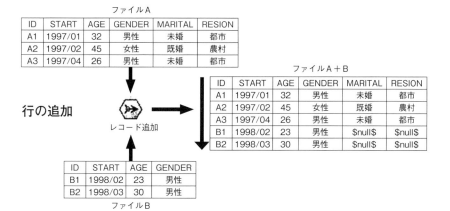

図表 4-7　レコード追加ノードのイメージ

（出所：SPSS 社トレーニングコース配布資料）

ファイルA

ID	START	AGE	GENDER	MARITAL	RESION
A1	1997/01	32	男性	未婚	都市
A2	1997/02	45	女性	既婚	農村
A3	1997/04	26	男性	未婚	都市
A4	1997/08	30	男性	既婚	都市
A5	1997/09	22	女性	既婚	農村

列の追加

レコード結合

ファイルB

ID	ACCT	BALANCE
A1	普通	28560
A1	当座	55205
A2	当座	30554
A3	普通	98744

ファイルA＋B

ID	START	AGE	GENDER	MARITAL	RESION	ACCT	BAL-ANCE
A1	1997/01	32	男性	未婚	都市	普通	28560
A1	1997/01	32	男性	未婚	都市	当座	55205
A2	1997/02	45	女性	既婚	農村	当座	30554
A3	1997/04	26	男性	未婚	都市	普通	98744
A4	1997/08	30	男性	既婚	都市	$null$	$null$
A5	1997/09	22	女性	既婚	農村	$null$	$null$

図表4-8　レコード結合ノードのイメージ

（出所：喜田，2019）

り，それは，変数を追加する場合に用いられる。テキストマイニングを用いる場合，テキストマイニングの結果と属性変数を追加，結合する場合に用いられる。特に，混合マイニングには必要不可欠な作業である。

そこで，結合方法を説明すると，結合には次の2つの方法がある。

■**順序**：各入力ファイルのn番目のレコードを交互に取り，n番目の出力レコードを作成する。どちらかの入力でレコードがなくなると，それ以上，出力レコードが作成されなくなる。

■**キー**：一般的にキー結合と呼ばれる。この場合，「キー」として定義されたフィールドにおいて同じ値を持つレコードが結合される。複数のレコードにキーフィールドがある場合，可能なすべての結合が行われる。具体的にキーとして扱われるものに，ID，サンプル番号などがある。なお，ERP（基幹系情報システム）ではタスクを結合キーとしている。なお，テキストマイニングでは，必ずドキュメントIDを作る必要がある。そして，これがデータを結合する際のキーになるのである。

最近では，この領域はData Fusion（データ融合）に進化しており，これ

ら結合キーではなく，結合キーを想定しにくいオープンソースのデータ（い
わゆるビッグデータ）を統計的手法やモデリング手法（特に，自己組織マッ
プや k-means）等を基に類似性からデータを融合することが行われている
(Veres & Eross, ed, 2017)。特に，ソースが異なるセンサーデータを統合，
融合する手法が中心に議論されている。

　以上のようにデータサイエンスでのデータクリーニングについて説明して
きた。そこでの特徴は「構造化されたデータ」でのデータクリーニングであ
るという点である（Feldman & Sanger, 2007）。テキストマイニングで用い
るテキストなどの「非構造化データ」でのデータクリーニングは，ここで説
明してきたデータクリーニングよりも複雑なデータクリーニングが必要であ
る。これについては，喜田（2019）の第 5 章を参照されたい。

　このような作業を経て分析用データが作成される（図表 4-9）。

　そこで，次により具体的に分析用データの例を挙げることにしよう。な
お，ここで提示した分析用データは言うまでもなくフィクションデータであ
り，第 6 章で以降での事例に用いられる。

Id 等	基幹系システムでの変数	顧客プロファイルの変数	トランザクションデータ

図表 4-9　分析用データの一般例

Ⅲ　分析用データの例

　ここでは，Olson & Yong（2007）を参考に，金融機関でのリスク管理用
データ，通信業界での途中解約者予測用のデータ，小売店（POS データ）
のデータの例を挙げる。なお，前者 2 つは期末データ（清算時）のために，

取引データではなく，顧客情報が中心となっている。後者の小売店データは，その時々の取引データを挙げており，POS（Point On Sales）で収集されたデータがどのようにデータベース内に保存されているのか，を示している。

①金融機関

ID	年齢	年収	性別	持ち家	他債務	婚姻状況	貯金	RISK
100756	44	59944	男性	有	0	既婚	1	LOW
100668	35	59692	男性	有	0	既婚	1	HIGH
100416	34	59463	男性	有	1	既婚	1	HIGH
100590	39	59393	女性	有	0	既婚	1	LOW
100702	42	59201	男性	有	0	既婚	1	LOW
100319	31	59193	女性	有	1	既婚	1	LOW
100666	28	59179	男性	有	1	既婚	1	HIGH
100389	30	59036	男性	有	1	既婚	1	LOW
100758	38	58914	男性	有	1	既婚	1	MID
100695	36	58878	女性	有	0	既婚	1	MID
100769	44	58529	男性	有	0	既婚	1	HIGH
100414	34	58026	男性	有	0	既婚	1	LOW
100354	32	57718	男性	有	1	既婚	1	MID
100567	38	57683	女性	有	1	既婚	1	HIGH
100728	28	57623	男性	有	1	既婚	1	HIGH
100665	41	57520	女性	有	0	既婚	1	HIGH
100730	43	57388	女性	有	0	既婚	1	HIGH
100412	34	56891	男性	有	1	既婚	1	MID
100374	33	56849	男性	有	1	既婚	1	LOW
100566	38	56590	男性	有	0	既婚	1	HIGH
100421	34	56486	男性	有	1	既婚	1	MID
100670	41	56470	男性	有	0	既婚	1	HIGH
100379	33	56087	男性	有	1	既婚	1	MID

図表 4-10　金融機関用データ

（出所：喜田，2010）

②通信業界（乗換・顧客離反・途中解約）

ID	長距離電話	国際電話	地域電話	支払い方法	定額利用	割引	年収	途中解約	年齢	性別	婚姻状況	子どもの数
0	5.2464	7.5151	86.3278	小切手	無制限	標準	27535.3	1	57	女性	既婚	2
3	0	0	3.94229	カード	定額	国際割引	64632.3	1	50	女性	未婚	2
4	5.55564	0	9.36347	カード	定額	国際割引	81000.9	1	68	女性	既婚	2
10	13.664	2.95642	32.6381	カード	無制限	標準	83220.6	1	60	男性	既婚	2
11	0	0	1.41294	カード	無制限	標準	50290.7	1	84	女性	未婚	0
13	0.281029	0	8.53692	小切手	定額	国際割引	20850.4	1	28	女性	既婚	2
19	11.0307	0	34.2777	カード	定額	標準	3776.12	1	87	女性	既婚	2
20	0.452629	0	73.0122	自動	無制限	標準	73865.9	1	88	女性	既婚	2
22	3.72883	0	18.8474	自動	無制限	標準	30933.6	0	76	男性	既婚	2
26	10.3701	2.15279	24.6683	小切手	無制限	標準	69864	1	87	男性	未婚	0
28	20.2685	0	102.864	小切手	定額	国際割引	91620.6	0	90	女性	既婚	2
30	25.5278	0.746981	5.18571	カード	定額	標準	96501.9	0	62	女性	未婚	0
32	8.08211	0	10.5858	小切手	定額	標準	13774.2	1	50	女性	既婚	2
33	2.94583	0.261446	77.238	小切手	無制限	標準	39428.2	0	48	男性	未婚	2
40	24.3456	0	62.826	カード	定額	標準	4988.14	1	37	女性	未婚	2
49	26.8624	0	15.4922	カード	定額	国際割引	23564.1	1	21	男性	既婚	2
55	17.2085	8.94192	138.045	カード	無制限	国際割引	37661	0	42	男性	未婚	2
59	24.5781	0	80.7466	自動	無制限	標準	99064	0	71	男性	既婚	2
65	9.70314	1.20274	12.1824	カード	定額	標準	2974.76	1	33	女性	既婚	0
59	0	0	4.6195	カード	無制限	標準	23893.9	1	21	男性	既婚	0
71	0	0	2.36223	カード	定額	標準	23289.7	1	81	男性	既婚	0
73	6.67147	0	77.2515	自動	無制限	標準	11676.2	0	54	男性	既婚	2
78	13.6442	0	19.5464	自動	無制限	標準	27842.1	1	19	女性	既婚	0

図表 4-11　通信業界用データ

（出所：喜田，2010）

　図表 4-10 で示されるような事例では，今までの経験（実績）から，金融リスク（RISK）を 3 つのカテゴリーに分類しており，このようなデータを基に金融リスクを予想するモデルを構築することになる。また，追加的に融資返済の「遅延」を予測するためのデータ構築にも同様のデータが作成されることになる（Olson & Yong, 2007）。

　この事例では，乗換・途中解約を予測するためのデータである（図表 4-11）。途中解約をすれば 1，しなければ（会員のまま）であれば 0 と入力している。また，長距離電話，国際電話，地域電話の使用量が見られ，当該企業でのサービスの形態も明らかである（Olson & Yong, 2007）。

③小売業（POS データ）

　小売データは，一般的に，レシート番号，年月日，時間，商品名 1，商品名 2，商品名 3，商品名 4，商品名 X，などのようにデータが作成される（図

レシート番号	年月日	時間	商品名1	商品名2	商品名3	商品名4	商品名5
1	90501	1600	0	1	0	1	0

図表4-12　小売店用データ（POSデータ）

（出所：喜田，2010が加筆）

レシート番号	食パン	卵サンドイッチ	ミックスサンド	ベーグル	クリームパン	アゲパン	あんパン	メロンパン	デニッシュ	アップルパイ
100001	1	0	0	0	0	0	0	0	1	0
100002	1	0	0	0	0	0	0	1	0	0
100003	1	0	0	0	0	0	0	1	1	0
100004	1	0	0	0	1	1	0	0	0	0
100005	1	0	0	0	0	0	0	0	0	0
100006	1	0	0	0	0	1	0	0	1	1
100007	1	0	0	0	0	1	0	0	0	0
100008	1	0	0	0	0	0	0	0	0	0
100009	1	0	0	0	1	0	0	0	1	1
100010	1	0	0	0	0	0	0	0	0	0
100011	1	0	0	0	0	0	0	0	0	0
100012	1	1	1	0	1	1	0	0	1	0
100013	1	0	0	0	0	0	0	0	0	0
100014	1	0	0	0	0	0	0	0	1	1
100015	1	0	0	0	0	0	0	0	0	0
100016	1	0	1	0	0	0	0	0	0	0
100017	1	0	0	0	0	0	0	0	0	0
100018	1	0	0	0	0	0	0	0	1	0
100019	1	0	0	0	0	1	0	0	0	1
100020	1	0	0	1	0	0	0	0	0	1

図表4-13　POSデータ；パン屋さんの事例

（出所：喜田，2010）

表4-12）。そして，購入されれば1，されなければ0を入力することになる。一般的には，図表4-13のようになる。

本書では，パン屋さんを事例として挙げる（図表4-13）。

そこでは，図表4-13のように各購入記録が残される。このようなデータは，顧客を実際の購入活動からのセグメンテーションに役に立つ。しかし，より深い分析を行おうとすると顧客属性のデータがないことが問題になる。しかも，実際の現場において，年齢など顧客の属性（プロファイル）は把握しにくいのが現状である。

顧客の属性，顧客情報（＝プロファイル）を収集するには，企業及び店舗

は異なるもう 1 つの仕組みが必要となる。それが各店舗及び企業で行っている**ポイントカード**や会員カードである。ポイントカードに付随している情報としては，住所，電話番号がもちろん，年齢（誕生日），職業，家族構成などが含まれている。お客はポイントを取得するためにポイントカードを用いて買い物をするだろう。その結果，お店には，以上の取引データと属性を自動的に結びつけることが可能となる。この点が，ポイントカードの企業側に大きなメリットとなっているのである。

　ここではデータサイエンスにとって重要なプロセスであるデータプリペアレーション（データ準備）と「分析用データ」の作成について説明してきた。最近では，データ準備を自動化するツール（データプリペアレーションツール）も導入されてきている。そこで次節では，データプリペアレーションツールについて説明することにしよう。

　その前に IBM SPSS Modeler でもデータプリペアレーションの機能を持っている。図表 3-6 のフィールド設定の中に「**データの自動準備**」というノードがある[1]。

　「データの自動準備」の目的には，1）モデルの精度とスピードをバランスさせる。2）速度の最適化，3）精度の最適化などがある。この点はビジネス及び分析者でのニーズと合致させて設定することになる。

　自動データ準備（ADP）は，データ修正の特定の問題，有用でないと考えられるフィールド（変数）の除外，必要に応じた新しい属性（変数）の取得，高度なスクリーニング手法を用いたパフォーマンスの改善を行い，データ準備を行うことができる。完全に自動化した方法でアルゴリズムを使用して，修正を選択または適用したり，インタラクティブな方法を使用して，必要に応じて変更を実行，承認または拒否する前に変更をプレビューすることができる。

　ADP を使用すると，統計の知識を必要とせず，モデルを迅速かつ容易に作成できるよう，データを準備することができ，モデルはより迅速に構築及びスコアリングするようになる。その上で，モデル更新など自動モデル作成

プロセスをより強固に向上させる。ADP ノードはプロセスノードとして実装され，データ型ノードと同じように機能する。ADP ノードの学習は，データ型ノードのインスタンス化に対応する。分析が実行されると，上流データが変更されない限り，高度な分析を行わずに指定された変換がデータに適用される。

　この機能を１つのツールで行おうとするのが，次に説明するデータプリペアレーションツールである。

Ⅳ　データの準備の自動化：データプリペアレーションツール

　今までの多くのデータサイエンティストが多大な時間と労力をかけてきたデータ準備にも自動化，ツールの導入が進んでいる。それが **Data Preparation** である[2]。**Data Preparation** とは前述しているように「分析に必要とされるさまざまな非定型データを収集・整形し，迅速な分析開始のためのサポートを行う機能」である。**Data Preparation** を直訳すると「データの準備」であり，さまざまなデータソースから大量のデータを取得し，次のデータ分析ステップのための準備を行うことを指している[3]。

　ビジネス部門でのデータ活用を促進できる **Data Preparation** は，企業の業務改革とイノベーションを生み出す重要なテクノロジーとして大きな注目を集めている。

　第１の理由は，モダン BI ツールが登場してきたことである。使いやすい BI（Business Intelligence）ツールが多数登場してきていることで，ビジネス部門ユーザーがセルフサービスでデータ分析を行う「セルフサービス BI」を実施できる環境が整いつつある。これを市民データサイエンスとも呼んでいる。しかし，データ分析のためには良質なデータが必要であり，BI ツールの性能がいくら向上しても，分析の事前準備として，データの収集，結合，変換，整形，補完などの工程が必要であることは変わらない。なお，こ

の点については，図表3-19の「データ活用分析・基盤の構築」を参照されたい。モダンBIツールの登場により，さらに，迅速なデータ準備作業が必要になっている。

　第2の理由は，データ分析の対象範囲は，「ビッグデータ処理技術の発達」，「クラウド技術の浸透」，「データストリーミング技術の向上」，「IoTデバイスの増大」などにより，加速度的に増大し，そのため，大量のデータを迅速に準備処理できる高速性が求められている。

　その主要な分析対象となるデータとしては，IT部門が管理している社内システムデータ（リレーショナルデータベース，NoSQLデータベース），ビッグデータ（Hadoop），クラウドデータ，IoT（M2M）データ，各種市場データ，SNSデータ，ストリーミングデータなどが挙げられる。その上で，複雑化するデータフォーマット，構造型データ（JSON/XMLなど）が増大し，データの複雑性が深まっている。これまでのように，単純に定形型データを処理すればよいということはなく，さまざまな加工処理が必要となり，データ準備の工程についても，よりいっそう複雑化している。多様化するデータを活用するためには，従来型アプローチでのデータ準備では不十分であり，最新テクノロジーを駆使する新たなアプローチである「**Data Preparation**」への期待は高まっている。なお，この点は前章のデータ統合システムを参照されたい（Kelleher & Tierney, 2018）。

　Excelで処理できる程度のデータ量であった頃なら，Excelでデータ全体を俯瞰し，セルの色分け，フォント変更などの工夫により，かなりの作業時間を必要としていたが，地道な力技で，欠損値や外れ値の修正作業を行えていた。しかし，データ量は増大し，データが複雑化すると，人力でのデータ整形作業は非常に困難であり，過度な負担と膨大な時間を必要とする状況になってきている。データ分析において「データ準備80%，データ分析20%」と言われており，データ分析前段階作業に時間を取られてしまい，本来行うべきデータ分析に時間をかけることができないという状況が発生している。このような要因もあり，ビジネス推進を阻害する要因解消のため，

データ準備の生産性向上は喫緊の課題として認識され始めている。**Data Preparation** は，この領域をカバーする新しい取り組みとして注目を集めている。

　社内外のあらゆるデータを迅速に準備し，活用するためには，IT 部門とビジネス部門の積極的な協働が必要不可欠になりつつあり，**Data Preparation** はその基盤として期待されている。**Data Preparation**（ツール）を導入すると，これまで IT 部門が担当していた各種データプロセス（収集・抽出・加工など）をビジネス部門に移行し，ビジネス部門ユーザーがデータを準備し，データ活用を行う「セルフサービス BI」，言い換えると**市民データサイエンス**を実現できるようになる。

　Data Preparation ツールを導入すると，IT 部門でのデータ処理の完了を待つ必要がなくなるため，データ分析を開始するまでの時間を大幅に短縮することが可能になる。

　これまでのデータ活用として，統計分析やダッシュボードなど，過去データを分析し，過去状況を把握することで，未来に何をすればよいのか知見を得るようなデータの使い方が主流とされてきた。しかし，機械学習やディープラーニングに代表されるような AI 技術の発展により，未来を予測するデータの使い方ができるようになってきている。

　機械学習を行うためには，良質な教師データを大量に読み込ませる必要があるが，このデータ準備には膨大な手間がかかるという問題があった。この領域についても，**Data Preparation** 技術が注目されている。**Data Preparation** ツールにより，大量データから，良質な教師データを作成することにより，より正確に，より速く予測モデルを作り，分析を行うことが可能となる。

　最新の **Data Preparation** では，BI ツールと同様にダッシュボードに提供する情報を作成することができる。その上でもちろんデータ収集（連携）機能があり，さまざまなデータソースにアクセスして，データを取得でき，統合することが自動的に可能になっている。このことを通じて，現在のビジネ

スユーザーやアナリストは，分析のためのデータ準備として，セルフサービスツールを利用する」という予測もされており，データ分析業務の自動化を促進するツールとして期待されている。

　これらの「分析用データの作成」の自動化は現在 RPA ツールの機能の1つとして考えられている。RPA ツールとは，データ入力を中心にしたルーティン業務を自動化・効率化することができるツールである。ルールエンジンや機械学習，人工知能などを活用し，主にホワイトカラーの定型業務を自動化・効率化させることができる。例えば毎月の請求業務の自動化など，特にイレギュラーが発生しないものについては，RPA ツールを導入することにより大きな業務効率化が期待できると考えられている。しかし，業務の効率化を進めることについては数多くの反対意見が出てくるであろうし，現在の日本企業においては業務の効率化及び自動化によって雇用が脅かされると考える風潮があることにも注意すべきである。しかも日本においては解雇規制があるために，自動化された業務に従事している従業員を解雇することができない。つまり，自動化が人件費削減に直結しないのである。それ故，日本企業の経営層が自動化を促進する AI 及び IT 化に関心を持っていなかったのかもしれない。

おわりに：データの質とは：分析用データのために必要なこと

　以上のように，各企業は膨大なデータを収集し，蓄積することになる。そして，前述のデータマネジメント，データクリーニングやデータクレンジングなどを通じて，データの質を維持する活動を続ける必要がある。そこで，重要なのは，**データの質**とは何か，ということである。データの質は，精度，鮮度，粒度の3つの面から評価できる（一般社団法人日本データマネジメント・コンソーシアム『データマネジメントの基礎と価値』研究会，2015；2016ab）。

①精度

データの持つ意味に対応して，値に間違いや漏れのない「正確性」が確保されている。この点は前述の欠損値処理などが当たる。

②鮮度

データ入力，修正，集計などの「反映タイミング」が十分である。また，ある時点の情報再現や，経年変化をみるための「履歴」が十分である。この点は基幹系システムの刷新スピードの管理に直結する。

③粒度

データの名称や内容の「意味多様性」が十分に整理統合され，適切な名称を与えられているという「データの定義」に関連する。

そのほかデータ品質ととともに議論されるのが**「データ性能」**である。それは，そのデータがどれだけビジネスを反映しているのか，もしくはビジネスに有効であるのかということである。

しかし，一般的に言ってこのようなデータの質は経年劣化していく。それ故，データサイエンスの前提条件であるデータマネジメントとデータクリーニングを中心とする「分析用データを作成する領域」は，この劣化していくデータの質を管理していく諸活動であり，データサイエンスの中でも重要な領域であるとされている。そして，重要点を１つ挙げておくことにしよう。それは，このようなデータ操作及び加工の履歴を明確にし，保存しておくことである。この点はデータの質を維持することに必要不可欠であるためである。つまり，データの質の管理（データマネジメント）が重要である。最近では，前述の分析サーバー，つまり，AI がデータマネジメントを改善するかもしれないと指摘されている（Davenport & Redman, 2023）。

そして，最後に重要なことは，このような分析用データには「必ず追求すべき変数の追加や変数構築が必要である」ということを強調しておくことにしよう。それは，経営課題や分析ニーズから導かれ，分析者の「知りたいこと」，「明らかにしたいこと」という問題の認識を基礎とする。そして，この

点が自動化された後も人間・データサイエンティストが行うべき業務として
残ると考えられている。

　次章では，データサイエンスで用いるアルゴリズムの説明を行う。そこで
その前に手法の選択について簡単に説明しておくことにしよう。ここで重要
になるのが予測する変数の種類である。IBM SPSS Modeler で明らかになる
変数の種類には以下の種類がある。

- ■**範囲**；整数，実数，日付／時間などがある（年齢，年収，売上高）。
- ■**離散型**；値の正確な個数が不明である場合，文字型の値に対して使用される。
- ■**フラグ型**；有／無や，０／１のように２つの値を持つデータに対して使用される。代表的には，性別などがこれに当たる。また，バイナリ・データのことであり，POS データやテキストマイニングでの構造化データなどもこれに含まれる。
- ■**セット型**；複数の値があり，それぞれが小／中／大のようなセットのカテゴリーとして扱われる値に対して使用される。カテゴリー化された数値，文字列，日付／時間などであり，婚姻状況などがこれに当たる。
- ■**不明**；上記のどの型にもあてはまらないデータや，カテゴリー数が多すぎるセット型のデータ（口座番号など）に使用される。

　なお，ここで変数の種類を確認することは，後述する手法（アルゴリズム）の選択に直結する。そして，重要なことは，各領域や部門によって，データ全体で占めるデータの種類が大きく異なる点である。経済及び会計領域，部門であると経営企画部や財務部門であると，各種経済指標，売上高や利益などの「数値」データが中心となる。一方で，心理学及び社会学のような行動科学領域，それを基礎とする消費者行動論や組織行動論のような領域の場合は，性別や行動の結果などのシンボル値（離散）型の変数が中心となる。そして，部門であると，顧客関係管理を担う営業部門やマーケティング部門，組織での従業員の行動などを中心とする人事部などにおいては「セット型」，「フラグ型」の「シンボル値」のデータが中心となる。

　そして，ビジネスの世界では「数値」と「シンボル値」の両方を組み合わせて用いることが多いことがこの領域での特徴ともいえる。それ故，ビジネスの世界ではあらゆる手法が用いることができるということから，現在データマイニングを最も活用している領域に発展しているのである。その上でさまざまな変数を目的変数にできるニューラルネットワークの活用も多い理由となっている。

　重要な点は，このように，各領域においては中心とするデータ型，データの種類があることを意識することである。そして，この点が手法（アルゴリズム）選択に大きな影響を及ぼすのである。この点は統計学でも同様である（Hoel，1960）。

　そこで簡単にアルゴリズム，アルゴリズムの自動選択と予測する変数の関係を図示したのが**図表4-14**である。

　このようにビジネスで用いる変数が多様であることなどが，ニューラルネットワークや決定木などのアルゴリズムが変数の種類を問わない点などが本書でアルゴリズムを重視する理由である。なお，自動数値及び自動分類は複数の予測機能を持つアルゴリズムの選択を自動に行える。この点については第3章を参照されたい。そこで，次章ではビジネス・データサイエンスで用いるアルゴリズムについて説明することにしよう。

アルゴリズム	予測する変数
回帰分析など統計的手法 **自動数値**	連続変数（数値）
ニューラルネットワーク **自動分類**	すべての変数，離散型，フラグ型，セット型等にも用いることができる。
決定木 **自動分類**	すべての変数，離散型，フラグ型，セット型等にも用いることができる。ただし，離散型，フラグ型，セット型等に有効な傾向がある。

図表4-14　アルゴリズムと予測する変数の関係

▌注

1 　ユーザーガイドを参照されたい。
2 　下記，Data Preparation は，データプリペアレーションツールのことである。
3 　https://analytics-news.jp/info/Data_Preparation，2023/04/23 アクセス。

第5章

モデリングと対応する経営課題

はじめに

　データサイエンスを用いて経営課題を解決するには，モデリングという作業が必要となる。モデリングの位置付けについては，第1章を参照されたい。

　モデリングでは，各種アルゴリズムを用いながらモデル構築を行うことになる。そこで，本章では，まずモデリング手法の概説をすることにしよう。次に IBM SPSS Modeler で利用可能で，代表的なアルゴリズムである，ニューラルネットワーク，決定木，クラスター化，アソシエーション・ルル，について説明する。そこでは，概説，用いる際の要件，長所と短所などについて説明する[1]。これらのアルゴリズムは他の代表的なソフトにも実装されている。そして，最後に，これらアルゴリズムをどのような経営課題に用いるのか，について示すことにしよう。

I　モデリング手法の概説

　データサイエンスに用いるモデル構築のしかた，言い換えると，機能は大きく3つに分類できる。なお，Tan, Steinbach & Kumar（2006）では，データサイエンスの機能を2つに分類している。第1は，予測・判別であり，第2は，記述的機能である。後者にここでいう，分類，パターン発見が含

まれる。その上で，データサイエンスが持つデータの可視化という機能にも
注目しており，グラフ化などを中心に議論している。この点はデータサイエ
ンスの段階でいうと『データの理解』に含まれる。

①予測・判別

②クラスター化：分類

③アソシエーション（連関）；パターン発見

　①予測・判別モデリングは教師あり学習（目的志向マイニング）とも呼
ばれ，入力フィールドの値を使用して出力フィールドの値を予測する。
IBM SPSS Modeler で，機械学習である決定木（C & R ツリー，QUEST,
CHAID 及び C5.0 アルゴリズム），ニューラルネットワーク，SVM（サポー
ト・ベクター・マシン），Bayesian ネットワークなどがある。一方，統計的
手法である回帰（線型，ロジスティック，一般化線型，Cox 回帰アルゴリ
ズム）などが挙げられる。

　②クラスター化手法は，教師なし学習（探索的マイニング）とも呼ばれ，
これには出力フィールドの概念がない。クラスター化手法の目的は，データ
を入力フィールドで類似するパターンを示すものどうしのグループに分類
しようとすることである。IBM SPSS Modeler のクラスター化のアルゴリズ
ムには，Kohonen ネットワーク，K－Means クラスター，Two Step クラス
ター，異常値検出がある。③アソシエーション手法は一般化された予測モ
デリングと考えることができる。ここでは 1 つのフィールドが入力フィー
ルドと出力フィールドの両方となることができる。アソシエーション・ルー
ルは，ある特定の結果を 1 組の条件と関連付け（連関）ようとする。IBM
SPSS Modeler には，Apriori，Carma という主要な 2 つのアソシエーション
手法（アルゴリズム）がある。

　本書では，データサイエンスで用いる可能性の大きい 4 つのアルゴリズ
ムについて説明することにしよう。第 1 は，ニューラルネットワークであ
る。第 2 は決定木である。この 2 つは，ある変数についての予測・判別を
行うのに用いることになる。第 3 のクラスタリング手法は顧客の分類，いわ

ゆる分類を行うために用いられる。最後のアソシエーションはマーケット・バスケット分析等変数間の関連付けに用いることになる。本書では，これらアルゴリズムの数学的基礎について説明することを目的としない。データサイエンスの数学的基盤については，Giudici（2003），Larose（2004）Tan, Steinbach & Kumar（2006）及び加藤他（2008）を参照されたい。現在では，そのアルゴリズム別に議論が進められている。ただし，これらのアルゴリズムを利用する際にカスタマイズする必要があるときにはこれらの数学的基盤が有効である。

II　ニューラルネットワーク

　認知科学及び人工知能研究を見ると，ニューラルネットワークは脳の動きを模倣することで問題を解決する手法として認識されさまざまな理論が生み出されてきている（Thagard, 1996）。特に，脳神経科学においてである（安西・石崎・大津・波多野・溝口，1992）。これらの議論を応用したのがニューラルネットワークであり，今日においては，これは強力なモデリング手法として一般的に知られている。なお，Bigus（1996），Berry & Linoff（1997）の第7章及び Linoff & Berry（2011b），Tan, Steinbach & Kumar（2006）の pp.246-225, Tan, Steinbach & Kumar（2013），Wendler & Gröttrup（2016）の pp.844-878 を参照されたい。典型的なニューラルネットワークは，層に配置されてネットワークを構成しているいくつかのニューロンから構成されている。各ニューロンはタスクの簡単な一部分を行う処理要素と考えることができる。ニューロン間が接続されることで，データ間のパターンや関係をネットワークが学習できるようになる。ニューラルネットワークは図表5-1で示すことができる。

　ニューラルネットワークを使用して予測モデルを作成する場合，入力層にはすべてのフィールドが含まれて，結果を予測するのに使用される。出力層

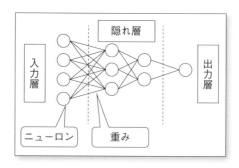

図表 5-1　ニューラルネットワークの概念図
(出所：SPSS 社トレーニングコース配布資料)

には出力フィールド，すなわち予測の対象が含まれる。入力フィールドと出力フィールドは，数値型ならびにシンボル型の両方を扱うことができる。IBM SPSS Modeler では，ニューラルネットワークで処理する前に内部でシンボル型フィールドを数値型に変換する。隠れ層にはニューロンがいくつかあり，ここではその1つ前の層からの出力を結合する。1つのネットワークには，隠れ層を3層まで含むことができるが，通常これらは必要最低限にしておく。ある層に含まれるニューロンはすべて，次の層にあるすべてのニューロンに接続される。

　ニューラルネットワークは，データと結果の間の関係を習得するが，これを学習と定義できる。完全に学習が終わったネットワークにおいては，新しい未知のデータを与えても，それまでの経験に基づいて意思決定や予測を行うことができる。

　IBM SPSS Modeler には，2種類の教師ありのニューラルネットワーク，マルチレイヤーパーセプトロン（MLP）と Radial Basis Function ネットワーク（RBFN）がある。なお，IBM SPSS Modeler では，図表3-7のニューラルネットワークノードを用いる。

　MLP では，隠れ層の各ニューロンが，1つ前のニューロンからの重み付けされた出力の組み合わせを入力として受け取る。1番最後の隠れ層の

ニューロンが組み合わされて出力を作成する。次にこの予測値が正しい出力
値と比較され，これら2つの値の差（誤差）をネットワークにフィードバッ
クすることで，このネットワークが更新されていく。このように誤差をネッ
トワークにフィードバックして戻すことをバックプロパゲーションと呼んで
いる。以上がニューラルネットワークの説明であるが，簡単に長所と短所に
触れることにしよう（Berry & Linoff，1997）。

　この手法の長所としては，①広い領域の問題を扱える。②複雑な領域の問
題であっても，ある一定の結果を生み出すことができる。③シンボル値，フ
ラグ値，数値など幅広い変数の種類で用いることができる。④多くの市販の
パッケージで利用可能である。などが挙げられている。一方短所としては
①結果を説明できない。②早期に不適解に収束することがあるなどが挙げら
れている。このような長所と短所を考慮に入れて，ニューラルネットワーク
の適用について考察すると，モデルの働き（流れ＝プロセス）を理解する
ときよりもモデルの結果が重要なときこの手法が有効であると考えられる。
なお，ニューラルネットワークに特化したデータサイエンスについては，
Bigus（1996）を参照されたい。

　最近注目を集めているディープラーニング（ディープニューラルネット
ワーク）はこれを基礎にしている。その違いは隠れ層の数であり，8層に
なっている。

　その上で，このアルゴリズムをベースにしている理由としては，変数の種
類を選ばないために，統計学的知識があまり必要ではないということも挙げ
られる。統計学においては変数の種類は手法選択の問題に影響する。つま
り，データの特性を理解していないと正しい統計的な手法を選択したことに
ならない，のである。それ故，このアルゴリズムはデータについての基本的
知識がない状態，もしくは統計的な知識があまりない状態でも利用可能であ
り，誰でも使えるのである。この点が，現在の人工知能にこのアルゴリズム
を基礎としている理由である，といえる。

III ルール算出（決定木）

　ニューラルネットワークに対する批判としては，それが「ブラックボックス」的であることである。つまり，そこで得られた予測の根拠を理解するのが困難であるからである。ルール算出は，このような問題を回避するための補完的な役割も果たす手法である。なお，詳しくは Berry & Linoff（1997）の第6章，Linoff & Berry（2011b），Tan, Steinbach & Kumar（2006）の pp.150-168, Tan, Steinbach & Kumar（2013），Wendler & Gröttrup（2016）の pp.917-939 を参照されたい。

　IBM SPSS Modeler には，2 種類のルール算出（ディシジョンツリー＝決定木）アルゴリズム，つまり C5.0 と C & R Tree（より一般的に CART）がある。その他，数多くのソフトで実装されている CHIAID 等がある。なお，CART については第 7 章で説明することにしよう。IBM SPSS Modeler では，図表 3-7 の各種決定木ノードを用いる。

　どちらもルール（規則）のディシジョンツリー（決定木）を生成し，結果（出力）フィールドとの関係に基づいて，データを個別のセグメント（部分）として記述していく。ディシジョンツリーの構造はルールの根拠をはっきりと示し，このためある特定の結果を導くまでの意思決定の過程を理解することができる。ここでは家を買うということについての決定木を挙げることにしよう（図表 5-2）。

　ルール算出の手法がニューラルネットワークよりも優れているもう 1 つの点は，意思決定に関して重要ではないフィールドを自動的に除去する点である。これに対してほとんどのニューラルネットワークにおいては，入力をすべて使用する。これを利用すると有用な情報を提供すると同時に，ニューラルネットワークへ入力するフィールド数を減らすこともできる。

　IBM SPSS Modeler のルール算出手法である C5.0 を使用すると，ルールを 2 つの形式で表示することができる。1 つは決定木（ディシジョンツリー）

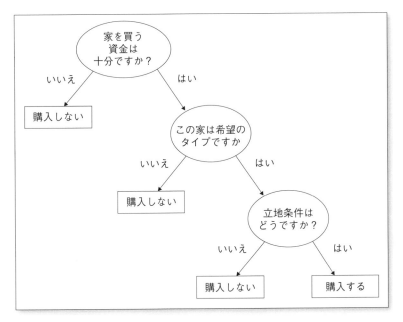

図表 5-2　決定木の概念図

（出所：SPSS 社トレーニングコース配布資料）

で，予測フィールドがデータをどのようにサブセットに分割しているのか視
覚化したい場合に便利である。ルールセットとして表現すると，決定木が，
結果を導く一連の「IF−THEN」ルールとして表示される。ある特定の入力
値のグループが結果のある値にどのように関係しているのかを理解したい場
合はルールセットが便利である。以上が決定木の説明であるが，簡単に長所
と短所に触れることにしよう（Berry & Linoff，1997）。

　この手法の長所としては，①理解可能なルールを作り出すことができる。
これは，ニューラルネットワークと比較してという意味もある。②多くの計
算を必要とせずに分類を行うことができる。③連続変数及びカテゴリー変数
の両方を用いることができる。④予測や分類においてどの変数が最も重要か
を明確に示すことができる，などが挙げられている。一方短所としては長所

に連続変数を用いることができるとしたが，決定木は連続変数の値の予測を目的とすることにはあまり適さないこと，等が挙げられている。

Ⅳ　クラスター化

　クラスター化手法は，似たような値もしくはパターンを持つデータレコードのグループを発見するのに使用される。なお，詳しくは，Kohonen（2001），Berry & Linoff（1997）の第4章及びLinoff & Berry（2011a），Tan, Steinbach & Kumar（2006）の第8章及びpp.594-599, Tan, Steinbach & Kumar（2013），Wendler & Gröttrup（2016）のpp.587-712を参照されたい。

　これらの手法は，マーケティング領域（特に，顧客のセグメント化）に用いられる。IBM SPSS Modelerには，Kohonenネットワーク，K－Meansクラスター，Two Stepクラスターの3種類のクラスター化手法がある。なお，K－Meansクラスター，Two Stepについては，第8章で説明することにしよう。IBM SPSS Modelerでは，図表3-9のノードを用いる。

　ここでは，Kohonenネットワークについて説明する。なお，詳しくはKohonen（2001）を参照されたい。Kohonenネットワークはニューラルネットワークの一種で，教師なし学習を行う。これは，入力フィールドのパターンに基づいてデータをクラスター化するのに使用される。Kohonenネットワークの基本的な考え方は似たような機能を持つパターンに基づいてクラスターを作成しているので，似たようなパターンがグループにまとめられていることである。通常，Kohonenネットワークは，人工ニューロンが1次元あるいは2次元に配列している。各ニューロンは各入力（入力フィールド）に接続し，これらの接続の一つ一つに重み（重要度）が設定されている。各ニューロンの重みは分析に使用されるフィールドのクラスターのプロファイルを表している。Kohonenネットワークには実際には出力層はないが，

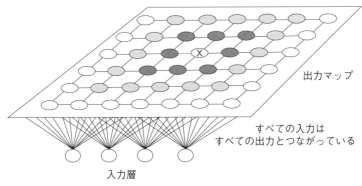

出力マップ

すべての入力は
すべての出力とつながっている

入力層

図表 5-3　Kohonen マップ（自己組織化マップ）の概念図
（出所：SPSS 社トレーニングコース配布資料）

Kohonen マップには，出力として考えることのできるニューロンが含まれ
る。Kohonen マップの出力グリッドの概略を示すと図表 5-3 になる。

　Kohonen マップ（自己組織化マップ）ではレコードがグリッドに与えら
れると，その入力のパターンがこのグリッド内の人工ニューロンの入力パ
ターンと比較される。この入力と最も似たパターンを持つ人工ニューロンが
この入力を勝ち取る，重視する。この結果，この人工ニューロンがこの新し
い入力のパターンにより近くなるように，重みが変化する。Kohonen ネッ
トワークは，入力を勝ち取ったパターンを持つ人工ニューロンの周りにある
ニューロンの重みをわずかに調整する。この結果，入力データのレコードの
位置に，最も似ているニューロンを動かし，またそれよりもわずかな量だが
その周りにあるニューロンも動く。データがネットワークを何度も通過する
と，データ内のさまざまなパターンに対応した，レコードのクラスターを含
むマップ（自己組織化マップ）が得られる。以上がクラスター化の説明であ
るが，簡単に長所と短所に触れることにしよう（Berry & Linoff, 1997）。

　この手法の長所としては，①探索的知識発見手法であるということであ
る。つまり，データの内部構造について事前の知識がない場合でも，この手
法が使えることである。②カテゴリーデータ，数値データ，テキストデータ

について有効であること。3）適用が簡単であることである。一方短所としては，初期パラメーターに対する感度が高いこと，結果のクラスターを解釈することができない場合があること，等が挙げられる。

　最近では，これらのアルゴリズムは Data Fusion（データ融合）に用いられている。そこでは，オープンソースのデータ（いわゆるビッグデータ）を特に，自己組織マップや K−Means 等を基に類似性からデータを融合するということが行われている（Veres & Eross, ed, 2017）。特に，ソースが異なるセンサーデータを統合，融合する手法が中心に議論されており，データを要約するということに用いられていることを注記しておくことにしよう。

V　アソシエーション

　アソシエーション・ルールはよく一緒に起こること（共起）をデータから発見しようとする。なお，詳しくは Berry & Linoff（1997）の第2章及び Linoff & Berry（2011b），Tan, Steinbach & Kumar（2006）の第6章，Tan, Steinbach & Kumar（2013）を参照されたい。それ故，アソシエーション・ルールの重要な役割はパターンを発見することである。発見されたルールは，ある特定の結果（結論）を1組の条件と関連付けを行う。結果フィールドは，規則によって異なるので，ユーザーはある特定の出力フィールドだけを重要視することはない。実際のところ，これらのアルゴリズムがルール算出よりも優れている点は，アソシエーション（連関）があらゆるフィールドの間に存在することである。アソシエーション・ルールに欠点が1つあるとすれば，パターンを探す対象となる空間が非常に大きい可能性があり，時間がかかる場合があることである。IBM SPSS Modeler には4つのアソシエーション・ルールを生成するアルゴリズムがあり，Apriori と GRI，Carma，シーケンスがある。シーケンスは時間軸を重視するような際に用いることになる。なお，詳しくは Tan, Steinbach & Kumar（2006）の

pp.429–441 を参照されたい。。

　なお，IBM SPSS Modeler では図表 3–8 のノードを用いる。これらのアル
ゴリズムのうち，代表的なのが Apriori であり，ここではこれについて説明
することにしよう。

　これらのアルゴリズムでは最初に極めて単純なルールから始める。その
後，これらのルールに，より厳密な条件が課せられていき，これらのルール
が複雑になる。最後に，最も興味深いルールが保存される。結果は次のよう
に 1 組のセットとして表示される。

　結果←前提条件 1 ＆前提条件 2 ＆前提条件 3 ————

　結果←前提条件 1（レコード（サンプル）数，サポート，確信度）

　以上がアソシエーションの説明である。このようなアソシエーションは
データサイエンスの代表的な事例であるマーケット・バスケット分析に用
いられる（Berry & Linoff，1997）。マーケット・バスケット分析とは，購買
データ（POS データ等）を基に顧客の買い物籠（マーケットバスケット）
にどのように商品が購入されているのか，を分析する手法である。なお，こ
れらについては第 9 章で説明する。それによって，商品の並び方，広くは
店舗設計や併売商品の決定などに用いる。なお，このような手法はレコメン
ドシステムの構築に用いられる。レコメンドシステムにおいては，その商品
を買った人が次にどのような商品を買っているのか，というデータを基に，
この商品を買った人に対して，その商品をレコメンド（推奨）する。このよ
うな事例として有名なのが，各種書店（紀伊国屋，アマゾンなど）やソフト
小売業（ソフマップなど）のレコメンドシステムである。マーケット・バス
ケット分析に関する議論から，この手法の長所と短所とを考察することにし
よう（Berry & Linoff，1997）。この手法の長所としては，①結果が明確に理
解できる。②探索的なデータサイエンスができる。などが挙げられる。一方
短所としては，①データの属性について限定的にしか扱えない。なお，この
方法はシンボル値しか扱えない。なお，マーケット・バスケット分析では，
第 4 章で示したように，購買されれば 1，購買されなければ 0 というフラグ

型（バイナリー）のデータを用いることになる。②適切なアイテム数（商品数）の決定が困難である。③まれにしか購買されない商品については説明できない，などが挙げられる。ただし，最後の短所についてはモデル構築において操作できるということのみ注記しておくことにしよう。

　以上がマイニングで用いられるアルゴリズム（モデリング手法）の概説である。最新の IBM SPSS Modeler では第3章で示したように数多くのアルゴリズムが装備されている。その上で本書のアルゴリズムは各モジュール（予測・判別，分類，パターン発見）に属している。

　アルゴリズムの説明を終える前に，データサイエンスで最もよく用いられるアルゴリズムについては，Wu & Kumar (2009) を取り上げることにしよう。そこでは，よく用いられるトップ10位のアルゴリズムを説明しており，以下の順位となっている。①決定木（C5.0）の前のバージョンであるC4.5，②本書でも挙げたクラスタリングアルゴリズムである K‐Means，③予測・判別に用いる SVM（サポート・ベクター・マシーン），なお，これには判別に用いる SVC（判別アルゴリズム）と予測に用いる SVR（回帰アルゴリズム）で構成されており，SPSS Modeler では実装されている。④本書でも取り上げたパターン発見に用いる Apriori，⑤ EM（類似性発見，パターン認識），⑥ウェブログの分析に用いる PageRank，⑦画像分析にも用いることのできる AdaBoost，⑧クラスタリングアルゴリズムである K-Nearest Neighbor，⑨ベイジアン的な統計学を基礎とする判別アルゴリズムであるNaiveBayes，⑩決定木の一種である CART（本書の表記では C & RTree）である。また，彼らはこれらのアルゴリズムについて詳しく説明している。

Ⅵ　モデルの比較（より良いモデル構築に向けて）：アルゴリズム選択

　以上で，主要なアルゴリズムを挙げてきた。予測モデリングにおいては，

ニューラルネットワークでのモデルと決定木でのモデルを比較し，よいほう
のモデルを実際のビジネスで用いるということが行われる。そこで，ここで
は，モデルの比較と選択の問題を説明することにしよう。なお，比較対象に
なるアルゴリズムについては分析ツールである図表3-9，10，11，12を参
照されたい。

1）オートメーションでのモデルの比較と自動選択

　前著では，各アルゴリズムをストリームに配置することで，モデルの比較
を行っていた。IBM SPSS Modeler では，一括でモデルの比較を行うことが
できる（図表3-9）。それを可能にするのがオートメーションのタブにある
ノードである（オートメーション）。この点はデータサイエンティストの1
つの課題である適切なアルゴリズムを選択することを自動的に行うことが可
能である。「自動分類ノード」はバイナリ・データを中心に離散型データの
予測・判別に用いることができる。「自動数値」は名のとおり，数値型デー
タの予測・判別に用いることができる。「自動クラスタリング」は，データ
の分類に用いることができ，第8章で提示するマーケット・セグメンテー
ションや第10章での「話題の分類」などに用いることができる。

　そこで，ここでは，第7章の顧客行動の予測というバイナリ・データの
予測・判別であるので，「自動分類」を例に挙げて説明することにしよう。
このノードは離散型データの予測・判別に用いることができる（**図表5-5**）。

　その上でこのノードをもう少し見てみると，この9つのアルゴリズムを用
いて予測・判別モデルを構築し，比較することが可能になるが，本書では，
ニューラルネットワークと決定木のモデルの比較を行う。その設定が図表5
-6である。

図表5-4　オートメーション
(出所：喜田，2019)

図表 5-5　自動分類

（出所：喜田，2019）

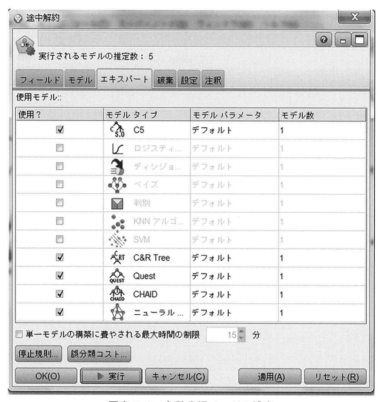

図表 5-6　自動分類ノードの設定

（出所：喜田，2019）

その結果はモデルパレットに表示される（図表 5-7）。

図表 5-7　作成された自動分類モデル

（出所：喜田，2019）

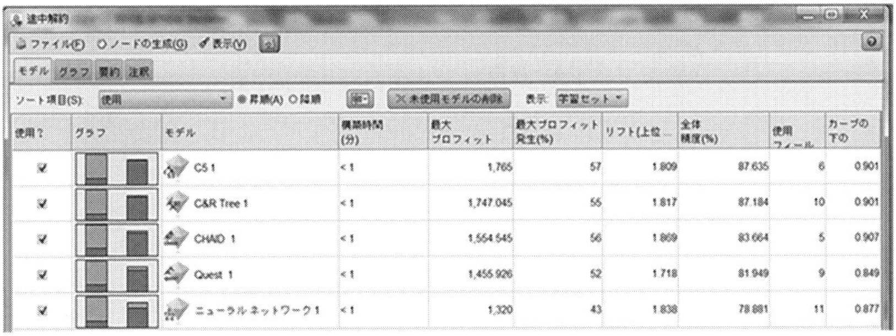

図表 5-8　乗換（途中解約）の自動分類の結果

（出所：喜田，2019）

使用?	グラフ	モデル	構築時間(分)	最大プロフィット	最大プロフィット発生(%)	リフト(上位)	全体精度(%)	使用フィール	カーブの下の
☑		C5 1	<1	1,765	57	1.809	87.635	6	0.901
☑		C&R Tree 1	<1	1,747.045	55	1.817	87.184	10	0.901
☑		CHAID 1	<1	1,554.545	56	1.869	83.664	5	0.907
☑		Quest 1	<1	1,455.926	52	1.718	81.949	9	0.849
☑		ニューラルネットワーク 1	<1	1,320	43	1.838	78.881	11	0.877

これをブラウズすると，図表 5-8 のように，全体の推定精度（ここでは全体精度）順に，各モデルの比較を明らかにすることができる。

図表 5-8 より，C5.0，C & RTree，CHAID，QUEST，ニューラルネットワークの順で推定精度が高いことが分かる。

その上で，本章でのこの事例では，C5.1 を用いるべきであることが分かる。

そして，このような作業はもちろん前著と同様に，付録で示すようにモデルを並置させた上で評価分析及び評価グラフによってもモデル，有効なアルゴリズムの比較を行うことができる。

2）精度分析ノードによる比較

精度分析ノードは，生成されたモデルの予測値と実測値がどの程度適合しているのかを評価するのに用いられる（図表 5-9）。また，別のモデルの予測フィールドと比較することもできる。

図表 5-9 の中の $N-RISK はニューラルネットワーク，$C-RISK は

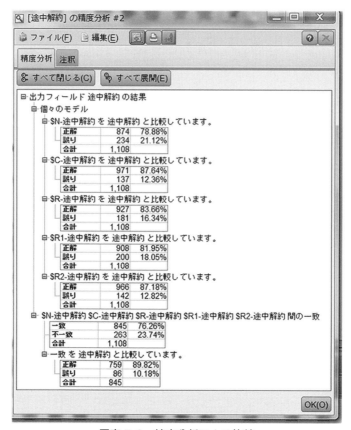

図表 5-9　精度分析による比較

（出所：喜田，2019）

C5.0，$R-RISK は CHAID $R1-RISK は QUEST，$R2-RISK は C & RTree
で作成されたモデルを示している。

■そこで推定精度の高い順は前述の図表 5-8 と同様である。

■ニューラルネットワークと，それ以外のモデルの一致度は 76％である。

■一致しているモデルの推定制度が 89％である。

■この結果から，決定木によるモデルのほうが高い推定制度であるという
　ことができる。

　この点を評価グラフで見てみることにしよう。

3）評価グラフによるモデルの比較

　評価グラフを使用すると，異なるモデルの精度を容易に比較することができる（図表 5-10）。

　このグラフにおいては，前述したように，上のほうにあるほど，もしくは傾きが大きいほど精度が高いモデルとして評価される。そこで，ニューラルネットワークによる予測値（$N-RISK)，決定木による予測値（$C-RISK 等）を見てみると，一般的に決定木による予測のほうが高い精度であることが分かる。それ故，このデータでのデータサイエンスでは，決定木による予測モデルを用いるほうが有効であると考えられるのである。

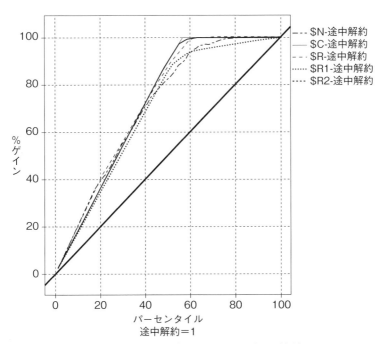

図表 5-10　評価グラフによるモデルの比較

（出所：喜田，2019）

その上でそのモデルを用いて途中解約する顧客の ID を自動的に提示することができる。

なお，これについては第7章で自動化のストリームとダッシュボードの例を提示することにしよう。

 ## アルゴリズム選択の自動化とデータ入力の自動化による学習の推進

本書では，IBM SPSS Modeler の最大の特徴であるデータ分析業務の自動化を念頭に置いている。特にデータ入力・作成の自動化と適切なアルゴリズムの選択を自動化することである。これと特に関係するのがオートメーション（モデルの自動作成）である。なお，データ作成の自動化については，第4章での自動データ準備（ADP）とデータプリペアレーションツールを参照されたい。この2つを組み合わせることによって，業務特化型 AI の学習を推進することが可能になる。

そこで，ここでは，オートメーション（モデルの自動作成）について説明することにしよう。自動化モデルノードは多くの異なるモデル作成ノードを推定及び比較し，単一のモデル作成の実行でさまざまな方法を試用できる。使用するモデル作成アルゴリズム，相互排他的な組み合わせを含む，それぞれ特定のオプションを選択できる。例えば，ニューラル ネットワークに高速方法，動的方法，剪定方法の中から1つ選ぶのではなく，そのすべてを試行できる。ノードは，オプションの可能なすべての組み合わせを検証し，指定する指標に基づいて候補モデルをランク付け，スコアリングまたは詳細分析の枝葉に最適なモデルを保存する。分析の必要性に応じて，3種類の自動化モデル作成ノードから選択できる（図表3-9）。

自動分類ノードは，名義型（セット型）または2値（バイナリ・データ，yes/no）を従属変数（目的変数）とするモデルを推定及び比較し，単一のモデル作成・実行でさまざまな方法を試用することができる。使用するアルゴ

リズムを選択し，複数の組み合わせのオプションを検証することができる。例えば，ニューラル ネットワークに高速方法，動的方法，剪定方法の中から１つ選ぶのではなく，そのすべてを試行できる。

　自動数値ノードでは，数値を従属変数とするモデルを推定し比較する。このノードは，自動分類ノードと同じ方法で動作し，１回のモデル作成のパスで，複数の組み合わせのオプションを使用し試すアルゴリズムを選択することができる。使用できるアルゴリズムには，ニューラル ネットワーク，C & R Tree，CHAID，線型回帰，一般化線型回帰，サポート ベクトル マシン（SVM）が含まれている。

　自動クラスタノードは，同様の特性を持つレコードのグループを識別するクラスタリングモデルを推定し，比較する。ノードは他の自動化モデル作成ノードと同じように動作し，複数の組み合わせのオプションを単一のモデル作成の実行で検証できる。モデルは，クラスタモデルの有用性をフィルタリング及びランク付けする基本的な指標を使用して比較し，特定のフィールドの重要度に基づいて指標を提供する。

　クラスタリングモデルは，第５章で示したとおり，データの前処置の機能を持っている。後続の分析で入力として使用できるグループを識別するために使用される。例えば，収入など人口統計的な特性に基づいて，または過去に購入したサービスに基づいて顧客のグループを対象に設定する場合がある。検出するグループ数，グループの定義に使用する機能が分からない場合があるため，グループ及びそれらの特性に関する以前の情報を使用せずに実行することができる。対象フィールドを使用せず，真または偽として評価できる特定の予測を返さないため，クラスタリングモデルは，非監視（＝教師なし）学習モデルとも呼ばれる。クラスタリングモデルの価値は，データのグループ構成を把握し，それらのグループについて役に立つ説明を提供できるかどうかで決まる。

　このように自動モデルの作成で重要なのは，従属変数の種類を確認していることであり，本章で説明するアルゴリズムの選択をより簡単にすることが

できる。また，このノードは，アルゴリズム選択で重要なモデルの比較を容易にできることも重要である。

第 6 章から第 8 章ではこれらを用いて，データ分析業務の自動化を進め，経営層，経営企画，業務部門等のダッシュボードに表示されるであろうデータ例を示すことにしよう。

このような方法で自動的にアルゴリズムを選択し，混合したモデル構築が行うことができる。次に経営課題とアルゴリズムの関係について説明することにしよう。

 ## 代表的なアルゴリズムと経営課題の関係

このようにデータ構造（予測する変数の種類）などから自動的にアルゴリズムの選択を行うことができる。しかし，データサイエンティストにとってより重要なのは，それ以上に経営課題との関係で適切なアルゴリズムを選択することができることである。そこで，最後に，これらのアルゴリズムと経営課題及び経営手法との関係も明示することにしよう。

なお，オートメーション（モデルの自動作成）との関係で付け加えておくことにしよう。

図表 5-11 でのニューラルネットワークと決定木としているところは自動分類を用いることができる。なお，需要予測のような数値データは自動数値も用いることになる。Kohonen ネットワークのところは自動クラスタリングを用いることになる。その上で Aprior についてはこれ自体が自動化のアルゴリズムであるために特に自動化の議論には含まれていない。次に，業界別の利用は，図表 5-12 のように整理することができる。

経営課題	部門（バリューチェーン）	アルゴリズム
サプライチェーンの最適化（仕入れ先の選定）	購買部門 経営企画	・ニューラルネットワーク ・決定木
解約者及び離反者の予測	販売部門 マーケティング部門	・ニューラルネットワーク ・決定木
不良債権者の予測	販売部門 マーケティング部門 経営企画	・ニューラルネットワーク ・決定木
DM 及びキャンペーンに反応する人の予測	販売部門 マーケティング部門	・ニューラルネットワーク ・決定木
顧客の不満の解決	販売部門 マーケティング部門	・ニューラルネットワーク ・決定木
戦略重点の予測；戦略仮説の構築	経営企画	・ニューラルネットワーク ・決定木
他社行動の予測	経営企画	・ニューラルネットワーク ・決定木
全体的な需要予測	経営企画 経理部門	・ニューラルネットワーク ・決定木
優秀なセールスマンを予測：人事評価	人事部	・ニューラルネットワーク ・決定木
効率的な採用計画	人事部	・ニューラルネットワーク ・決定木
従業員のクラスター化 企業文化の理解	人事部	・Kohonen ネットワーク
顧客セグメンテーション	販売部門 マーケティング部門	・Kohonen ネットワーク
マーケット・バスケット分析	販売部門 マーケティング部門	・Apriori
併売活動，レコメントサービス	販売部門 マーケティング部門	・Apriori
店舗設計	販売部門 マーケティング部門	・Apriori
効率的な在庫管理 受発注システムの構築	経営企画，販売部門 経理部	・ニューラルネットワーク ・決定木
新商品開発 新店舗設置	経営企画 販売部門	・ニューラルネットワーク ・決定木

図表 5-11　経営課題，部門（バリューチェーン）とアルゴリズムの関係

（出所：喜田，2019 加筆修正）

　図表 5-11，12 は，どのような経営課題，業界にどのように用いているのか，を挙げており，実務でのデータサイエンスの活用の指針となると考えられる。そこで，最後に，ここまでの議論を要約するのに必要な**フレーム化**に

業　界	適用領域（課題）	機　能
金融	株価予測 倒産予測 利率予測, 滞納者探知 不正検出 不良債権予測 信用評価 ポートフォリオマネジメント リスク分類（割り当て） 金融顧客分類 社債レーティング	予測 予測及び探知
通信業界	チャーン・マネジメント 不正探知	予測及び探知
販売流通	マーケット・セグメンテーション 併売活動 レコメンデーション	分類 アソシエーション
ウェブ	ユーザーの共通性分析	分類
その他	保険不正検出 保険申請予測 ソフトウェア支出予測 訴訟評価	予測及び探知

図表 5-12　業界別利用法

(出所：Olson & Yong, 2007, p.57, 図表 4-3 加筆修正)

ついて検討しておきたい。

おわりに：フレーム化（課題発見→データ選択→アルゴリズムの選択）

　ここでは，データサイエンスに用いられるアルゴリズム（モデル構築方法）について説明してきた。ニューラルネットワーク，決定木，クラスタリング手法，アソシエーションである。そして，最後に，経営課題との関係を見てきた。このように見てみると，データサイエンスには，3 つの機能があることが分かる。第 1 は，予測である。第 2 は，分類であり，最後が，関連付け；パターン発見である。これら機能を用いて，経営課題を解決することになる。最後にビジネス・データサイエンスに必要なフレーム化について

説明することにしよう。

　フレーム化とは**課題発見→データ選択→アルゴリズムの選択という流れを決めること**であり，本書のここまでの流れと合致する（図表5-13）。また，フレーム化には2つの次元がある。1つは経営課題を発見し，データ選択をし，分析用データを作成し，モデリングを行うという形である。つまり，より一般的なフレーム化の議論である。もう1つは，経営課題をデータサイエンスの機能及びアルゴリズムで細分化を中心とするものである。前者は，経営課題から手法選択の経路を取るのに対して，後者は，どちらかというと

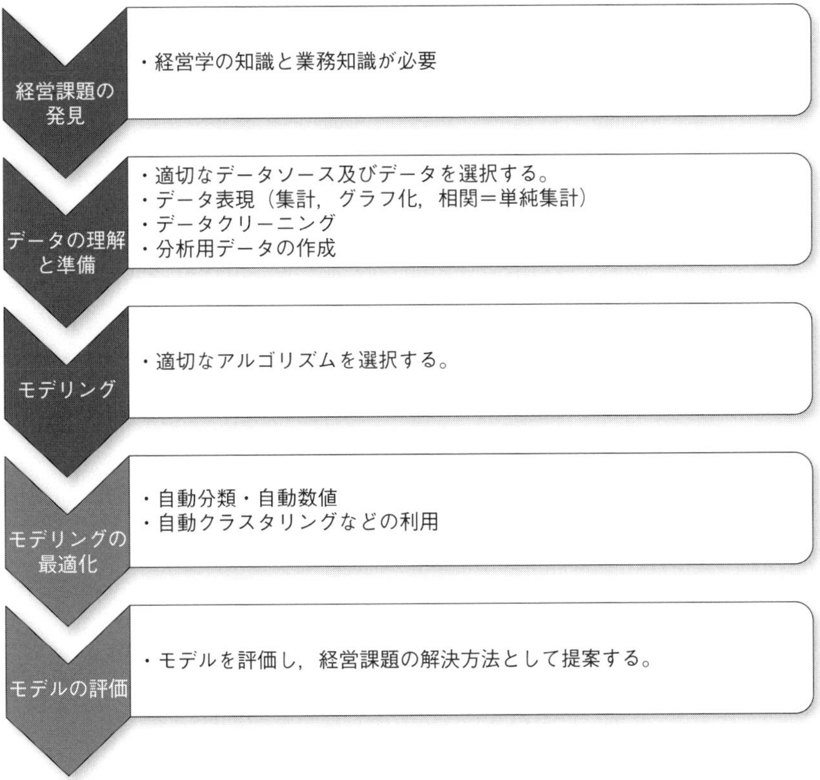

経営課題の発見	・経営学の知識と業務知識が必要
データの理解と準備	・適切なデータソース及びデータを選択する。 ・データ表現（集計，グラフ化，相関＝単純集計） ・データクリーニング ・分析用データの作成
モデリング	・適切なアルゴリズムを選択する。
モデリングの最適化	・自動分類・自動数値 ・自動クラスタリングなどの利用
モデルの評価	・モデルを評価し，経営課題の解決方法として提案する。

図表5-13　フレーム化と本書の流れ

手法から経営課題へのアプローチといえる。

　このフレーム化が最近注目されているデータ分析業務の自動化及び業務特化型 AI を自作し，分析サーバーを構築することと大きく関連する（Taddy, 2019）。データサイエンティストの本来の業務とは，自動化できる以外の段階であり，つまり，課題発見が中心になると考えられる。なぜなら，前述したように，データの選択及びアルゴリズムの選択も自動的に行えるからである。

図表 5-14　経営課題の細分化

　第2章で経営学の知識を持ち，業務知識を基に経営課題を発見したとしても現在のモデリング手法に手に余るような経営課題が数多くある。それ故，図表 5-14 で示すように，各部門，バリューチェーンごとに経営課題を細分化する必要がある。その上で，データサイエンスの機能と関連付けることになる。そのことで，ある経営課題がデータサイエンスで解決可能になるのである。例えば，ある企業が自社のポジション（業界地位）の上昇及び確立を経営課題として挙げたとしよう。そこでの経営課題の細分化は図表 5-15 にまとめられる。

　図表 5-15 の右側にあるマーケティングの効果を上げる，需要予測の精度を上げる，ターゲティングの効率化，チャーン・マネジメント，効率的な店舗設計などはすでに事例があり，それぞれの企業で効果が上げられているのである。以降の章では，その事例について，事例の理論的根拠（経営学，マーケティングの知識），分析用データ作成，アルゴリズムの選択，分析結

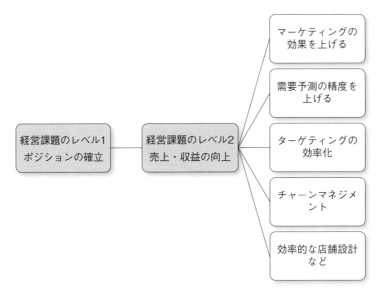

図表 5-15　ポジションの確立という経営課題を細分化する

　果の提示，自動化に向けて，という点などについて説明することにしよう。
第 6 章ではリスクマネジメントから信用リスクについて説明する。第 7 章
では，顧客行動の理解ということで，需要予測と顧客関係管理に関係する
チャーン・マネジメント，第 8 章では効率的なターゲティングということで
マーケット・セグメンテーションについて説明する。最後の効率的な店舗設
計については，第 9 章で店舗設計の基礎となるマーケット・バスケット分
析について説明することにしよう。なお，アルゴリズムとの関係で言うと，
第 6 章はニューラルネットワークと自動分類を，第 7 章では，需要予測で
は自動数値とチャーン・マネジメントでは決定木を，第 8 章では **Kohonen
ネットワーク**（自己組織化マップ）と自動クラスタリングを，第 9 章では，
Apriori との関係で説明することにしよう。なお，本書では，喜田（2018）
と異なり，各分析プロセスの自動化を説明することにしよう。そして，この
点がビジネス・データサイエンスなのであるということを注記しておくこと

にしよう。

▌注

1　各種ユーザーガイド，トレーニングコースのテキスト及び Wendler & Gröttrup（2016）
　　などを参考とした。

第**6**章
リスクマネジメントに使う

はじめに

　取引関係及びビジネス・システムにおいてデータサイエンスが生かせる領域としては古くからあるリスクマネジメント（リスクアセスメント）が代表的である。そこで，本章では金融機関での与信管理を中心に検討することにしよう。

　そして，最後にビジネス・システムに新たな視点を提示すると考えられるマーケットデザインの可能性を示唆することにしよう。

I　リスクマネジメント

　企業が一般的に言うリスクには次の3種類がある（李，2019）。1) 市場リスク，2) 信用リスク，3) オペレーションリスクである。

　1) の市場リスクは企業が多様な市場と接していることを考えれば理解できる。まず，第1は，資金調達運用などで接する金融市場（株式市場および債券市場など）である。第2は，雇用に関しての労働市場である。第3は，原材料などを仕入れる商品市場である。これは取引関係と直結する。第4は，自社の製品を販売する顧客の市場である。これらの市場でのリスクを評価し，対処する必要があることは言うまでもない。

　その上で李（2019）では，1) の市場リスクには，金利リスク，為替リス

ク，株式リスク，コモディティー（商品市場）リスク，そのほかリスクが企業の資産価値に影響するとしている。

　2）の信用リスクは取引における信用（与信管理）と直結する。1つは取引先の倒産などのデフォルトリスクである。これは，本章での与信管理の枠組みと同様である。もう1つはカントリーリスクによる取引の停止などが起こることである。

　3）のオペレーションリスクには通常業務での事故，災害などのリスクがこれに含まれる。昨今だと情報システムのダウンなどが重要視されてきている。これらに対処するのがリスクマネジメントである。

　リスク管理は，保険や投資に関連したリスクだけではなく，競争相手による脅威，製品品質の低下，あるいは**顧客の離反（チャーン）**などから生じる，幅広いビジネス上のリスクを含んでいる。リスクは，保険業において特に重要であり，データマイニング（データサイエンス）は，保険契約者の資産や傷害の損失を予測するのに極めて適している。そのような予測は，通常保険業者を支援するルールの基準となり，損失の危険度をもっと正確に把握できれば，保険契約の改善が可能になる。小売業では，ある特定の製品が競争相手の製品に比べてどれだけ劣るか，顧客の購入パターンの変化を把握するのに用いている。

　銀行業での典型的な例は，第6章で提示する融資申し込み処理に際して，与信限度枠（リスク判定）を設定する領域である。また，保険業界及び金融業界では，不正検出の領域で用いている。

　リスク管理特有の適応領域について説明してきたが，マーケティング管理とリスク管理の接点にあり，次に説明する領域と特に関連するのが，第7章で説明する顧客の離反（チャーン＝churn）である。チャーンとは，顧客を失うことであり，特に競争相手に奪われていくことを意味する。チャーンは競争が激化している市場でますます増えつつある問題である。データマイニングの活用によって，最初は通信業で，金融業，小売業などにおいて，顧客離反（チャーン）の可能性を予測している。一般的な方法は，第7章で

提示するように，「浮気な」顧客（つまり，競争相手に鞍替えする可能性のある）のモデル（顧客リスト）を作成することである。例えば，携帯電話のキャリアを変更（ドコモから，ソフトバンクなどへ）するような顧客を予測する，などが挙げられる。

　このような顧客離反という経営課題から特に注目されるようになり，マーケティング管理とリスク管理の両方の側面を持っているのが，顧客関係管理である。

　リスクマネジメント（英語：risk management）とは，リスクを組織的に管理（マネジメント）し，損失などの回避または低減を図るプロセスをいう。リスクマネジメントは，主にリスクアセスメントとリスク対応とから成る（JIS Q 31000「リスクマネジメント―原則及び指針」による）。さらに，リスクアセスメントは，リスク特定，リスク分析，リスク評価から成る。そして，本書で注目するのは，リスクアセスメントである。なぜなら，データサイエンスによって，リスクを分析・評価することが最大の活用法であるからである。

　そこで，本書が中心とするデータサイエンスが生かせるのがリスクアセスメント（リスクの評価）である。そして，企業が直面するリスクによって必要となるデータの種類とデータソースが異なることは言うまでもない。第3章で企業がデータサイエンスに用いることができるかもしれないデータとデータソースを経営課題別に整理した。この整理は，ここでいう市場リスクを中心としているかもしれない。市場リスクという点でいうと，一般的に需要予測の事例がこれに当たる。本章では取引関係（広くはビジネス・システム）に注目するので，需要予測については次章で顧客行動の理解ということで取り上げることにしよう。

Ⅱ　経営戦略論から見た金融機関：顧客の個別化

　前章で説明したように，データマイニング（データサイエンス）を活用する業界として最も導入が進み，多くの活用事例を持っているのが金融業界である。なお，この点については，図表5-10を参照されたい。

　金融機関（特に，銀行）では，金融市場（株式市場，外国為替市場，債券市場など）の予測にのみならず，何が顧客に購買動機を持たせるのか，また，何が顧客関係管理に影響するのか，を把握するのにデータマイニングを活用してきた。なお，ニューラルネットワークを用いた金融市場の予測については，月本（1999）を参照されたい。

　ここでいう金融機関には欧米が中心であり，日本の金融機関はほとんどない。欧米の金融機関では，リーテルバンキング（顧客の個別化）を中心とする金融商品の開発を主とするという背景がある。

　このような点は，第1章で説明した経営戦略論での競争戦略の違いを理解する必要がある。代表的な競争戦略の種類には3種類がある（Porter, 1985）。コストリーダーシップ戦略，差別化戦略，集中戦略である。

- ■**コストリーダーシップ戦略**とは，競合他社より低いコストを実現することで，より優位な立場を獲得している状態，あるいはそのための戦略である。
- ■**差別化戦略**とは，競争業者に比べて，買い手に対して価格以上の価値を提供する経営戦略である。基本機能は同じであっても，斬新なデザイン，ブランドイメージ，広告などによって，その製品・サービスなど，価値活動の一部が優れているということを強調する。
- ■**集中戦略**とは，ある特定の商品，セグメントに経営資源を集中し，参入障壁を利用した独占的な地位を確立する戦略である。

　この3つの競争戦略からみると，欧米の金融機関は差別化戦略を中心としている，一方で日本の金融機関はコストリーダーシップ戦略を中心とし，

シェアの拡大を目指す傾向がある。なぜなら，金融機関は初期投資，例え
ば，店舗設置などのコスト，などが大きく，預金量の増大（シェア拡大）
がコストを低減させるという規模の経済が働きやすいからである（蝋山,
1982)。

　このような競争戦略上の違いは，顧客に対する考え方においても違いを生
み出し，欧米の金融機関は顧客の個別化，個別対応をすることを中心とし，
日本の金融機関は顧客の違いをサービスに反映させないという傾向を生んで
いると考えられる。例えば，日本の金融機関では，誰が借りても金利は同じ
である。しかし，欧米の金融機関では，顧客を分類したり，与信限度枠を
設定したりすることで，顧客別に金利が設定されるということである。そし
て，このような顧客別の商品開発の基礎にデータマイニング（データサイエ
ンス）が用いられており，その結果が各銀行・金融機関の戦略上，商品上，
サービス上の特徴を生み出しているといえる。

　この点は，自社，業界の経営戦略上の特徴を把握することが人工知能の議
論で言われるドメイン構造の一部として重視され，データサイエンスを行う
上での前提条件になるということを示していると考えられる。

　ただし，このような戦略には1つの課題がある。それは，リーマンショッ
クに始まるサブプライムローン問題をみれば明らかである。Redman (2008)
では，サブプライムローン問題は金融機関でのデータの質が悪いことが原因
であるとし，**データマネジメント**（データの質の確保）が重要であることを
示唆し，その上でデータマイニングが行われるべきであるとしている。この
ようなデータマイニングに関する問題点もあるが，金融機関にとってより重
要な点は「貸してよい人（優良な債務者＝リスクの低い債務者)」，「貸して
悪い人（不良債務者＝リスクの高い債務者)」を予測・判別することである
といえる[1]。つまり，金融機関が顧客の個別化（リスクの程度によって与信
枠（借入金額や金利を設定する等）を軸とする戦略を重視するのであれば，
次の節で説明するような方法が必ず必要になるのである。そこで，以下で
は，本書では，金融機関での不良債権者の予測をしてみることにしよう。

Ⅲ　与信管理をする：リスクアセスメント

　ここでは，金融機関でのデータを用いて不良債権者（貸し倒れリスクの高い人）をニューラルネットワークを用いて予測する。なお，ここで用いたストリームは付録を参照されたい。そのために用いるのが，第4章で提示したようなデータである（図表6-1）。ここには，年齢などの顧客属性に関するデータとリスク推定に関するデータが含まれている。

　図表6-1のようなデータを基に，ニューラルネットワークを用いて，不良債権者を予測することになる。IBM SPSS Modelerでは，ニューラルネットワークモデルを構築するにはニューラルネットワークノードを用いる。な

ID	年齢	年収	性別	持ち家	他債務	婚姻状況	貯金	RISK
100756	44	59944	男性	有	0	既婚	1	LOW
100668	35	59692	男性	有	0	既婚	1	HIGH
100416	34	59463	男性	有	1	既婚	1	HIGH
100590	39	59393	女性	有	0	既婚	1	LOW
100702	42	59201	男性	有	0	既婚	1	LOW
100319	31	59193	女性	有	1	既婚	1	LOW
100666	28	59179	男性	有	1	既婚	1	HIGH
100389	30	59036	男性	有	1	既婚	1	LOW
100758	38	58914	男性	有	1	既婚	1	MID
100695	36	58878	女性	有	0	既婚	1	MID
100769	44	58529	男性	有	0	既婚	1	HIGH
100414	34	58026	男性	有	0	既婚	1	LOW
100354	32	57718	男性	有	1	既婚	1	MID
100567	38	57683	女性	有	1	既婚	1	HIGH
100728	28	57623	男性	有	1	既婚	1	HIGH
100665	41	57520	女性	有	0	既婚	1	HIGH
100730	43	57388	女性	有	0	既婚	1	HIGH
100412	34	56891	男性	有	0	既婚	1	MID
100374	33	56849	男性	有	1	既婚	1	LOW
100566	38	56590	男性	有	0	既婚	1	HIGH
100421	34	56486	男性	有	1	既婚	1	MID
100670	41	56470	男性	有	0	既婚	1	HIGH
100379	33	56087	男性	有	1	既婚	1	MID

図表6-1　金融リスクの予測に必要なデータ

（出所：喜田，2010）

お，ここでは，デフォルトのアルゴリズムの設定を使用する。つまり，IBM
SPSS Modeler においては，モデル構築のためにオプションが用意されてお
り，その時々でアルゴリズムの設定を変更することになる[2]。なお，この点
については，ほかのアルゴリズムも同様である。ニューラルネットワーク
ノードはモデル作成パレットにある（図表 3-8）。

　このノードを用いる要件があり，その要件としては，変数の種類に特に制
限はなく，数値型（定量的変数），シンボル値型（性別など定性的な変数），
またはフラグ型（0.1）の入出力を処理できる。ニューラルネットワークノー
ドには，方向が入力のフィールド（独立変数）と出力のフィールド（従属変
数）がそれぞれ 1 以上必要である。今回はリスクに関する予測を行っている
ので，リスクのフィールドの方向を入力から出力に変える。その結果，図表
6-2 のような編集画面になる。なお，モデル作成に用いない，もしくは関係
のない顧客番号（ID）などはなしに変更する。この点は，決定木，クラス
ター化，アソシエーション等のアルゴリズムでも同様である。

図表 6-2　モデル構築のためのデータ型の編集

（出所：喜田，2019）

図表6-3　学習されたニューラルネットワーク
(出所：喜田，2019)

モデル要約

対象	RISK
モデル	多層パーセプトロン
使用される停止規則	誤差を小さくすることができません
隠れ層1ニューロン	3

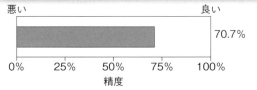

図表6-4　金融リスクの予測モデル
(出所：喜田，2019)

　その結果，図表6-3で示されるニューラルネットワークが作成される。

　次に，この学習されたニューラルネットワークの内容を確認する（図表6-3)。そのモデルの上で右クリックすると，図表6-4のような画面で出てくる。このポップアップメニューの中で，ブラウズをクリックするとこのモデルの内容を確認することができる。なお，この方法は次のⅣ節に説明する決定木でも同様である。

　このように学習されたニューラルネットワークは，金融リスクの予測モデルとして用いることができる。そこで，ブラウズすると，モデルの要約を得ることができる。

　モデルの要約では，対象，モデル，推定制度などを得ることができる。推

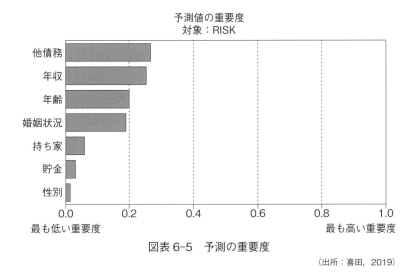

予測値の重要度
対象：RISK

図表 6-5　予測の重要度

（出所：喜田，2019）

定精度とは，これは正確に予測されたデータセットの割合を示している。70.7％での精度で予測されていることが分かる。

　そこで，このモデルの内容を詳しく見るには，下のタブをクリックすると，入力（独立変数）のどれが重要かを示す図表が示される（図表 6-5）。重要度の値は，0.0 から 1.0 の範囲の値をとる。

　この分析結果では，他債務，年収，年齢，結婚しているかどうか（婚姻状況）の順に重要であるということが分かる（図表 6-5）。その結果を基に金融リスクを予測し，顧客別もしくは金融リスクのセグメント別（HIGH．MID，LOW）に与信限度枠や金利を設定することが可能になる。例えば，HIGH と予測されていれば，与信限度枠は低く設定し，金利を高くするなどである。反対に LOW と予測されていれば与信限度枠は高く設定し，金利を低くするなどである。このような顧客ごとでの細かいサービス展開によって，各金融機関がより顧客関係を重視したビジネスが可能になるのである。

　本章では，ニューラルネットワークを用いて，予測を行うことを説明してきた。そこでは，代表的な事例である金融機関の不良債権者の予測，つま

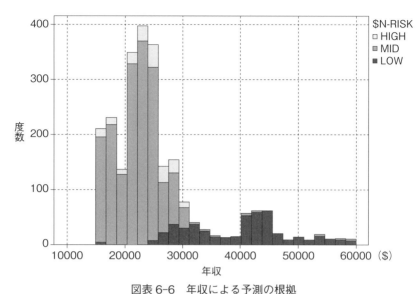

図表6-6　年収による予測の根拠

（出所：喜田, 2019）

り，与信限度枠の設定についての事例を見てきた。その背景として，金融機
関の顧客の個別化があることについても触れた。

　最後に，ニューラルネットワークの問題点を挙げると，その予測の根拠が
明確でないことであり，そこで，予測の根拠を明らかにする方法は，重要で
あるとされる年収とリスクの関係を示すグラフを作成することにしよう。そ
の結果が図表6-6である。

　このように，高リスクとして予測しているのが低年収であることが分か
る。

　次章では，予測を行うことができるもう1つのアルゴリズムである決定
木を用いることについて説明することにしよう。なぜなら，ここで言う予測
の根拠が明確になるからである。

IV　金融リスクの自動化とダッシュボード例

　その上で自動分類を用いてアルゴリズムの選択の可否を確認することになる。自動分類ノードを用いた結果が図表 6-7 である。その結果，このデータであると C.5.1，つまり，決定木を用いるほうがよいという結果を得ている。なおモデルの比較及びアルゴリズムの選択については，第 5 章を参照されたい。

図表 6-7　自動分類を用いて

　金融リスクの自動化とダッシュボード例を挙げることにしよう。IBM SPSS Modeler で下記のようなストリームを構築し，データ入力を自動化すればリスクの低い債権者を予測することが自動化され，ダッシュボードに示される（図表 6-9）。ダッシュボードには，図表 6-8 で示されるようなテーブルが考えられる。なお，推定精度順に並び変えてあり，この上位を優先的に資金提供することになる。ここでは，リスクの低い債権者に絞ったが，もちろんリスクの高い債権者に絞ることも可能であることを示唆しておくことにしよう。なお，データ入力が自動化されることでデータサイエンティストの仕事の 1 つとされてきた適切なアルゴリズムを選択するということも自動化され，常に適切なアルゴリズムを選択してくれる。この点はデータ構造や基本的な統計学の知識がなくても分析が可能になることを示している。し

かもデータ入力の自動化はニューラルネットワークや決定木の学習を進め，より精度の高いモデルを構築することができる。この点は各経営課題に対しての効果を高めるのである。

図表6-8　金融リスクの自動化のためのストリーム

ID		自動分類の予測 -RISK	自動分類の予測精度 -RISK
100211		LOW	0.721
100098		LOW	0.721
100096		LOW	0.721
100088		LOW	0.721
100087		LOW	0.721
100083		LOW	0.721
100073		LOW	0.721
100054		LOW	0.721
100027		LOW	0.721
100026		LOW	0.721
100024		LOW	0.721
100262		LOW	0.672
100246		LOW	0.672
100236		LOW	0.672

図表6-9　金融リスクのダッシュボード例

図表 6-9 は，金融リスクの低い顧客リストが自動的に作成される。それをもとに融資枠設定や顧客分類などが行えるのである。

おわりに：リスクマネジメント及びビジネス・システム研究と人工知能の接点

本章では，通常の金融機関でのリスクマネジメントについて説明してきた。リスクを幅広く定義すると，顧客行動を理解することがより重要であることが分かる。次章では，顧客行動に関するリスクとして顧客離反に注目して議論することにしよう。そしてこの顧客離反の予測が需要予測の研究の基盤となることは言うまでもない。

このようにアルゴリズムを用いるリスクマネジメントはデータ収集が自動化できればすべてのプロセスを自動化することができる。ビジネス・システムでは，ここで挙げた与信管理を進め，企業間協働関係を維持することになる。そこでのデータ活用の自動化が最も明確にできるのが経済学でのマーケットデザインの議論である。

マーケットデザインは，経済学でのゲーム理論を基礎にし，オークションなどで用いられるマッチングセオリーなどが中心となる。マーケットデザインとは，経済学・ゲーム理論やコンピューターサイエンスの知見を生かしてより良い市場・社会制度を理論的に見つけ，現実の社会制度の設計を行う実践的な研究分野である（Haeringer, 2018 等）。ここでのコンピューターサイエンスの知識の基礎になっているのが Athey & Imbens（2019）である。そこでは，経済学者が学ぶべき人工知能の知識について検討している。

このような視点をビジネス・システムの構築，より効果のあるリスクマネジメントに生かすことができると考えている。例えば自社が 1 つの取引先と取引（マーケット）を構築する場合と 1 つの取引先の自社を含めて複数の競合他社での取引構造では用いるアルゴリズムが異なる。前者の場合は 1 対 1 を示すアルゴリズムを用いることになり，後者の場合は多対 1 のアルゴリズムを用いることになる。より一般的に多対多としてもとらえることが可能である。なお，これらのアルゴリズムについては Haeringer（2018）の

第9章を参照されたい。

　このように，現在経済学領域で人工知能もしくはコンピューターサイエンスを用いてビジネス・システムに対して新たな視点を提供すると考えられるゲーム理論の応用であるマーケットデザインという領域が発展してきており，複数のノーベル賞受賞者を生んでいる。そして，これらの議論はIT企業を中心にビジネスへの応用も始まっていることを指摘しておくことにしよう。

　次章では，顧客行動に関するリスクとして顧客離反に注目して議論することにしよう。そしてこの顧客離反の予測が需要予測の研究の基盤となることは言うまでもない。それ故，次章では，まず需要予測について説明した後，顧客離反について説明することにしよう。

▌注

1　消費者金融業に対する規制（改正貸金業法）が強化されたことも，この一部の流れではないか，と考えられる。具体的には年収による総量規制などである。
2　各種ユーザーガイド，トレーニングコースのテキスト及びWendler & Gröttrup (2016)を参照されたい。

顧客行動を理解し，予測する：需要予測とチャーン・マネジメント

はじめに

　本章では，顧客行動を理解することと予測することに注目し，そこでのデータサイエンスの事例を挙げることにしよう。まず，顧客行動の理解の基礎となる需要予測について説明する。次に，本章で中心とする決定木はその名にもあるようにある**顧客の意思決定**のプロセスを示す点から，消費者行動論のモデルとの関連を示唆する。次に，経営課題であるダイレクトメールに反応する顧客の予測について説明する。

　その後，決定木などの予測モデルで代表的な**乗換：途中解約；顧客離反（チャーン）**の事例を説明することにしよう。まず，チャーンについての理論的な議論から顧客関係管理との関係を説明し，その次にデータを用いて予測モデルの構築とそのモデル内容を明らかにする。第4節では，需要予測とチャーン・マネジメントの自動化とダッシュボーロ例について説明することにしよう。最後に予測機能のほかの領域への活用の可能性を示唆することにしよう。

I　需要予測[1]

　企業にとって需要予測は最も重要な経営課題の1つであり，数多くのモデルが提示され，その実証研究にも枚挙のいとまがない。需要予測には一般

的に，次の3種類のモデルがあるといわれている（山口，2018；2021）。

時系列モデルとは，時系列分析を行うものである。時系列分析とは，「関心のある事象における過去・現在・未来の値を適切に把握し（推定し），関連してその結果を基に，事象の仕組みや影響に関する知見を得たり対策を考えたりする営みである」ということである。これを需要予測の目線で解釈すると，過去の連続的な需要データからその対象（製品の需要）が持つ周期性（季節性）やトレンドを分析し，未来を予測する分析といえるだろう。

因果モデルとは，需要の因果関係を想定し，それらを過去の関係性を分析することで，未来を予測するモデルである。

判断的予測とは，人による主観的，感覚的な判断で予測を行うものだが，これを科学的に行う手法もいくつか知られている。

このような基本的需要予測のモデルを提示したのち，より応用的な需要予測モデルとして，ARMAモデル，ARIMAモデルと重回帰分析モデルを挙げている。その中で注目したのが重回帰モデルである。

重回帰分析は，因果モデルであり，需要に関連する因果関係を前提に，影響要素から予測を行うという考え方である。まずはどんな要素が需要に影響するのかを整理する必要がある。重回帰分析では，要素間の関係性にも注意する必要がある。要素間に関係がある（独立ではない）場合，多重共線性や分散の不均一性などにより単純な足し算の関係性の信頼度は損なわれる可能性がある。

重回帰分析モデルによる需要予測で難しいのが，各要素の未来を予測することである。現実社会において，コロナウイルスのような突発的な感染症による影響や国家間の関係もトップの発言1つで経済要素が変化することもあり，予測することは簡単とは言えない。つまり，因果モデルは次の点で実際の運用では難しいことがある。

・需要に影響が大きい要素を整理する。

・重回帰分析によって，各要素の影響度を定量的に推定する。

・各要素の未来を予測する。

　以上から，時系列モデルと比較して，精度は低い傾向にあるが，新製品の需要予測では，条件が類似する既存製品の実績による重回帰分析の方法で予測するのが一般的になっている。

　その他，**コンセンサス予測**が挙げられる。予測モデルを作れば，必ず予測精度が上がるわけではない。なぜなら，次のような可能性があるからである。1）想定した要素に過不足がある。2）各要素の需要への影響度が過去と未来で異なる。3）各要素の未来が正しく予測できない。そこで，予測対象市場や顧客に精通したプロフェッショナルの知見に基づく，という方法である。具体的には，食糧価格や高騰シナリオや円高シナリオなどが考えられる。これを，需要予測を担う部門だけでなく，マーケターや営業部門のプロフェッショナルなども交えて議論する。これをコンセンサス予測（Consensus Forecasting）という。予測モデルがあれば，シナリオに合わせた数字をインプットすることで需要が算出できる。つまり，議論しながら次々と需要予測を確認できる。議論の中で，より参考にすべきデータが挙がれば，その際は，柔軟に予測モデルを更新することも想定しておく。

■各需要予測モデルの特徴比較

　これまで記述の諸予測モデルには，どれも一長一短があり，いずれか1つでは実用的な予測は困難である。各予測モデルの特徴を踏まえ，実用性やモデルごとの長所と短所を分析し，複数の予測モデルを組み合わせて運用することが現実的である。

　図表7-1のとおり，トレンド変化のある需要を予測しようとした場合，1つのモデルで手軽に予測することは困難である。安（2022）では，次のステップで，重回帰分析と移動平均法の併用で予測モデルの構成を検討している。回帰分析により，需要変動に相関のある要素（説明変数）を複数抽出する。抽出した要素と需要の過去データの移動平均分析により，要素と需要のトレンド変化の時系列推移を分析し，過去実績での同事象の再現度合いを確認する。需要及び要素の直近の移動平均推移と過去の節目を比較し，次の

モデル名	長所	短所	備考
指数平滑法	直近実績を重視	ウェイト付けの更新	季節性・トレンド除去
移動平均法	ウェイト付け不要	新旧実績が同等の重みをもつ	シンプルで予測精度も指数平滑法より悪くない
ARMA モデル	直近実績・誤差を重視	トレンドを考慮できない	トレンドを見られないため，応用は限定的
ARIMA モデル	トレンドを考慮できる	ウェイト付け・階差調整	応用が複雑で，モデルのメンテナンス負担が大きい
重回帰分析モデル	需要に影響する要素を判別可能	要素の未来値の予測が必要	相関分析で要素抽出は可能
コンセンサス予測	定量化されていない要素を予測に織り込める	予測というより，目標設定になってしまう可能性がある	ビジネス現場では，目標設定の手段として予測が使われる

図表 7-1　各需要予測モデルの特徴比較

(安，2022)

トレンド変化の兆しの有無を分析することで，近い未来の需要変化を予測する。

　その結果，「欧州ミニショベルの販売実績，外部環境データとしての欧州諸市況データ及び顧客データなどの過去データから，将来の需要に対し一定のトレンドの方向性を見出すことができた。需要増から需要減へとトレンド変換する時期でも，その逆の時期においても，外部環境データからの説明変数として採用した「EU CCI」のトレンド転換の節目が先に示現し，被説明変数である「欧州ミニショベル販売台数」のトレンドに対し一定の予兆的示唆を示す説明力を確認できたことは，将来の需要予測において，アプローチの方向性として一定の妥当性が確認できた形である。

　相関性が強いと考えられる説明変数候補を複数準備することで，説明変数の絞り込みによる分析精度向上を図られることも検証できた。分析では，外部環境データ，顧客データともに，候補を3つ準備し，回帰分析により最終

的にはそれぞれ1つに絞り込み移動平均分析へと移行した。回帰分析によって，直感やイメージではなく客観的・定量的分析の結果を織り込み，分析結果の精度向上を図ることができた。

　また，構造変化等，これまでの過去データと被説明変数との関係性が大きく崩れるような経済・社会環境の激変する時期では，抽出した説明変数と被説明変数の相関関係も大きく変化し，既に採用した説明変数が被説明変数への説明力を失うか，説明力が脆弱化することが考えられると同時に，分析で採用していない，新たな被説明変数に強い影響を与える説明変数が現れる可能性も考えられ，分析手法含め慎重な検討が求められる。

　なお，ここで採用されている手法は，リスク判断の嗜好性に合わせ，予測モデルを調整することができる。需要予測によって将来の需要を正確に予測することは不可能である。そのため，需要予測が外れる前提で，リスクの方向性を事前に検討しておくことが必要である。リスクの方向性は，需要予測の目的（経営の意思決定事項）により，真逆の方向になることが考えられる。例えば，過剰在庫を回避することを目的とした需要予測においては，需要拡大期末期の多少の売り損じを覚悟してでも，早期に需要減へのトレンド転換の節目を察知し，対策を講じる方向にリスクヘッジを図る傾向である。他方，同じ需要拡大期末期であっても，在庫リスクがなく，少しでも多く販売量を伸ばす目的とした需要予測においては，節目の早期感知より，節目の信頼性が重視されるため，より確からしいトレンド転換の節目を求める傾向がある。（安，2022）」としている。

　そして，安（2022）では，需要予測においてビジネスを理解すること，より具体的に言うと，自社の取引先を中心としたバリューチェーンを理解することと顧客データの重要性が確認されている。

　ここでは，一般企業が行っている需要予測の事例を提示した。需要予測の議論を突き詰めると，顧客行動を予測することに他ならない。そこで，次節では，顧客行動の理解と予測について説明することにしよう。まず，消費者行動のモデルの検討を行い，次に通信業界での乗換モデルの事例を提示する

ことで顧客行動の予測について検討することにしよう。

Ⅱ 顧客行動の理解と予測のための理論（消費者行動のモデル）

　消費者行動の分析には，主にミクロ経済学の分野での消費者行動の分析と，マーケティング等の分野でのより学際的なアプローチを取る消費者行動の分析がある。消費者選択理論とは，ミクロ経済学の基礎的な理論であり，経済の消費部門における，個々の消費者の最適化行動のモデル化を目的とする。ここで，消費者の最適化行動とは，この消費者の効用関数の制約条件付き最大化問題として表現できる。この最大化の解は，幾何学的には，無差別曲線と予算線の接点として表現される。予算線のパラメーターのうち，価格の変化によって消費者の効用を最大化する各財の消費量の組み合わせがどのように変化するかを分析するとき，代替効果と所得効果に分けて分析するのが一般的である。

　このような経済学での議論とともに，経営学，特にマーケティング論では，文化人類学，社会学，心理学などの領域を基礎とした学際的な消費者行動のモデルを構築してきた。

　消費者行動論（consumer behavior）とは，個人，グループ，組織，及び商品やサービスの購入，使用，処分に関連するすべての活動（これらの活動の前後に行われる消費者の感情的，精神的，行動的反応を含む）の研究分野である。消費者行動論は，1940 年代，50 年代にマーケティングの下位分野の 1 つとして出現した。

　消費者行動論は心理学，社会学，社会人類学，人類学，民族誌学，マーケティング及び経済学，特に行動経済学からの要素を掛け合わせた学際的な社会科学である。感情，態度，好みが購買行動にどのように影響するかを調べる。人口統計，性格などの個人消費者の特徴使用率，使用機会，忠誠心，ブランドの擁護，紹介を提供する意思，消費者の欲求や消費を理解しようとす

る試みなどのライフスタイルや行動変数は，すべて消費者行動の研究で調査される。消費者行動の研究では，家族，友人，スポーツ，参照グループ，社会一般などのグループによる消費者への影響も調べられる。

　消費者行動の研究は，購入前の活動から購入後の消費，評価，及び廃棄活動まで，購買行動のあらゆる側面に関係している。それはまた，購買決定やブランド活動家やオピニオンリーダーを含む消費活動に，直接的または間接的に関与するすべての人々にも関係する。この分野の専門家にとってさえ，消費者の行動を予測することは困難であることが研究により示されている。しかしながら，民族誌学や消費者神経科学のような新しい研究方法は，消費者がどのように決断を下すかについて新たな光を投げかけている。

　このような消費者行動論とマーケティングの関係を示唆しているのが，Kotler & Keller（2006）である。Kotler & Keller（2006）では，消費者の購買に影響する要因を心理学と決定という点やマーケティングを刺激としてとらえ，その反応を明らかにするという点等から消費者行動モデルを構築している（図表7-2）。

　図表7-2が示すように，消費者の購買決定のプロセスにはさまざまな要因が影響することが明らかである。その上で，図表7-2をみると購買決定にどのような製品の特徴が影響するのか，という点を強調しており，より具

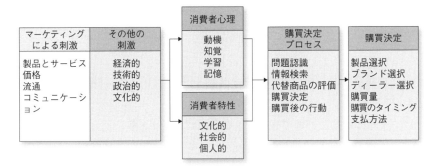

図表 7-2　消費者行動モデル

（出所：Kotler & Keller, 2006, p.230, 図 6-1）

体的に購買決定の影響する要因（言い換えると，遡及点）が明らかになる
と考えられる。ただし，マーケティングの影響については考慮していないた
めに，図表 7-2 のように広範囲に考察することが必要となる。そして，こ
のようなモデルはより行動と決定に着目した CDP（消費者意思決定モデル）
に進化しているのである（田中，2008）。このように消費者行動論とともに
説明するのは，決定木を用いた消費者行動のシミュレーションを行うことが
できると考えるからである。

　以上のモデルをより心理学的に発展させたのが，AIDMA（アイドマ）と
AIDA である。なお，これについては，田中（2008）を参照されたい。

　AIDMA（アイドマ）とは 1920 年代にアメリカ合衆国の販売・広告の実
務書の著作者であったサミュエル・ローランド・ホールが著作中で示した
広告宣伝に対する消費者の心理のプロセスを示した略語である。AIDMA
では，消費者がある商品を知って購入に至るまでに次のような段階がある
とされる。1) Attention（注意），2) Interest（関心），3) Desire（欲求），
4) Memory（記憶），5) Action（行動）である。このうち Attention を「認
知段階」，Interest, Desire, Memory を「感情段階」，Action を「行動段階」
と区別している。米国等でより一般的に知られた類似の用語として 1920 年
代に応用心理学の分野で米国の E・K・ストロングが論文中に示したセール
スにおける顧客心理の段階の AIDA があり米国でのマーケティング，セール
スや広告営業における用語としてはむしろこちらのほうが現在でも一般的で
あり，次の要素で構成されている。Attention（顧客の注意を引く），Interest
（顧客に商品を訴求し関心を引く），Desire（顧客に商品への欲求があり，
それが満足をもたらすことを納得させる），Action（顧客に行動を起こさせ
る），である。

　このモデルを基に最近でのネットを通じての購買活動を説明しようとする
モデルも構築されてきている。それが，ネットでの購買行動のプロセスモデ
ルとして AIDMA に対比されるものとして日本の広告代理店の電通等により
AISAS（エーサス，アイサス）である。Attention（注意），Interest（関心），

Search（検索），Action（行動，購入），Share（共有，商品評価をネット上で共有しあう）である。

Ⅲ　お客の反応を予測する：ダイレクトメールに反応する顧客の予測

　以上の予測モデルの構築は，小売業及びメーカーの販売部門においては，ダイレクトメールに反応する顧客，もしくはキャンペーンに反応する顧客の予測に用いることができる。そこで，ここでは，ダイレクトメールに反応する顧客の予測とダイレクトメールを効率的に送付する方法を提示することにしよう。

　ダイレクトメールに反応する顧客を予測するデータの例としては図表 7-3 で示されるようなデータが必要である。なお，ダイレクトメールへの反応に関するデータであるので，特に郵便番号が重要なデータとなろう。また，ダイレクトメールに反応すれば，dm への反応のところに 1，反応しなければ 0 を入力している。なお，キャンペーンの場合でも同様の手続きを行うことになる。

　このデータをニューラルネットワーク及び決定木を用いて予測すると p.181 のようなモデルを構築することができる（図表 7-4）。今回は決定木（C5.1）だけ表示する。

　図表 7-4 を見てみると，〒 564-0028 については，送付を徹底し，〒 564-0024，〒 564-0022 等については，あまり反応すると予測されていないことが明らかである。このようにダイレクトメールに反応する顧客を予測することができれば，郵送代などのコストが削減できる。

　これと同様の方法で，広告（ちらし）の配布場所の決定やキャンペーンに反応する顧客の予測などが可能になると考えられる。これも自動分類によって自動化することができることを付け加えておくことにしよう。なお，自動化のストリームとダッシュボードについては付録を参照されたい。

dm への反応	郵便番号	性別	年齢をカテゴリーに分類
1	564-0001	男性	18-25 歳
1	564-0001	男性	18-25 歳
1	564-0001	男性	18-25 歳
1	564-0001	男性	18-25 歳
1	564-0001	男性	18-25 歳
1	564-0001	男性	18-25 歳
1	564-0001	男性	18-25 歳
1	564-0001	男性	18-25 歳
1	564-0001	男性	18-25 歳
1	564-0001	男性	18-25 歳
1	564-0001	男性	18-25 歳
1	564-0001	男性	18-25 歳
1	564-0001	男性	18-25 歳
1	564-0001	男性	18-25 歳
1	564-0001	男性	18-25 歳
1	564-0001	男性	18-25 歳
0	564-0001	男性	18-25 歳
0	564-0001	男性	18-25 歳
0	564-0001	男性	18-25 歳
0	564-0001	男性	18-25 歳
0	564-0001	男性	18-25 歳
0	564-0001	男性	18-25 歳
0	564-0001	男性	18-25 歳

図表 7-3　ダイレクトメール（DM）に反応する顧客の予測に用いるデータ

(出所：喜田，2019)

Ⅳ　チャーン・マネジメントのコンセプト：チャーン，イノベーションの普及，顧客関係管理

　「乗換」，「途中解約」（Churn）は電気通信業界で使われている用語である。乗換には，強制的乗換（非自発的乗換）と自発的乗換の2つに分類される。強制的乗換には，請求金額の滞納が大きな原因となる。強制的乗換を予測することは，通信業界での不正検出などを基に予測されるが，このよう

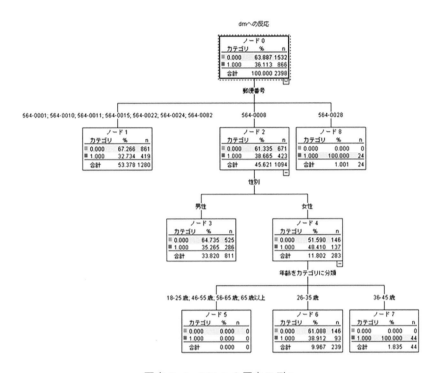

図表 7-4　DM への反応モデル

（出所：喜田，2019）

な予測は重要である。なぜなら，料金を支払わない，もしくは不正を行う顧客にキャンペーンを行うというような無駄な資源を投入しなくてよいからである。自発的乗換は強制的乗換ではない乗換のすべてであり，次の場合がそれに当たる[2]。

■サービスエリア外に引っ越した場合

■死亡した場合

■経済的に電話を維持できなくなった場合

■他の業者に引き抜かれた場合

■新しい機器に敏感な顧客（**機器渡り鳥**）

　以上の5つであり，チャーン・マネジメントとの対象となるのが，他の業者に引き抜かれる場合と，新しい顧客に敏感な顧客に対してである。そして，最後の顧客は「機器渡り鳥」と呼ばれている[3]。

　最も多く他の業者に引き抜かれるのが新規顧客に既存顧客よりも多くのメリットを提供する場合である。例えば，新規加入に関しては機材を無料にすることやキャッシュバックをすること，またある種の特典を付けることなどである。それ故，この業界では，今の契約を解約して新たに他の業者に加入しなおす既存顧客が存在するようになったのである。

　このような現象は，日本の携帯電話業界などにおいても見られる現象である。

　これらの問題に対しては既存顧客向けのサービスの拡充を行うことが重要になる。また，自社のサービスの遡及点と顧客のニーズがマッチしていないことが重要になると考えられる。ここまでの点については，通信業界においても途中解約モデルを予測することは比較的簡単であるとされる。それ故，本書においてもこのような途中解約についてのモデル構築などを説明するが，最後の「機器渡り鳥」の存在が途中解約を予測する上で重要な論点であり，予測が困難な可能性がある。機器渡り鳥は技術的・機能的な点からのチャーンである。例えば，新たな機能が追加されたとか，新たな技術が導入されていることを理由に途中解約を行う。顧客に対して新たな遡及点（イノベーション）を提示した際に起こる途中解約であり，企業にとっては最も厄介な存在である。

1）イノベーションの普及からみた「機器渡り鳥」

　そして，このような機器渡り鳥について説明する場合参考となるのが，Rogers（2003）でのイノベーションの普及に関するモデルである。ここでイノベーションの普及としているが，新しい商品やサービス，技術や知識，ライフスタイルなどが登場したときに消費者がどのように受容し，消費に結びつくのかである。そこで，彼は，イノベーション（まだ普及していない新

しいモノやコト）がどのように社会や組織に伝播・普及するのかの実証的研究を行い，採用時期によって採用者を5つのカテゴリーに分類している。

■イノベーター（革新的採用者）

　冒険的で，最初にイノベーションを採用する。

■アーリーアダプター（初期採用者）

　自ら情報を集め，判断を行う。多数採用者から尊敬を受ける。

■アーリーマジョリティ（初期多数採用者）

　比較的慎重で，初期採用者に相談するなどして追随的な採用を行う。

■レイトマジョリティ（後期多数採用者）

　うたぐり深く，世の中の普及状況を見て模倣的に採用する。

■ラガード（採用遅滞者）

　最も保守的・伝統的で，最後に採用する。

　その採用分布を時間経過とともに図にすると図表 7-5 になる。

　そして，このような曲線は商品のライフサイクルと直結すると考えられ，特にマーケティング領域では重要とされている。なお，標準的なテキストである Kotler & Keller（2006）等で議論されている。

　そこで，機器渡り鳥をこのカテゴリーに当てはめると，第2のアーリーアダプターである。アーリーアダプターは新しい商品やサービス，技術や知識，ライフスタイルなどが登場したとき，早い段階でそれを購入・採用・受容する人々（層）のことである。彼の普及モデルにおいてアーリーアダプターが最も重要であるとされる。革新性という点ではイノベーターが一番高いが，極めて少数である上に価値観や感性が社会の平均から離れすぎており，全体に対する影響力はあまり大きくない。それに対してアーリーアダプターは社会全体の価値観からの乖離が小さく，そのイノベーションが価値適合的であるかどうかを判断し，新しい価値観や利用法を提示する役割を果たす存在となる。

　そして，彼の普及理論ではイノベーターとアーリーアダプターを合わせた層に普及した段階（普及率 16％を超えた段階）で，イノベーションは急激

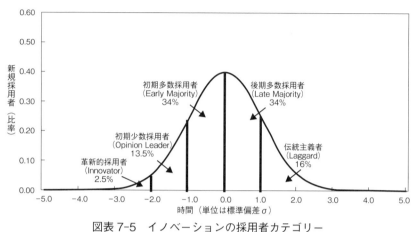

図表 7-5　イノベーションの採用者カテゴリー

（出所：Rogers, 2007, p.229, 図 5-3 加筆修正）

に普及・拡大するとしている。そのためこの層は，「オピニオンリーダー」，「インフルエンサー（影響者)」，「マーケットメーカー」ともいわれ，マーケティング論で重視されてきた（Kotler & Keller, 2006）。

　このように，イノベーションの普及に重要な役割を果たすアーリーアダプターであるが，Mattison（2001）によると，機器渡り鳥となりやすく，途中解約する可能性が高くなるとされる。彼は当該企業にとって，機器渡り鳥は次のように図示できるとしている（図表 7-6）。

　図表 7-6 から，1 の技術のアーリーアダプターは 2 にチャレンジする，また 2 から 3 の技術にチャレンジする際に，その企業にとっては一時期的にユーザーが減少することを示している。つまり，アーリーアダプターは新たな技術を導入するということはその企業からチャーンであり，その企業にとどまっていない可能性があるということを示している。つまり，当該企業にとってアーリーアダプターは両刃の剣なのである。特に技術変化の激しい通信業界にとって重要な問題となるであろう。また，このような機器渡り鳥の存在を知ることは Moore（1999）が言う，イノベーションの普及には溝（キャズム）があることを説明するのに用いることができる。

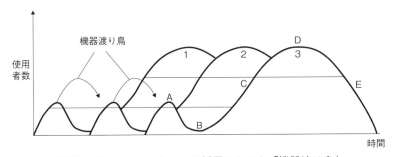

図表 7-6　イノベーションの採用からみた「機器渡り鳥」
（Mattison, 2001, p.58, 図 4-5 加筆修正）

2) チャーン・マネジメントと顧客関係管理

　チャーンの問題は，誰が，どのような顧客のタイプが途中解約するのかを予測する途中解約モデルを構築することになる。途中解約モデルには，3つの段階的な目標がある（Berry & Linoff, 2000）。短期的な目標として，乗換の可能性の高い顧客リストを作成することである。本書では，この目標に即した乗換モデルを作成する。中期的な目標として，効果的な乗換モデルを構築して，乗換管理システムを操作することであり，モデルを管理すること，データの更新，等を必要とする。最終的には自動化することを目標とする。そして，最後の目標として，より完全な形で顧客関係管理を行うことである。つまり，チャーン・マネジメントの最終目標は顧客関係管理に直結するのである。

　このように見てみると，顧客関係管理とチャーン・マネジメントとは同じように考えられるが，顧客関係管理は「既存の優良顧客」を対象にするのに対して，チャーン・マネジメントはある意味では優良でない顧客を対象とする可能性があることを示唆している。また，企業と顧客との関係としては，顧客関係管理ではリピーターであり，企業との関係がある程度出来上がっているが，チャーン・マネジメントでは，あまり関係としては出来上がっていないようなところがあるということである。それ故，チャーン・マネジメントは，ほかの業者の競争状態に近いところで，顧客獲得をしていると考えら

185

れ，特にビジネスにとって重要であると考えられるのである。そして，もっと広く言うと，同業他社に奪われる顧客もチャーンとしてとらえることができるのである。

　このようなモデルやシステムを構築することは通信業界以外の業界，保険業界，ホテルチェーンやスポーツジムなど会員制のサービス業，インターネットプロバイダ，学習塾など教育機関等にも適用可能であり，今後ますます重要性が高まると考えられる。

　チャーン・マネジメントは，**リテンション・マネジメント**（顧客を維持するマネジメント）とも呼ばれている。

　チャーン・マネジメントの段階としては，まず，データマイニングを用いて解約しそうな顧客を予測する。第2段階で，解約しそうな顧客向けのサービス・商品展開，つまり，**個別対応**を行う，という順に行われる。このように，チャーン（顧客離反；乗換）に対応することになる。しかし，チャーン・マネジメントには大きな問題が残されている。それは，「顧客の寿命：死亡する」ということである。人の寿命は分からないことから，死亡する顧客を予測するということは困難であるし，倫理的にも不適切かもしれない。高齢化が進むにつれ，確かに高齢者の顧客は重要であると考えられるが，チャーン・マネジメント及び顧客関係管理としてはこの点を考慮する必要があるであろう[4]。また，この点は，チャーン・マネジメントや顧客関係管理をある種の限界を示しており，新規顧客の獲得とともに考察する必要があると考えられる。

　以下では，本書では，通信（電話）企業でのデータで決定木を用いて乗換する顧客リストの作成をしてみることにしよう。

Ⅴ　チャーン・マネジメントの事例

　ここでは，通信企業の顧客データを基に，決定木を用いて乗換の予測モデルを構築する。つまり，乗換する顧客リストの作成である。なお，ここで用いたストリームは付録を参照されたい。そのために用いるのが，図表7-7である。ここには，年齢などの顧客属性に関するデータとリスク推定（乗換：途中解約）に関するデータが含まれている。

　IBM SPSS Modeler において，決定木を作成するには，C5.0 と C&R Tree という 2 つのノードを用いる。C5.0 と C&R Tree（CART）はどちらの場合にも，予測フィールドがどのように結果に関係しているのかに基づいて，データを繰り返し分割して決定木（ディシジョンツリー）を構築する。しかしこれらはいくつかの重要な点において異なっている。

ID	長距離電話	国際電話	地域電話	支払い方法	定額利用	割引	年収	途中解約	年齢	性別	婚姻状況	子どもの数
0	5.2464	7.5151	86.3278	小切手	無制限	標準	27535.3	1	57	女性	既婚	2
3	0	0	3.94229	カード	定額	国際割引	64632.3	1	50	女性	未婚	2
4	5.55564	0	9.36347	カード	定額	国際割引	81000.9	1	68	女性	既婚	2
10	13.664	2.95642	32.6381	カード	無制限	国際割引	83220.6	1	60	男性	既婚	2
11	0	0	1.41294	カード	無制限	標準	50290.7	1	84	女性	既婚	0
13	0.281029	0	8.53692	小切手	定額	国際割引	20850.4	1	28	女性	既婚	2
19	11.0307	0	34.2777	カード	定額	標準	3776.12	1	87	女性	未婚	2
20	0.452629	0	73.0122	自動	無制限	標準	73865.9	1	88	女性	既婚	2
22	3.72883	0	18.8474	自動	無制限	標準	30933.6	0	76	男性	既婚	0
26	10.3701	2.15279	24.6683	小切手	無制限	標準	69864	1	87	男性	未婚	0
28	20.2685	0	102.864	小切手	定額	国際割引	91620.6	0	90	女性	既婚	0
30	25.5278	0.746981	5.18571	カード	定額	標準	96501.9	1	62	男性	未婚	2
32	8.08211	0	10.5858	小切手	定額	標準	13774.2	1	50	女性	既婚	2
33	2.94583	0.261446	77.238	小切手	無制限	標準	39428.2	0	48	男性	既婚	2
40	24.3456	0	62.826	カード	定額	標準	4988.14	0	37	女性	未婚	2
49	26.8624	0	15.4922	カード	無制限	国際割引	23564.1	1	21	男性	既婚	2
55	17.2085	8.94192	138.045	カード	無制限	国際割引	37661	0	42	男性	未婚	2
59	24.5781	0	80.7466	自動	無制限	標準	99064	0	71	男性	既婚	0
65	9.70314	1.20274	12.1824	カード	定額	標準	2974.76	1	33	女性	既婚	0
59	0	0	4.6195	カード	無制限	標準	23893.9	1	21	男性	未婚	0
71	0	0	2.36223	カード	定額	標準	23289.7	1	81	男性	既婚	0
73	6.67147	0	77.2515	自動	無制限	標準	11676.2	0	54	男性	既婚	2
78	13.6442	0	19.5464	自動	無制限	標準	27842.1	1	19	女性	既婚	0

図表7-7　チャーン予測に必要なデータ

（出所：通信業界用データ）

　第 1 に，C5.0 では，シンボル型の出力フィールドしか扱うことはできないが，C&R Tree では，シンボル型ならびに数値型の出力を扱うことができる。例えば，出力が第 6 章でのセット型である信用リスクモデルは，どちらの手法も使用することができるが，新規顧客の支出のような数値型の予測を行う場合は，C&R Tree だけが使用できる。

　第 2 に，C5.0 は，結果を第 5 章もしくは本章で示した決定木あるいはルールセットの形で表示できるが，C&R Tree は決定木しか作成できない。

　第 3 に枝の分かれ方が異なる。C&R Tree は 2 グループの分岐を行うのに対し，C5.0 は，3 つ以上のサブグループに分岐する。つまり，C&R Tree は枝分かれが 2 つに対して，C5.0 は複数に分かれる可能性がある。さらに，これらのアルゴリズムでは，分岐に使用する基準が異なる。C5.0 では，情報理論に基づいたエントロピーの測度を使用する。一方，C&R Tree がシンボル型の出力を予測する際には，散ばりの測度（デフォルトでは Gini の分散の測度）が使用する。なお詳しくは，Wu & Kumar（2009）の第 1 章及び第 10 章を参照されたい。また，両者の比較については，その他の点も含めて図表 7-8 で示される。

　なお，このモデルを構築するには，図表 3-8 の中にある各種決定木（C5.0, C&R Tree , CHAID, QUEST）のノードを用いることになる。

	C5.0	C&R Tree
シンボル型入力フィールドの分岐	多数	2つ
数値型目的フィールド	使用不可	使用可
入力フィールドの選択基準	情報量（エントロピー）	不純度（分散）
ケースが欠損の場合の入力フィールドの仕様	可 分割を使用	可 代理変数を使用
事前確率	なし	あり
剪定基準	剪定度	標準誤差
各枝葉／子ノードの最小レコード数	少なくとも2つの枝葉が最小レコード以上	両枝葉が最小レコード以上
選別	可	不可
ブースティングのサポート	有	無

図表 7-8　アルゴリズムの比較

（出所：SPSS社トレーニングコース配布資料）

図表 7-9　モデル構築のためのデータ型の編集

（出所：喜田，2019）

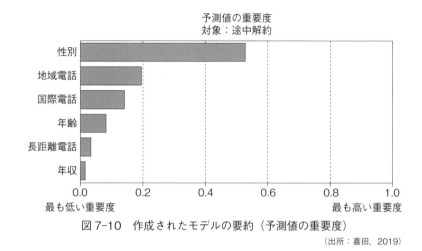

図 7-10　作成されたモデルの要約（予測値の重要度）

（出所：喜田，2019）

　なお，データ型ノードにおいて，ニューラルネットワークと同様に1つの予測したいフィールド（変数）の方向を出力に変える（図表7-9）。ここでは，途中解約（乗換）である。そして，作成されたのが，図表7-10で示される。

　見慣れた決定木の形にするのが，ビューアタブであり，それをクリックすると図7-11のような決定木が得られた。このようなモデルは，顧客の意思決定の段階を示している。乗換の予測モデルとして用いることができる。図表7-11では，1とあれば，解約していることを示している。

　図表7-11より，性別が重要であり，女性であれば60％が解約（乗換）していることが分かる。また，女性のうち39歳以上であればそのうちの70％以上が解約（乗換）していることが分かる。一方，男性は70％以上が会員としてとどまり，特に地域電話をよく用いている人が顧客関係を維持していることが分かる。チャーン・マネジメントでは，このように作成したモデルを基に途中解約（乗換）の顧客リストを作成し，その顧客リストを基に当該顧客に対して個別対応をすることになる。また，ここでの分析は自社の遡及点（強みと弱み）を示しており，戦略重点の構築の基礎となることを注記し

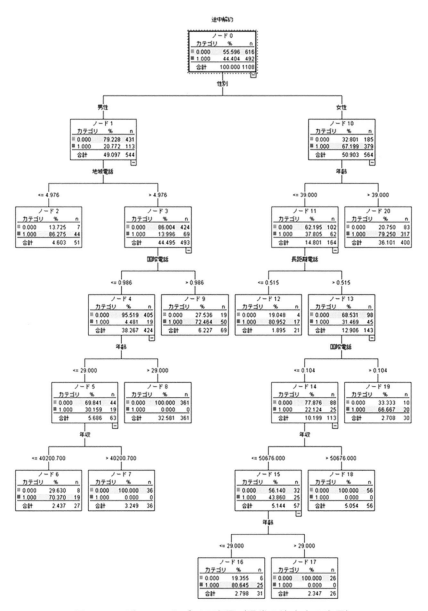

図 7-11　ビューアタブでの表示（通常の決定木の表示）

（出所：喜田，2019）

ておくことにしよう。

Ⅵ 需要予測とチャーン・マネジメントの自動化とダッシュボード例

　ここでは，需要予測の自動化とチャーン・マネジメントの自動化，それとダッシュボード例について説明することにしよう。

1）需要予測の自動化とダッシュボード例

　その上で需要予測の業務の自動化を図ることにする。IBM SPSS Modelerで図表 7-12 のようなストリームを構築し，データ入力を自動化すれば需要予測自体が自動化され，ダッシュボードに示されることになる。ここでは，従属変数が数値（販売数量）であるので，自動数値を用いる。データ型の設定は，販売数量を対象にするという設定を行うのは，予測のモデル構築と同じである。ダッシュボードには，図表 7-13 で示されるようなグラフ表示が考えられる。なお，横軸は対象となった四半期であり，販売実績と各アルゴリズムの予測値の関係が示されている。付録（p. 281）で示したとおり，モデルの推定精度は，数値予測であるので相関係数がとられている。

　図表 7-13 では，販売実績が大きく動いているのに対し，回帰及びニューラルネットワークが標準的に動いていることが分かる。なお，決定木が割と敏感に反応しているかもしれないということが分かる。そこで，アルゴリズムの自動選択を行うノード（自動数値）を用いたストリームが，図表 7-12 の左下にある。なお，モデルの推定精度については付録を参照されたい。その結果，自動数値によってモデル構築がなされており，＄XR を用いていることが分かる。もちろん，そのモデルを用いたダッシュボードもある。

　その上で，需要予測の領域については多様な業務特化型 AI が存在する。その中で自社のビジネスに効果的なツールを選択することは困難を極めるであろう。そこで，このような作業を通じることで，自社のビジネスに適合し

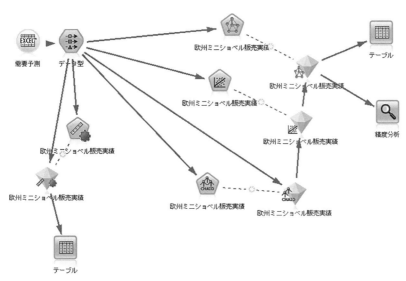

図表 7-12　需要予測の自動化と基本的なストリーム

た需要予測特化型 AI を自作することが可能になるのである。

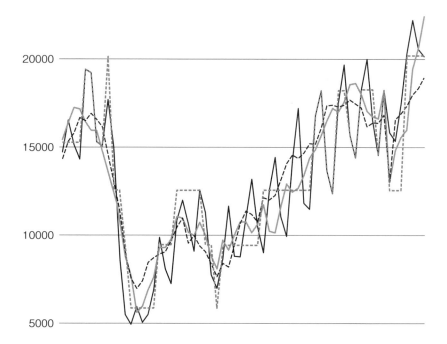

図表 7-13　需要予測のダッシュボード例

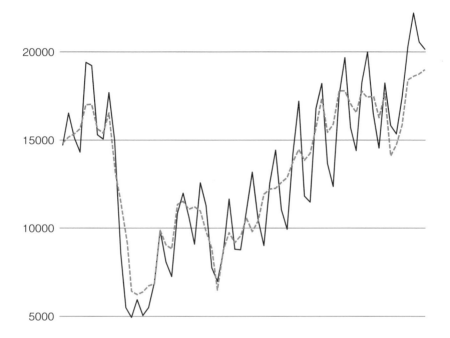

図表 7-14 自動モデル構築によるダッシュボード

2) チャーン・マネジメントの自動化とダッシュボード例

　ここでは，チャーン・マネジメントの自動化とダッシュボード例を挙げることにしよう。詳しい，自動化の手順については，第5章を参照されたい。IBM SPSS Modeler で図表 7-15 のようなストリームを構築し，データ入力を自動化すればチャーン・マネジメント自体が自動化され，ダッシュボードに示されることになる。ここでは，従属変数がバイナリ・データ（乗換した。しない）であるので，自動分類を用いる。ダッシュボードには，図表 7-16 で示されるようなテーブルが考えられる。

　その結果，図表 7-16 のようなテーブルを得ることができる。ここでは推定精度の高い順に顧客 ID を並べ替えている。そこで上位順にリテンションマネジメント（引き止め施策）を行うことが重要になる。

おわりに

　第7章では，まず顧客行動の全体像を把握するために需要予測について検討した。データマイニングの1つの機能である『予測』を用いる領域について説明してきた。通信業界での途中解約者の予測，そして，小売業でのダイレクトメールに反応する顧客の予測，などである。最後に，2つのアルゴリズム（ニューラルネットワークと決定木）を用いてモデル構築を行い，比較することでよりよいモデルを構築する方法について説明してきた。ここで1つ強調しておくことが1つある。それは，このようなモデル構築はデータベースの刷新とともに繰り返し行うことが重要であるということである。

　以上のような活用法以外，予測のモデルは次のような領域で活用可能であると考えられる。途中解約のモデルを構築するとの同様に，大学において退学者を予測すると領域である。これについては，米国の大学で導入されているケースなどをみることができる。大学経営にとって，退学者を予測し，それを防ぐ，チャーン・マネジメントで言う，「いかないで戦略」は今後重要になるであろう。なお，この点については，著者が参加した退学者対策の事例を参照されたい。詳しくは，喜田・日本情報システム・ユーザー協会

図表 7-15　チャーン・マネジメントの自動化

ID	自動分類の予測の推定精度－途中解約
11	0.952
130	0.952
268	0.952
484	0.952
628	0.952
649	0.952
739	0.952
774	0.952
836	0.952
1016	0.952
1065	0.952
1128	0.952
1196	0.952
1223	0.952
1513	0.952
1784	0.952
1871	0.952
2013	0.952
2032	0.952

図表 7-16　チャーンのダッシュボード例

(2018) の第4章を参照されたい。このような顧客に関する，つまり，顧客関係管理での予測モデルだけではなく，現在，日本企業では「新卒採用者が3年以下で退職する」という問題を抱えている（城，2007）。そこで，人事部が主体となって，退職しそうな新人を予測し，予測モデルにおいて重要な属性を明らかにするというのも，今後の利用法であると考えられる。なお，2010年当時の神戸大学の金井壽宏先生との議論より導き出された。

　この点から言うと，データマイニング（データサイエンス）は，マーケティング領域から，人事管理という新たな活用領域を開いている。人事管理についての活用はタレントマネジメントや採用での利用を中心に議論されている。最近では，人事に関するデータ（採用や育成，組織づくり，定着支援など）を収集・分析し，人材配置や採用といった人事領域におけるさまざまな業務を効率化・公平化する手法である**ピープル・アナリティクス**という領域に進化している（West，2019；Khan & Millner，2023）。

　そこでは，採用計画の立案に機械学習を用いることや研修の効果を測定することなどが議論されている。喜田・金井・深澤（2013）では研修の効果についてテキストマイニングを用いており，レイヤーが上がるほどリーダー観が収束していくことなどを明らかにしている（図表10-5）。ただし，人事・人的資源管理データ及びシステムの課題も数多く挙げられていることを注記しておくことにしよう（喜田・日本情報システム・ユーザー協会，2018）。なお，この点については「おわりに」で詳しく検討することにしよう。

▮ 注

1　滋賀大学において1年生社会人プログラム（ビジネスデータサイエンス専修プログラム：特定課題研究）があり，そこで，需要予測を課題としているアウトプットがある（安，2022）。
2　Berry & Linoff（2000）『事例編』p.85 より。
3　Berry & Linoff（2000）『事例編』p.85 より。
4　最近では，顧客の寿命の問題も含めた「顧客の生存分析」を行っている（Linoff & Berry, 2011a）。

より効率的な顧客ターゲッティングを行いたい：自己組織化マップによる合成変数の構築

はじめに

　第2章で述べたようにデータの活用領域で特徴的であるのは，顧客関係管理を目的とした企業が顧客を個別に扱うことであり，一対の関係を構築しようとすることにある。しかし，データサイエンスは，顧客の個別化のみならず，企業のポジショニングの基礎となるマーケットセグメンテーション（市場細分化）にも有効である。なぜなら，第5章で示したようにデータサイエンスは「分類する」，「クラスター化」という機能を持っているからである。

　本章では，まずマーケット・セグメンテーションの理論的基礎とその分類軸に関する変遷を明らかにしたのちに，パン屋さん（小売店データ）を基にした実際の購買活動によるセグメンテーションについて説明することにしよう。そして，最後に，実際の購買活動によるセグメンテーションと個人属性との関係を明らかにすることで，本章で取り上げる方法の可能性を示唆することにしよう。その上で，顧客プロファイルの合成変数の可能性を示すことにしよう。

I　マーケット・セグメンテーションとは

　マーケットセグメンテーション（市場細分化）とは，「企業が消費者＝顧

客のニーズをより正確に満足させることを目的に，異なる選好の異質な市場を小さな同質的な市場とみなし，分割すること」である。マーケット・セグメンテーションはいくつかのレベルに分類できる（Kotler & Keller, 2006）。第1は，セグメントであり，市場において類似のニーズを持つ顧客グループである。第2は，ニッチであり，セグメントよりもっと特定の嗜好を持つ顧客グループである。第3は，ローカルであり，店舗の商圏特性に応じてグループ化することである。最後は，マーケット・セグメンテーションの究極は顧客関係管理が目標とする顧客一人のレベルであり，カスタマイゼーションのレベルといわれる。

このようなマーケット・セグメンテーションにはメリットとデメリットがある（石井他，2004）。メリットの第1としてはマーケティング手法を中心に経営手法の効果と効率を高めることである。第2は市場全体の規模を大きくする効果などが議論されている。デメリットとしては，企業のコスト負担の増加させることがあるとされる。言い換えると，セグメントの最適な規模が存在するということである。この点について，アクセンチュア村山・三谷＋戦略グループ・CRMグループ（2001，以下アクセンチュア，2001）では，より具体的に図示して，明らかにしている（図表8-1）。

図表8-1より，小さなセグメント（顧客の個人対応）がコスト増加によってデメリットになることを示している。この点は，顧客個人との関係を重視する顧客関係管理の1つの問題点を提示している。しかし，そのコストも情報技術の進化によって減少する傾向がある。特に，顧客個人に対しての接点構築などのコストである。ただし，このようなコストを考慮する必要があるということがまず第1のセグメントの有効性の尺度となる。その他の尺度としては，そのセグメントが独自性を持つのか，また，確実なものであるのか，などを明らかにする必要がある（石井他，2004）。

このように顧客（市場）を分類していくのであるが，以下で示すようにどのように分類するのかという基準（区分変数）が多数ある。例えば，Aaker & Day（1980），石井他（2004），Kotler & Keller（2006）の第4章，中村編

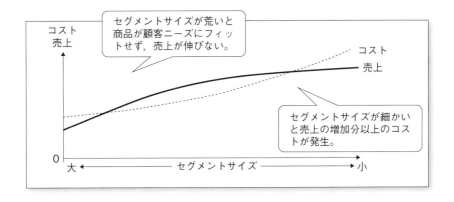

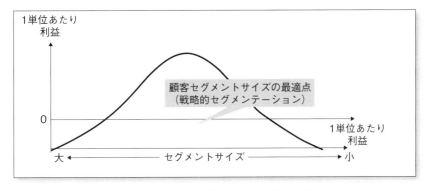

図表 8-1　顧客セグメントサイズの最適点

(出所：アクセンチュア，2001，p.95，図2-14)

著（2008）などを参照されたい。また，第3章で提示した外部データの議論を参照されたい。

■地理的変数

　消費者の居住地域（住所，電話番号など），気候帯，都市圏と地方，人口密度

■人口統計的（デモグラフィック）変数

　年齢（18歳以下，18-25，26-35，36-45，46-55，56歳以上），世代

（ベビーブーム世代など），民族，国籍，人種，家族数，家族のライフサイク
ルまたはライフステージ（婚姻状況（独身・既婚），子供がいるなど）

■社会経済変数

　消費者の所得，資産，職業，教育水準（学歴），社会階層

　これら2種類の変数は，顧客情報の中に組み込まれる可能性があり，本
書でいう『個人属性』であると考えられる。

■心理的変数

　消費者のライフスタイル（仕事重視，家族重視），パーソナリティー（保
守的，社交的，受動的など）

■生活行動上の変数

　この変数は，自社の製品に関連する変数と，一般生活に関連する変数の2
種類に分かれる。前者に属する変数として，消費者の製品・サービスに対す
る使用経験の有無（ただし，これには他社製品の使用頻度も含まれること
もある，例えば，パソコンの利用歴など），ロイヤルティーの程度，使用率
（ライト・ユーザー，ヘビー・ユーザー），使用する時間帯，購買の利用する
店舗，等が挙げられる。後者に属する変数としては，インターネットの利用
頻度，メディアとの接触頻度，等である。なお，前者については，インター
ネットビジネスにとって重要になってきている。後者については，よく見る
テレビ番組，定期購読している雑誌や購読中の新聞などである。これらは企
業の広告効果と直結することになるためである。

■製品・サービスの属性変数

　製品・サービスの品質，性能，サイズ，スタイルなど

　このような変数は，一般的な変数と製品・店舗特有の変数に分類され，ま
た，変数が測定可能かどうかという点から，観測可能な変数と直接測定でき
ない観測不能変数に分類される（中村編著，2008）。

　図表8-2の中で，地理変数，デモグラフィック変数，社会経済変数は観
測が可能であるとされ，この点がこの変数によるセグメンテーションのメ
リットである。地理変数によるセグメンテーションとしては関西向けとか，

	一般的変数	製品・店舗固有の変数
観測可能	地理変数，デモグラフィック変数，社会経済変数	使用頻度，ブランド・ロイヤルティ，店舗ロイヤルティ，採用時期，消費場面
観測不能	パーソナリティ，生活価値，ライフスタイル	プロモーション弾力性，知覚便益，購買意図

図表 8-2　マーケット・セグメンテーションの区分変数

(出所：中村編著，2008，p.6，図表 1-1)

関東向けなどが当たるであろう。デモグラフィックな変数によるセグメンテーションは多くの商品を生み出している。年齢による雑誌，服，等やシルバー市場，最近では，アラフォー（40 近くの人向け）商品とか，アラサー（30 近くの人向け）商品などや，性別による男性商品，女性商品の開発などが挙げられるであろう。その上で，年齢と性別を組み合わせた商品開発も行われている。

　なぜ，このようなセグメンテーションを重視するのか，といえば顧客のニーズ，欲求，使用量，製品やブランドの選好と連動することを挙げている（Kotler & Keller, 2006）。また，日本では，あまり議論していないが，社会階層が大きな影響力を持つとしている（Bourdieu, 1979 ; Kotler & Keller, 2006）。社会階層によって，自動車，衣料品，インテリア用品，教育サービスなどの選好に影響を及ぼすとしている。

　観測不可能な変数であるパーソナリティー，ライフスタイル，価値観などであり，これを基にセグメンテーション（サイコグラフィックスによるセグメンテーション）しようとする。サイコグラフィックスとは，心理学とデモグラフィックスを利用して消費者をよりよく理解しようとする領域である。この代表的な指標が VALS（Value Analysis of Life Style）である。なお，詳しくは Kotler & Keller（2006），pp.315-317 を参照されたい。日本版では，消費者を 10 のセグメントに分類しており，そこでは，生活における志向性（昔からのやり方，職業的達成，革新，自己実現）と社会の変化に対する態度（持続的，実用的，適応的，革新的）の基準を用いている。

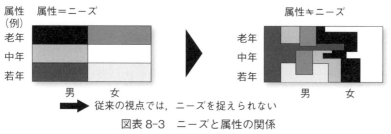

図表 8-3　ニーズと属性の関係

(出所：アクセンチュア，2001，p.59，図表 2-4 加筆修正)

　この 2 種類の変数は，顧客の個人属性に属するものである。このような個人属性によるセグメンテーションでは問題がある。それは，個人属性がどの程度，実際の購買につながるのか，という問題である。また，重要な点の 1 つなのだが，現場においてこれらの顧客情報は得にくく，実務場面での確認というのができない可能性がある。

　セグメンテーションの 1 つの問題であるのだが，現在のように消費の個人化，嗜好の多様化が進めば，セグメンテーション内でニーズが分かりにくい傾向がより強くなる。アクセンチュア（2001）では，図表 8-3 を提示し，個人属性によるセグメンテーションの問題を示唆している。

　この点については Zyman（1999），Zyman & Brott（2004）等でも指摘されている。このような現象は，著者が勤めている大学でも起こっている。講義の中で学生はほぼ年齢として同じであり，今までの手法であれば同じセグメントに分類されるであろう。しかし，同じような購買活動をしているとは考えられないのである。例えば，冬のアウターであれば，同じ種類のアウターを着ている，ダウンだけとか，毛皮だけとか，とは見えないのである。

　このように，個人属性によるセグメンテーションには限界がある。そこで重要になってくるのは，製品・店舗固有の変数である。これには，観察可能な使用頻度，ブランドロイヤルティー，店舗，ロイヤルティー，採用時期，消費場面などが挙げられる。使用頻度によるセグメンテーションでは，ヘビー・ユーザー，ミディアム・ユーザー，ライト・ユーザーなどに分類で

きる。ブランド及び店舗・ロイヤルティーについては，顧客の購買履歴を利用することによって把握することができる。後者の店舗・ロイヤルティーで代表的なのが **RFM分析** である。これは，経過時間（R），頻度（F），購買金額（M）を用いて，顧客の店舗ロイヤルティーを測定する。例えば，直近の購買からの経過時間を表し，経過時間が短いほど店舗・ロイヤルティーが高いと考える（中村編著，2008）。この分析結果を用いて顧客を分類する方法もある。なお，RFM のスコア化については，中村編著（2008），p.16 を参照されたい。このような方法は，「優良顧客」を絞り込むという点においては重要であり，しかも簡単な方法であると考えられる[1]。なぜなら，優良顧客は上述の RFM の指標に照らし合わせると最もスコアが高いと考えられるからである。また，消費場面では，週末型消費かそれともウィークデー消費か，またいつ消費するのか，によってセグメント化を行っている。

　そして，最後に観察は不可能であるが，重要であると考えられる製品・店舗固有の変数がある。それには，プロモーション弾力性，知覚便益，購買意図，などである（中村編著，2008）。

　以上のマーケット・セグメンテーションの変数は 6 つの基準から評価される。①識別可能性（セグメントを識別できる程度），②実質性（セグメントの市場規模の測定の容易さ），③到達可能性（ターゲット・セグメントへの到達可能性），④安定性（時間などに影響されないこと），⑤実行性（マーケティングの意思決定が容易かどうか），⑥反応性（マーケティング・プログラムに対するセグメントでの購買などの反応）である。これらの評価基準で各変数の特徴をみたのが図表 8-4 である（中村編著，2008）。

　図表 8-4 からも観測可能な一般的変数（個人属性）は識別の簡単さはあるが，購買につながるかどうかの点で問題であるとされる。観測可能な製品固有の変数については購買につながる可能性が高いと考えられる。中村編著（2008）では，本書で示すような情報化社会において顧客の取引データが入手可能になると，セグメンテーションを行う変数として行動変数がより重要になっていくとしている。

	識別可能性	実質性	到達可能性	安定性	反応性	実効性
観測可能な一般的変数	＋＋	＋＋	＋＋	＋＋	－	－
観測可能な製品固有の変数						
－ロイヤルティや採用時期	＋	＋＋	－	＋	＋	－
－使用量や消費場面	＋	＋＋	＋	＋	＋	－
観測不能な一般的変数						
－パーソナリティ	±	－	±	±	－	－
－生活価値		－	±	±	－	－
－ライフスタイル	±	－	±	±	－	－
観測不能な製品固有の変数						
－知覚便益	＋	＋	－	＋	＋＋	＋＋
－購買意図	＋	＋		±	＋＋	＋

図表 8-4　セグメンテーションの評価基準からみた各変数の特性

(出所：中村編著，2008，p.10，図表 1-2)

　このような流れの中で，データサイエンスの世界では，2つの手法を提示する。1つは，CRM などの基幹系システムに保存されている個人属性，個人プロファイルをデータにクラスタリング手法を用いて，類似性を軸に新たに分類する手法であり，より効率的なマーケット・セグメンテーションの変数を作る。もう1つは，実際の購入履歴（何を購買しているのか）という点からセグメント化を行う方法を提示することになる。本書では，パン屋さんの事例を用いて，実際の購買活動からセグメンテーションを行う方法を次節で見てみることにしよう。

　顧客プロファイルや実際の購買活動から，顧客をセグメント化し合成変数を構築する方法として，IBM SPSS Modeler では，クラスタリング手法を用いて行う。クラスタリングを行うアルゴリズムとして，Kohonen ネットワーク（自己組織化マップ），K－Means クラスター，Two Step クラスターの3つがある。なお，これらの分類の機能については，詳しくは，Tan, Steinbach & Kumar（2006）第8章及び第9章を参照されたい。本書で議論

していないアルゴリズムについても紹介されている。

　Kohonen ネットワーク（自己組織化マップ）については，第 5 章で説明したとおりである。そこで，これらのアルゴリズムのうち後者の 2 つについて少し説明しておくことにしよう。なぜなら，Wu & Kumar（2009）等においては，特に，K－Means は重視されているからである。

　K－Means は，データ内のクラスターを探索する比較的高速な手法である。適合させるクラスターの個数（k 個）をユーザーが設定すると，クラスター中心（クラスター化に使用されたフィールドの平均：K－Means）を基礎にデータレコードを分類する。クラスター中心は新しいデータレコードに合わせて更新される。クラスター中心の移動によって，もし必要であれば新しいデータパスが作成され，この結果として最も近くなったクラスターにデータレコードが移される。ユーザー自身がクラスターの個数を設定しなくてはならないので，ふつうはこの手続きを何回か実行し，クラスターの個数（k の値）を変更した場合に結果（平均のプロファイル，各クラスターに含まれるレコードの個数，クラスターの分離）がどう変わるかを調べることになる。

　自己組織マップと K－Means の 2 つのクラスター手法と違って，Two Step クラスターは統計的な基準に基づいてクラスターの最適な個数を選択することになる。Two Step の名のとおり，このクラスター化は 2 段階をとる。第 1 段階で，最大個数のクラスターが十分離れているように設定され，各レコードはそのうちのいずれかに分類する。第 2 段階では，階層的凝集型クラスター手法が使用されて，最初のクラスターを順々にまとめていく。これによって最大個数のクラスターから，最小個数のクラスターへと，クラスターの数が減らされて解を得ることになる。ここで統計的基準を使用して，どの解が一番よいのかを判断することになる。

　本書では，これら 3 つのアルゴリズムのうち，最も代表的で，基本的なアルゴリズムである Kohonen ネットワーク（自己組織化マップ）を選択することにする。

　IBM SPSS Modeler において, Kohonen ネットワーク（自己組織化マップ）を構築するには, 図表 3-11 の中の Kohonen ネットワークのノードを用いる。

Ⅱ　実際の購買活動から分類し合成変数を構築する手法

　喜田（2019）では, 実際の購買活動から分類し, 合成変数を作成することで, 既存のマーケット・セグメンテーションの課題を明らかにした。ここでは, パン屋さんの POS データ（取引履歴データ）を基に, 何を買っているのか, という軸で顧客をセグメント化する。つまり, 実際の購買活動よりのセグメンテーションである。なお, ここで用いたストリームは付録（p.282）を参照されたい。

　そのために用いるのが, 第 3 章で提示したようなデータである（図表 8-5）。そこで, ここでは, パン屋さんのデータを用いて顧客を分類することにしよう。なお, このデータもフィクションであることを注記しておくことにしよう。

　図表 8-5 では, 個人属性ではなく, パン屋さんなど小売店での POS データにおいては, レシート番号, 年月日, 時間, 商品名 1, 商品名 2, 商品名 3, 商品名 X, 合計金額などのようにデータが作成される。そして, 購入されれば 1, されなければ 0 を入力することになる。

　このモデルを構築するには, 他のモデルと同様にデータ型ノードでの編集が必要となる（図表 8-6）。なお, モデル構築のストリーム（ノードの配置）は, 付録（p.282）を参照されたい。

　商品の購買記録のデータ型が 0 or 1 であるので, フラグ型に変更する。

レシート番号	食パン	卵サンドイッチ	ミックスサンド	ベーグル	クリームパン	アゲパン	あんパン	メロンパン	デニッシュ	アップルパイ
100001	1	0	0	0	0	0	0	0	1	0
100002	1	0	0	0	0	0	0	1	0	0
100003	1	0	0	0	0	0	0	1	1	0
100004	1	0	0	0	1	1	0	0	0	0
100005	1	0	0	0	0	0	0	0	0	0
100006	1	0	0	0	0	1	0	0	1	1
100007	1	0	0	0	0	1	0	0	0	0
100008	1	0	0	0	0	0	0	0	0	0
100009	1	0	0	0	1	0	0	0	1	1
100010	1	0	0	0	0	0	0	0	0	0
100011	1	0	0	0	0	0	0	0	0	0
100012	1	1	1	0	1	1	0	0	1	0
100013	1	0	0	0	0	0	0	0	0	0
100014	1	0	0	0	0	0	0	0	1	1
100015	1	0	0	0	0	0	0	0	0	0
100016	1	0	1	0	0	0	0	0	0	0
100017	1	0	0	0	0	0	0	0	0	0
100018	1	0	0	0	0	0	0	0	1	0
100019	1	0	0	0	0	1	0	0	0	1
100020	1	0	1	0	1	0	0	0	0	1

図表 8-5　購買活動によるセグメンテーションに必要なデータ（パン屋の事例）

（図表 3-23：POS データ；パン屋さんの事例再掲）

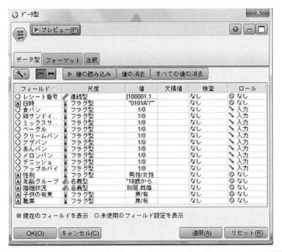

図表 8-6　このノードを用いるためのデータ型ノードの編集

（出所：喜田，2019）

クラスタ

入力値（予測値）の重要度
■1.0 ■0.8 ■0.6 □0.4 □0.2 □0.0

クラスタラベル	X=0, Y=0	X=0, Y=1	X=0, Y=2	X=1, Y=0	X=1, Y=1	X=1, Y=2	X=2, Y=0	X=2, Y=1	X=2, Y=2
説明									
サイズ	23.9% (188)	1.9% (15)	22.1% (174)	1.9% (15)	0.4% (3)	6.9% (54)	20.2% (159)	5.0% (39)	17.7% (139)
入力	アップルパイ 0 (100.0%)	アップルパイ 1 (86.7%)	アップルパイ 1 (100.0%)	アップルパイ 1 (100.0%)	アップルパイ 1 (100.0%)	アップルパイ 1 (100.0%)	アップルパイ 1 (100.0%)	アップルパイ 0 (92.3%)	アップルパイ 0 (82.0%)
	食パン 0 (100.0%)	食パン 1 (100.0%)	食パン 1 (79.9%)	食パン 1 (86.7%)	食パン 1 (100.0%)	食パン 1 (51.7%)	食パン 1 (100.0%)	食パン 1 (100.0%)	食パン 1 (89.5%)
	ミックスサンド 1 (51.6%)	ミックスサンド 1 (86.7%)	ミックスサンド 1 (95.4%)	ミックスサンド 1 (86.7%)	ミックスサンド 1 (66.7%)	ミックスサンド 0 (70.4%)	ミックスサンド 1 (93.8%)	ミックスサンド 1 (71.8%)	ミックスサンド 1 (85.6%)
	クリームパン 0 (95.7%)	クリームパン 1 (93.3%)	クリームパン 0 (93.7%)	クリームパン 1 (100.0%)	クリームパン 1 (100.0%)	クリームパン 0 (66.5%)	クリームパン 0 (94.3%)	クリームパン 0 (82.1%)	クリームパン 1 (66.2%)
	アゲパン 0 (73.4%)	アゲパン 0 (93.3%)	アゲパン 0 (78.2%)	アゲパン 1 (86.7%)	アゲパン 1 (100.0%)	アゲパン 1 (63.0%)	アゲパン 0 (70.4%)	アゲパン 1 (81.5%)	アゲパン 1 (91.4%)
	卵サンドイッチ 0 (56.9%)	卵サンドイッチ 0 (53.3%)	卵サンドイッチ 0 (81.6%)	卵サンドイッチ 0 (100.0%)	卵サンドイッチ 0 (100.0%)	卵サンドイッチ 1 (57.4%)	卵サンドイッチ 0 (84.1%)	卵サンドイッチ 1 (84.1%)	卵サンドイッチ 0 (82.7%)
	デニッシュ 1 (58.0%)	デニッシュ 0 (60.0%)	デニッシュ 0 (73.6%)	デニッシュ 0 (86.7%)	デニッシュ 1 (100.0%)	デニッシュ 0 (63.0%)	デニッシュ 0 (76.7%)	デニッシュ 1 (89.2%)	デニッシュ 1 (80.6%)
	ベーグル 0 (97.3%)	ベーグル 0 (93.3%)	ベーグル 0 (93.7%)	ベーグル 0 (100.0%)	ベーグル 0 (66.7%)	ベーグル 0 (81.5%)	ベーグル 0 (100.0%)	ベーグル 0 (94.9%)	ベーグル 0 (74.8%)
	メロンパン 0 (92.6%)	メロンパン 0 (93.3%)	メロンパン 0 (96.6%)	メロンパン 0 (100.0%)	メロンパン 0 (66.7%)	メロンパン 0 (92.6%)	メロンパン 0 (93.1%)	メロンパン 0 (87.2%)	メロンパン 0 (74.1%)
	あんパン 0 (98.9%)	あんパン 1 (100.0%)	あんパン 0 (99.4%)	あんパン 0 (100.0%)	あんパン 0 (100.0%)	あんパン 0 (92.6%)	あんパン 0 (100.0%)	あんパン 0 (97.4%)	あんパン 0 (89.2%)

図表 8-7　購買活動のセグメント＝合成変数

（出所：喜田，2019）

　その上で，ここでは，購入している商品からクラスター化を行うので，各商品のフィールドの方向を入力にする（図表 8-6）。なお，ここでは，購買活動に関する変数についての設定を行う。

　なお，サイズは含まれる顧客の割合，下記には何を買っているのか，などを分析している。この結果をまとめると，図表 8-8 になる。

　このように購買傾向で顧客を分類できる。この結果と日時などのデータを統合することで日時と購買傾向によるセグメントとの関係をみることで，より有効なセグメンテーションが可能になると考えられる。次に，このように顧客を分類したのであるが，これらのセグメントのうち，自店舗（自社）にとってどれが重要なのかを明らかにする必要がある。その方法が散布図によ

クラスター（セグメント番号）	何で分類したか
クラスター 22	デニッシュとミックスサンドを買っている。
21	卵サンド，ミックスサンド，デニッシュ，揚げパンなどを買う傾向が少しある。
20	食パン，卵サンド，ミックスサンド，デニッシュ，揚げパンなどを買う傾向が強い。
12	21 よりその傾向が弱い。
11	ほとんどの商品を買っていない。
10	揚げパンと食パンを買う傾向があるが，弱い。
02	アップルパイを買う傾向が強い。
01	アップルパイ，デニッシュ，食パンを買う傾向があるが，弱い。
00	食パンを中心に，揚げパンを買う傾向が強い。ただし，何も買わない人も多い。

図表 8-8　セグメントごとでの購買特徴

(出所：喜田，2019)

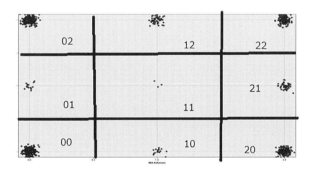

図 8-9　購買活動による顧客の散布図

(出所：喜田，2019)

る分析である（図 8-9）。また，単純にセグメントごとで人数を集計する方法もある。この散布図は，Kohonen マップ（自己組織化マップ）の概念図の X 軸と Y 軸で示される平面部分に対応する。

　その結果，作成した 9 つのクラスターのうち，主要なものは 4 つである

ことが分かる。セグメント22，セグメント00，セグメント02，セグメント20である。この結果と図表8-8での結果を統合すると，この店舗では，デニッシュとミックスサンドを買う顧客セグメント（セグメント22），食パンを中心に揚げパンを買う顧客セグメント（セグメント00），アップルパイを買う顧客セグメント（セグメント02），食パン，卵サンド，ミックスサンド，デニッシュ，揚げパンなど多品種のものを買う顧客セグメント（セグメント20）が中心であると考えられる。その上で各セグメントをその特性に応じて命名することになる。例えば，セグメント02であれば，「アップルパイ」というようにである。

このようなセグメンテーションは，マーケティングにおいて市場のターゲット化の基礎となる。その選択では，各セグメント別の売上高や利益などと関係づけて考えることになるだろう。具体的には，売上高及び利益率の高いセグメントを中心に店舗における商品展開やそのほかのマーケティング活動を行う。そして，重要なのは他店舗などの競争相手のいないことである。例えば，いくら利益率が高いとしてもアップルパイのおいしい他のお店がある場合，このセグメント（セグメント02）を中心にするわけにはいかないであろう。

以上のように実際の購入活動から顧客を分類する方法について説明してきた。次に，このようなセグメントの方法は既存の個人属性によるセグメントとどのような関係にあるのか，を理解することが必要である。

■クラスターに含まれる購買者の属性を見る：既存のセグメンテーションの問題点

この作業は棒グラフを用いて行われる。棒グラフノードはグラフ作成パレットにある。その結果，次のようなグラフを得ることができる（図8-10）。

その結果，

①クラスター20及び00は，20代中心に若い世代が多いこと。

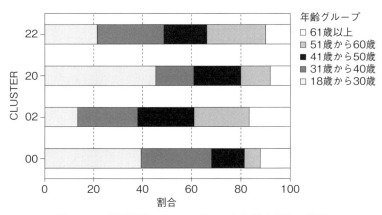

図 8-10　購買活動によるセグメントと個人属性の関係

（出所：喜田，2019）

②クラスター 02 は，各世代が含まれていること。

③クラスター 22 は 30 代と 50 代が多いこと。

等が分かる。

　このように見ると，年齢に関して言うと，ほとんど関係がないように思える。この点は図表 8-3 でニーズの個人属性との関係の図表に似ており，属性によるセグメント化の有効性に疑念を持たせることになろう。この点については Zyman & Brott（2004）においても示唆されている。そして，Pfeffer & Sutton（2006）でいう**「事実に基づいた経営」**という点から言うと，他社が導入しているマーケット・セグメンテーションの方法を自社にそのまま導入することの危険性を示していると考えられる。それ故，ここで取り上げたような実際の購買活動から，セグメント化を行うということが重要になると考えられる。

　また，経済学において顕示選好という概念がある。顕示選好とは，使用量や実際何を買うのか（需要）からその選好（ある種のニーズや満足度）に対する情報が得られると考えることである。この点から，本章で示した実際の購買活動によるセグメンテーションには理論的な根拠があると考えられる。本章で提示した方法を用いることで，簡単に購買行動によるセグメンテー

ションが可能であるということを示すことができたと考えられる。

　また，このように単独の個人属性でセグメンテーションを行うことには課題がある。そこで，本書では新しく個人属性の合成変数を作成する方法を提案することにしよう。なお，統計的な分析を用いていない。そこで，ここでは，各クラスターと顧客プロファイルの χ 二乗検定を行う。その上で，顧客プロファイルを用いた合成変数を作成し，それを新たなクラスターとする。

Ⅲ　個人属性の合成変数を作成する方法

　ここでは，パン屋さんのシステムに保存されている顧客データの合成変数を構築することにしよう。まず，ここでは，顧客プロファイルを対象とするようにデータ型ノードを編集することになる（図表 8-11）。

　ここでは，各顧客プロファイルを示す変数〔性別，年齢グループ，婚姻状況，子供の有無，職業〕フィールドの方向を入力にする。

　Kohonen ノードの編集画面において，ランダムシードの設定（1000）にする。なお，ランダムシードの設定は，そのモデルの再現性を高めることを中心とする。なお，この点が，自己組織マップのモデル構築の際に再現性が低いことが指摘されており，自己組織マップの欠点とされている。なお，この点はニューラルネットワークでも同様である。これは，再現できるようなモデルを構築するために用いる。次に，エキスパートタブをクリックし，モードをエキスパートにする。その上で，幅に，3，長さに 3 を入力する。これによって，3 * 3 の 9 つのカテゴリーにクラスター化することができるようになる。つまり，9 つのセグメントができたことになる。その結果をみると図表 8-12 のような結果を得ることができる。

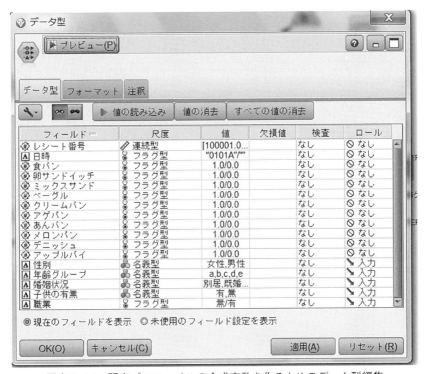

図表 8-11　顧客プロファイルの合成変数を作るためのデータ型編集

　このように，個人属性の組み合わせ，合成変数を作成することができる。
そして，その合成変数を基にしたマーケット・セグメンテーションが可能に
なるである。しかも，この合成変数は，個人属性を単独で用いるより有効で
あることも分かっている。前節のグラフでは，統計的な分析は行っていな
い。まず，単独の個人属性と購買活動によるクラスターでの χ 二乗検定を
行った。その結果，性別，婚姻状況については，統計的に有意な結果を得ら
れず，一方，年齢グループと職業〔有，無〕では，χ 二乗値（121.887），χ
二乗値（36.11）と有意な結果を得た。
　そこで，本章で構築した個人プロファイルの合成変数と購買活動の合成
変数の関係については，p.217 の図表 8-14 のとおりであり，有意な結果

クラスタ

入力値（予測値）の重要度
■1.0 ■0.8 ■0.6 ■0.4 □0.2 □0.0

クラスタ ラベル	X=2, Y=2	X=2, Y=0	X=0, Y=0	X=1, Y=0	X=0, Y=2	X=0, Y=1	X=1, Y=2
説明							
サイズ	29.0% (228)	22.4% (176)	15.9% (125)	11.6% (91)	11.2% (88)	7.0% (55)	2.9% (23)
入力	性別 女性 (100.0%)	性別 女性 (97.7%)	性別 男性 (100.0%)	性別 男性 (100.0%)	性別 男性 (100.0%)	性別 男性 (100.0%)	性別 女性 (100.0%)
	子供の有無 無 (100.0%)	子供の有無 有 (100.0%)	子供の有無 無 (100.0%)	子供の有無 有 (100.0%)	子供の有無 無 (93.2%)	子供の有無 無 (100.0%)	子供の有無 無 (100.0%)
	年齢グループ b (25.9%)	年齢グループ b (40.9%)	年齢グループ c (27.2%)	年齢グループ c (30.8%)	年齢グループ a (100.0%)	年齢グループ a (63.6%)	年齢グループ a (100.0%)
	婚姻状況 既婚 (27.2%)	婚姻状況 既婚 (39.2%)	婚姻状況 離婚 (28.8%)	婚姻状況 死別 (25.3%)	婚姻状況 未婚 (96.6%)	婚姻状況 未婚 (36.4%)	婚姻状況 未婚 (87.0%)
	職業 有 (94.3%)	職業 有 (80.1%)	職業 有 (97.6%)	職業 有 (64.8%)	職業 有 (60.2%)	職業 有 (98.2%)	職業 無 (56.5%)

図表 8-12　顧客プロファイルのセグメント＝合成変数

クラスター（セグメント番号）	セグメントごとの個人プロファイル
クラスター 22	既婚女性で子供なし
20	既婚女性で子供あり
12	無職女性
10	死別男性で子供あり
02	若年独身男性
01	中年独身男性
00	離婚男性の子供あり

図表 8-13　セグメントごとの個人プロファイル

を得ている。なお，CLUSTER2 が個人プロファイルの合成変数であり，CLUSTER が購買活動の合成変数である（図表 8-14）。その結果，χ 二乗値（231.986）と優位な結果を得ている。

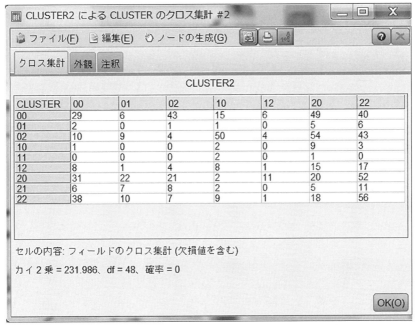

CLUSTER2 によるCLUSTER のクロス集計 #2

ファイル(F)　編集(E)　ノードの生成(G)

クロス集計　外観　注釈

CLUSTER2

CLUSTER	00	01	02	10	12	20	22
00	29	6	43	15	6	49	40
01	2	0	1	1	0	5	6
02	10	9	4	50	4	54	43
10	1	0	0	2	0	9	3
11	0	0	0	2	0	1	0
12	8	1	4	8	1	15	17
20	31	22	21	2	11	20	52
21	6	7	8	2	0	5	11
22	38	10	7	9	1	18	56

セルの内容: フィールドのクロス集計 (欠損値を含む)

カイ 2 乗 = 231.986、df = 48、確率 = 0

OK(O)

図表 8-14　個人プロファイルと実際の購買活動の関係

　この図表から，個人プロファイルの合成変数の有効性は明らかであり，個人プロファイル単独のセグメンテーションよりも，データサイエンスを用いて合成変数を構築する有効性を示すことができると考えられる。

Ⅳ　セグメンテーションの自動化とダッシュボード例

　ここでは，セグメンテーションの自動化とダッシュボード例を挙げることにしよう。ここでは，自動クラスタリングを用いる。設定は他のクラスタリングアルゴリズムと同じである。詳しい自動クラスタリングについては，第 5 章を参照されたい。IBM SPSS Modeler で図表 8-15 のようなストリームを構築し，データ入力を自動化すればセグメンテーション自体が自動化さ

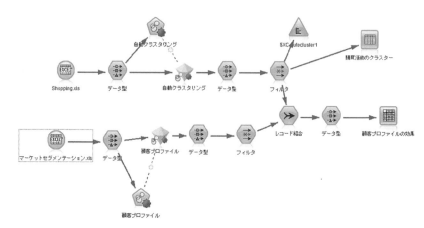

図表 8-15　セグメンテーションの自動化のためのストリーム

れ，ダッシュボードに示されることになる（図表 8-16）。このストリームで
は顧客の合成変数によるセグメンテーションと実際の購買活動との関係を分
析することができ，そのマーケット・セグメンテーションの効果を測定す
ることができる。ダッシュボードには，図表 8-16 で示されるようなテー
ブルが考えられる。なお，ここでは，刷新スピードの速い pos データ（購買活
動）によるセグメンテーションの自動化とダッシュボード例について説明す
る。

　図表 8-16 でのクラスター化によって膨大な pos データを要約することが
できる。ここでは 7 つに分類している。その上で簡単に集計することがで
きる（図表 8-16）。

購買活動	クラスター
100001	クラスター4
100002	クラスター1
100003	クラスター1
100004	クラスター1
100005	クラスター1
100006	クラスター5
100007	クラスター1
100008	クラスター1
100009	クラスター5
100010	クラスター1
100011	クラスター1
100012	クラスター3

図表 8-16　購買活動のクラスター化のダッシュボード例

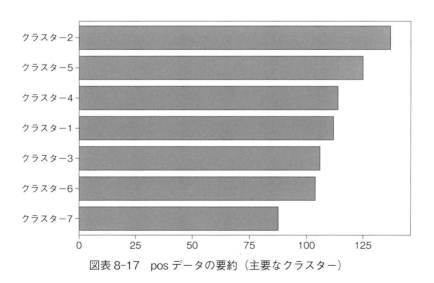

図表 8-17　pos データの要約（主要なクラスター）

その上でクラスター 2 を個人プロファイルなどの関係を導き出すことで，新たな顧客行動の分析が可能になるかもしれない。しかも，この分析は実際の購買活動を基礎にした分析であり，通常のマーケット・セグメンテーションの分析よりビジネス上の効果が明確であると考えられる。

おわりに

　本章では，まずマーケティングセグメンテーションの流れ，特に分類するための基準の変遷を明らかにしてきた。そこでは，個人属性から行動特性（実際の購買活動）へ中心が移ってきていることを明らかにした。次に，パン屋さん（小売店データ）を基にした実際の購買活動によるセグメンテーションについて説明した。そして，最後に，実際の購買活動によるセグメンテーションと個人属性との関係を明らかにした上で，既存のマーケティングセグメンテーションの限界を示した。そして，本書では，新たに個人属性の合成変数の構築方法を提案した。

　本書で提示した方法を用いて，より事実重視で有効なセグメンテーションを行い，各企業の利益向上に役立つことを願っている。なお，本書では説明していないがこのようなセグメンテーション（クラスタリング）は，年収や，売上高などの定量的な変数を用いて K−Means などの手法を用いてもできることを付け加えておくことにしよう。

▎注

1　IBM SPSS Modeler では，第 3 章で示したようにこれを行うためのノードが用意されている。

第**9**章

売上が伸びる仕組みを構築したい：
店舗設計とレコメンドシステム

はじめに

　本章では，まず，アソシエーションを用いたマーケット・バスケット分析の背景となっているロングテール現象やその現象を取り込んだビジネスであるロングテールビジネスについて説明する。次に，ロングテールビジネスの基礎となり，データマイニングの代表的な方法であるマーケット・バスケット分析について説明する。その上で，より具体的にパン屋さんを事例にどのようにマーケット・バスケット分析を行い，おすすめ商品を選定するのか，について提案することにしよう。このようなロングテールビジネスがどのような市場（商圏）の変化を引き起こしているのか，を説明することにしよう。

I　この手法の背景—商品のロングテール現象

　企業は数多くの商品を世に出している。しかもその傾向は年々強くなってきており，新商品開発としてのイノベーションの有効性を危惧する声まであるほどである（榊原，2005）。

　このような商品群のうち，分かりきったことであるが，ヒットする商品は少ない。つまり，数多く商品開発しても売れる商品は少ないという現象が起こっている（図表9-1）。

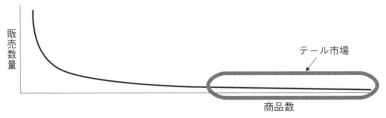

図表 9-1　ロングテール現象

（出所：喜田，2010）

　言い換えると，企業にとって販売数の多い商品は数少ないということである。この点をある種の経験則で「80 対 20」を指摘される。これは，20％の商品群で80％分の利益を出しているということである（Anderson, 2006）。

　例えば，本書で用いているデータでも，同様の現象が起こる。重要な点がこのような現象が市場全体のみならず，現在では店舗レベル及び企業内でも同様に出現することである（図表 9-2）。

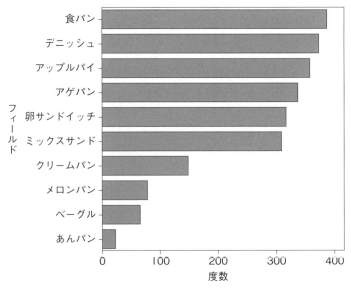

図表 9-2　本書での事例での企業内ロングテール

（出所：喜田, 2019）

　図表9-2から，この店舗において「あんパン」と「ベーグル」がほとんど売れていないことが分かる。それ故，経営課題としては，この2つの商品をどのように売るのかになろう。多くの企業においては，企業内においてヒットする商品とほとんど売れないが必要な商品という2つに分類されるような分布（ロングテール）を持っていると考えられる。そこで，この点を解決しようとするのがロングテールビジネスであり，その手法はデータマイニングにおいて代表的な手法であるマーケット・バスケット分析である。

　それでは，なぜ，このような商品展開がなされるようになったのか，また，なぜ，このような現象が生み出されているのか，について説明する必要がある。

ロングテール化を進める要因

　Anderson（2006）は，このようなロングテール化を進める要因は，ロングテールのしっぽのほうの商品であるニッチ商品を手に入れるコストが下がらなければならない，としている。本節では，Anderson（2006）の第4章を基礎とした。なお，ここでの議論の前提条件として，顧客のニーズの多様化と消費の個人化がその根底にあることを重視しておく必要がある。

　このコストを下げる要因の第1は，**「生産手段の民主化」**である。生産手段の民主化の大きな事例としては，パソコンの普及がある。パソコンが普及することによって，映像，文章，動画，音楽などのコンテンツ産業に属する者が，生産手段がないからという理由で生産できない，ということがなくなった。生産手段がないような状況では生産手段は一部の人たちに独占されており，彼のいう民主化は起こっていないが，生産手段がこのように誰でも手に入れられる状況になると民主化されたと考える。このような生産手段を手に入れるコストが下がることは，受け手である消費者が積極的に生産者への変わりつつあり，大量の種類の商品が市場に出回ることを示している。これはロングテールのしっぽの部分を増加させるという現象を引き起こす。このような現象を顕著にみることができるのは，欧米での自費出版業界を含む

出版業界である。

　第2の要因は「**流通システムの民主化**」である。そこで大きな役割を果たすのがインターネットの普及である。その代表的な例が出版業界におけるインターネットを用いたオンデマンド出版やダウンロードサイトなどの仕組みの発達である。出版業界では，オンデマンド印刷によって，絶版本がなくなる一方で，誰でも自費出版できる仕組みを手に入れている。そのため，扱う品数がここ数年で20％以上増加する書店もあるとされている。つまり，インターネットの利用によって出版社が流通システムの1つになったのである。代表的な事例としてキンドルが挙げられる。流通システムとしてインターネットを用いることで，多くの人々に商品を届ける仕組みを手に入れたことになる。そして，それはテール市場での商品の取引が容易な状態が高まることを示しており，したがって消費が増え，販売数が増加することを示している。このようにインターネットを用いた流通システムでは，物理的な商品を扱うことができにくい。物理的な商品（書物，ファッション，雑貨，インテリア，等）をどのように運ぶのか，という点が問題になる。そこで重要ではあるがあまり議論されていないこととして「宅配業」の発達があり，この問題を解決しているのである。そして，この点もロングテール化の要因の1つとして挙げることができると考えられる。

　第3は，インターネットを用いた「**需要と供給を結び付ける仕組み**」の開発である。これは，消費者にどのような商品があるのか，を気づかせる仕組みであり，グーグルでの検索などが代表的なものとなる。これにより，消費者の探索コスト（心理的なコスト）を下げることができることとなった。また，各小売サイトや各企業のホームページで見られるレコメンデーションの仕組みも，この要因に含まれる。その代表的な事例としてアマゾンがある。最後に，消費者同士のブログもこの意味では大きな役割を果たすと考えられている。

　このような3つの要因がロングテール化を推進し，ロングテールビジネスという新たなビジネスにつながることになる。生産手段の民主化は星の数ほ

どの生産者を増加させることに関連するし，効率的な（デジタル）流通システムは新たな市場を生んでいる。消費の個人化，嗜好の多様化によって生み出された顧客に対して，商品を届ける仕組みはさまざまなレコメンデーションやマーケティング手法へのつながり，事実上新しい情報発信源になっている。

II　ロングテールビジネス

　このような現象から Anderson（2006）はロングテールビジネスを提唱することになる。そして，彼は，現在ロングテールに関して分かっていることとして以下の6点を挙げている。

①現実，すべての市場において，ニッチ商品はヒット商品よりもはるかに商品数が多い。生産手段が安くなり一般に普及すれば，ニッチ商品の割合は急速にもっと高まる。

②ニッチ商品を入手するコストが劇的に低下した。デジタル流通，優れた検索技術，ブロードバンドの普及といった要素の後押しで，インターネット市場は小売のビジネス・システムは根本から変化しつつある。具体的には，立地の限界を超えるようになってきた点である。その上で多くの市場で提供できる商品の種類は実に多様になった。

③多様な選択肢を提供しても，それだけで需要は増えない。消費者がそれぞれの必要性や興味に合わせてニッチ商品を見つけられるような方法を提供しなくてはならない。そのためには特定の手段や技術（レコメンデーション，人気ランキング等）が必要である。こうした「フィルタ」は需要をテールへ導くことができる。

④選択肢が幅広く多様で，なおかつそれを整理するフィルタがあれば，曲線は平坦な形になる。ヒットもニッチもどちらもまだ存在するが，ヒットは以前より人気度が低く，ニッチへの需要は高くなる。

ロングテール化の要因	ビジネス（業態）	事　　　例
生産手段の民主化	ロングテールの生産者 手段の生産者	自費出版する作家等
流通手段の民主化	ロングテール（商品）の集積者	アマゾン，楽天，イーベイ，ネットフリックス
需要と供給の一致	ロングテールのフィルタ	グーグル，ラプソディー
２つの要因より	集積者によるレコメンドシステム	アマゾン，楽天

図表 9-3　ロングテール化の要因とビジネス（業態）

（出所：Anderson，2006，p.76，上図，加筆修正）

⑤ニッチ商品を全部足せば，ヒット市場に（たとえ勝てなくても）肩を並べるほど大きな市場になる可能性がある。ニッチ商品には飛ぶように売れる商品はないが，数はたくさんある。それらをすべて合わせればヒット市場と匹敵する。

⑥以上の要素が揃えば，流通経路の狭さ，情報不足，商品スペースの限界に影響を受けない自然な曲線が表れる。

　このようなロングテール化をビジネスに取り込みやすい業態として，前節の３つの要因から次のような業態をロングテールビジネスとして挙げている（図表 9-3）。

　図表 9-3 からみると，ロングテール化をビジネスとして組み込みやすい業態として，小売業，特にロングテールの商品を集積できる企業であることが分かる。その代表的企業がアマゾンである。

Ⅲ　マーケット・バスケット分析

　このようなロングテールビジネスの基礎となっているのが，データマイニングでのマーケット・バスケット分析である。マーケット・バスケット分析をイメージするには，誰かがスーパーマーケットで買ったさまざまな商品の

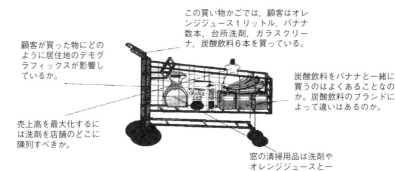

この買い物かごでは，顧客はオレ
ンジジュース1リットル，バナナ
数本，台所洗剤，ガラスクリー
ナ，炭酸飲料6本を買っている。

顧客が買った物にどの
ように居住地のデモグ
ラフィックスが影響し
ているか。

炭酸飲料をバナナと一緒に
買うのはよくあることなの
か。炭酸飲料のブランドに
よって違いはあるのか。

売上高を最大化するに
は洗剤を店舗のどこに
陳列すべきか。

窓の清掃用品は洗剤や
オレンジジュースと一
緒に買われるのか。

図表9-4　マーケット・バスケット分析のイメージ

(出所：Berry & Linoff，1997，p.16，図2-1)

入ったショッピングカートを思い浮かべてほしい（図表9-4）。本節につい
ては Berry & Linoff（1997）を基礎としている。

　図表9-4 では，1 人の買い物かごであるが，POS データとして保存され
た買い物かごデータはすべての顧客の買い物かごを示している。つまり，
マーケット・バスケット分析を行うことで，顧客が『何』を買ったかという
情報から，「誰」が「どのような」特定の購買をするのか，という洞察を得
ることができるし，また，どの商品が一緒に買われるのか，どの商品を販売
促進すべきかが分かる。そして，このような結果は，店舗設計や特別陳列す
べき商品（レコメンド＝おすすめ商品）の選定，併売活動をする商品（飲食
業ではセットメニュー）の選択，また，これらのデータ購買日時のデータが
あれば，クーポンやキャンペーンの行う時期などを決めることができる。

　マーケット・バスケット分析は，第5章で説明した**アソシエーション・
ルール**を用いている。詳しくは Tan，Steinbach & Kumar（2006）第6章及
び第7章及び Linoff & Berry（2011b）を参照されたい。それ故，「**同時発
生**」，「**同期**」している製品・サービスの購買を重視し，その製品間もしくは
サービス間の関係に注目する。なお，この点については実例のところで詳し
く説明する。

　この手法の長所としては，①結果が明確に理解できる，②探索的なデータマイニングができる，などが挙げられる。一方短所としては，①データの属性について限定的にしか扱えない。なお，この方法はシンボル値しか扱えない，②適切なアイテム数（商品数）の決定が困難である，③まれにしか購買されない商品については説明できない，などが挙げられる。

　以上でマーケット・バスケット分析について説明してきた。このようなマーケット・バスケット分析を行う際に理解しておくべき点，注意点がある。

■マーケット・バスケット分析の注意点：「有益なルール（仮説）」，「とるに足らないルール（仮説）」，「説明不可能なルール（仮説）」

　マーケット・バスケット分析は，第5章で説明したアソシエーション・ルールを用いて構築できる。そこで構築されたルール（仮説）は明確で分かりやすい。しかし，いつも有効であるとは限らないのである。次に挙げるルール（仮説）は，実際のデータから求めたルールであり，データマイニングといえばこれらの仮説が挙げられる。

　①木曜日にはスーパーでビールと紙おむつを一緒に買う。

　②製品保証契約を付けた顧客は大型の家電商品を買う傾向がある。

　③DIY店（ホームセンターのようなもの）の新規オープンでよく売れるものの1つがトイレットリングである。

　この3つは，マーケット・バスケット分析でもたらされるルールの3つのタイプ：「有益なルール（仮説）」，「とるに足らないルール（仮説）」，「説明不可能なルール（仮説）」を示している。

　「有益なルール（仮説）」は説明・理解可能でしかもマネジメントとして実行可能な仮説である。①の例では，若い夫婦は週末用に紙おむつと夫のビールとを一緒に買うことを示しており，木曜日ということが分かっているのであれば，紙おむつとビールとを特売にかけることや目につくところに置くことなどの対応策ができるということである。なお，この仮説はデータマイニ

ングの神話であるとする見解もある（Davenport & Haris, 2007）。

　マーケット・バスケット分析，もしくはデータマイニングはこのような有益なルールを見つけようとするのだが，残念なことに，その多くは「とるに足らないルール（仮説）」，「説明不可能なルール（仮説）」がほとんどである。ただし，「その時は」ということを付け加えておくことにしよう。

　「とるに足らないルール（仮説）」 とは，その業界の人には誰にでもすでに知られているルールのことである。②の例では，我々は大型の家電商品を買う時には同時に保証契約を付けることを知っている。その他の例としては，ペンキとペンキ用ブラシ，最近ではパソコンとインターネット回線のサービス，などである。特に後者の場合は，今までのマーケティング活動やセット商品を売った結果にすぎないかもしれないのである。なぜ，このようなルールが生み出されてくるのかといえば，他のデータマイニング手法よりも，顧客情報を用いないという意味でマーケット・バスケット分析は非集計のPOS データに依存しているからである。それ故，その結果はその時のマーケティングキャンペーンをなぞっている，よく言うと確認しているという疑いがある。つまり，マーケット・バスケット分析の結果は以前のマーケティング活動の結果を測定しているだけかもしれない。そのために，マーケット・バスケット分析の結果のみならず，データマイニングで明らかになったことに対して，実務界の人たちは「そんなことはもう知っている」という反応が返ってくることがある。そのために，データマイニング（データサイエンス）の有効性を疑い，否定的な反応をすることもある。

　確かに，マーケット・バスケット分析のみならずデータマイニング（データサイエンス）は知識発見という名目で導入される。なお，データマイニングと知識発見（KD；knowledge discovery）との関係については，Larose（2004）等を参照されたい。また，知識発見という点からデータマイニングについて説明している雑誌が公刊されている。しかし，そこでいう知識には「周知という意味で取るに足らない知識（仮説）」も含んでいるということを理解する必要がある。つまり，既存の知識を可視化するという機能があると

いうことである。前述の例でいえば，自社のマーケティングに対する知識があれば，その確認をマーケット・バスケット分析で行っていると考えられるであろうし，マーケット・バスケット分析の違う利用法とも考えられる。

「**説明不可能なルール（仮説）**」は理解することができずアクションをとることができないルール（仮説）である。③の例では確かに明らかになったが，その原因が分からずマネジメントに生かせなかったとされている。このような仮説を明らかにするのは，現在利用しているデータでは明らかにならないのかもしれないし，そのほかの領域での追求が必要なのかもしれない。

　このような理解すべき点，注意点を確認したのち，本書では，前述のマーケット・バスケット分析で短所とされる点について解決策を少し述べていくことにしよう。その第1が，②適切なアイテム数（商品数）の決定が困難であるという点であり，アイテムの分類軸に関するものであり，もう1つは③まれにしか購買されない商品については説明できないという点である。

アイテムの分類軸とまれにしか購買されない商品

　日々，小売業はもとより多くの企業において数え切れないほどのアイテム数（商品数もしくはサービス数）が存在する。そして，企業には日々の取引を通じて膨大な取引データが貯蔵されることになる。膨大な取引データを基にしたルール（仮説）を一般化するのには分類することが必要となる。そこで，アイテムには，製品コード（書物であると ISBM）や SKU（ストックキーピングユニット）があり，階層的に分類されている（図表9-5）。

　図表9-5の中で，マーケット・バスケット分析で扱うアイテム数が増加するとそれで生み出されるルール数は急速に増加し，店舗設計や併売活動に生かす際に大きな負担となる。その負担を小さくするために，つまり，ルールの一般化をするためには，上位の分類を用いることになる。例えば，「アイスクリーム」の代わりに上位の分類である「冷凍デザート」を用いるなどである。

　一方，製品のブランドや機能などが重視される場合（その商品でないと意

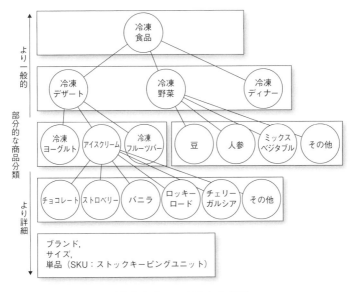

図表 9-5　アイテムの分類
(出所：Berry & Linoff,　1997,　p.28,　図 2-4)

味がない）はより詳細な製品コードなどでアイテム間の分析を行う必要があ
る。この例では，冷凍ピザの特定ブランドが何と一緒に購買されているかを
知ることができれば，そのブランドのメーカーと小売店は協働して対処する
ことが可能になる。このような対処策以外でも，この種の分析はよりマーケ
ティング活動やそのほかの活動において実行可能性が高くなる。例えば，本
書のパン屋の事例のように「あんパン」と「食パン」という間にルールが発
見された場合，店舗設計（棚の設計）や併売活動に利用しやすくなる。

　このように，一般化するのか，それとも詳細に分析するのか，という2
つのレベルが考えられる。通常のマーケット・バスケット分析においては，
最初に幅広いアイテム（一般化の程度の高い）で分析した後，ある特定に向
けたルール生成を行うことになる。そして，このようなアイテムの設定につ
いては店舗における実現可能性や利益率などによってチェックすることが行

われる。

　このように見てみると，製品コード等の商品それぞれを対象としたマーケット・バスケット分析のほうが有効であるように思われる。また，商品をあるアイテムの中で位置づけるということは定義の問題が常に付きまとう。ただし，問題点としてロングテールに含まれるような「まれにしか買われない商品」も対象にすることになる。これは，マーケット・バスケット分析において作成されるルールが複雑になることを示しており，前述したような説明不能なルールを生み出す可能性もある。しかし，ロングテールビジネスによるレコメンドシステム（おすすめ商品の提案）の構築の本来の意図は「まれにしか買われない商品」に対して，顧客の目を向けさせる，もしくは潜在的に持っているニーズに気づかせることにある。それ故，本書では，より具体的に実行可能性を上げるために具体的な商品名によるデータを用いる事例を提示することにしよう。

IV　パン屋さんのデータでマーケット・バスケット分析をする

　マーケット・バスケット分析及びレコメンドサービスを作成するためには，第2章での購買活動に関するデータ（購買記録，POSデータなど）が用いられる。このデータは前章のデータと同じである（図表8-6）。ここでは食品でしかも在庫がしにくい商品を選んでいるが，商品名に書物やCDタイトルまたは製品コードを挿入することで同様の分析を行うことができることを指摘しておく。

　アソシエーション・ルールは，未精製モデルとしてモデルパレットに作成される。なお，ここでいう未精製モデルとはストリーム上に展開して用いることができないという意味である。反対に決定木やニューラルネットワークはストリーム上に用いることができるために，ルールとして提示される。その他のマイニング手法で作成されたモデルと同様にブラウズして，一連のア

図表9-6　データ型の編集

（出所：喜田，2019）

ソシエーション・ルールを表示することができる。しかし，未精製モデルで
あるために直接ストリームにおいてこれにデータを流すことができないとい
う点がある。アソシエーション・ルールは，次のような形で示される。

結果←前提条件１＆前提条件２＆前提条件３ ————
結果←前提条件１（レコード（サンプル）数，サポート，確信度）

　なお，ここでは，Apriori を用いて，アソシエーション・ルールを作成す
る。なぜなら，データフィールドがシンボル型であるためである。モデル構
築にはほかのアルゴリズムと同様にデータ型の編集が必要である（図表9-
6）。ここではフィールドの方向を両方に変更する。

　このように設定したデータ型ノードに以下のように Apriori ノードを接続
する（付録 p. 283）。なお，この方法はそのほかのモデル構築と同様であり，
重要な点である。

　そして，モデル作成のノードでは，次のようにサポート及び確信度を設定
しおくことにした（図表9-7）。この確信度を低く設定することで，詳細な
アイテム（製品コードに近いような）の分析も可能になる。なお，このモデ
ルでは，確信度が75％以上になるルール作成の設定をしている。

233

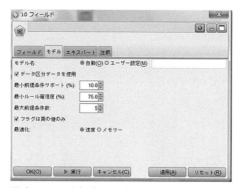

図表 9-7　確信度の設定：アイテム数の操作

(出所：喜田，2019)

　その結果，次のようなモデルを得ることができる（図表 9-8）。

　図表 9-8 の見方としては，1 行目は，買い物かごの中にすでに「クリーム
パン」と「卵サンド」が入っているときには，次に，「アゲパン」が入る可
能性があるということを示している。この結果は，マーケット・バスケット
分析の名前が示すように，ここの顧客のかご（マーケット・バスケット）に
どのような商品が入っているのか，また何が入る可能性があるのかを示して
いる。

　また，図表 9-8 で重要な変数が 2 つある。サポートと確信度である。

■サポート：前提条件を満たすレコードの全データでの割合；一般性を
　チェックするのに用いる。

■確信度（精度）：前提条件を満たしたレコードのうち，結論も満たした
　ものの割合；前提条件が起こったときにどの程度の割合で結論が起こる
　のかを示す。

　これら 2 つの数字によって，ルールの信頼度をみることができるのであ
る。それ故，モデル構築の際に設定することもできるというのはルールの数
を増やすことになる。なお，図表 9-8 の右上で 26/26 というのが見える。
これが，この分析で明らかになったルール（仮説）の数である。ルールの数
を増やすことで，アイテム数を増加させることができ，顧客のニーズへの気

結果	前提条件	サポート %	確信度 %
アゲパン	クリームパン 卵サンドイッチ	10.814	83.529
アゲパン	ミックスサンド アップルパイ 食パン	12.087	83.158
アゲパン	卵サンドイッチ アップルパイ デニッシュ	11.45	82.222
食パン	ミックスサンド アップルパイ アゲパン	12.341	81.443
食パン	ミックスサンド アップルパイ デニッシュ	11.578	79.121
アゲパン	クリームパン 食パン	13.359	79.048
アゲパン	クリームパン アップルパイ	12.723	79.0
アゲパン	クリームパン ミックスサンド	11.45	78.889
アゲパン	卵サンドイッチ アップルパイ 食パン	12.595	78.788
食パン	クリームパン アップルパイ アゲパン	10.051	78.481
アゲパン	ミックスサンド 卵サンドイッチ アップルパイ	12.087	77.895

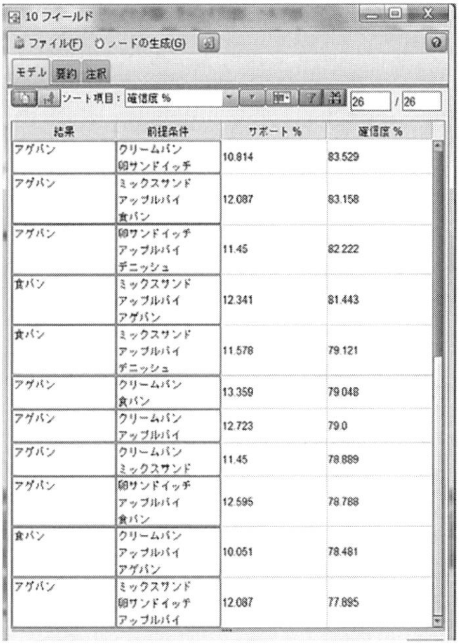

図表 9-8　マーケット・バスケット分析の結果：モデルの内容

（出所：喜田，2019）

づきも促進できるかもしれないが，重要ではないルールや説明不可能なルールも生み出すことになる。

マーケット・バスケット分析及びレコメンドシステムの最終的な目的は，まれにしか売れない商品をおすすめ商品にし，顧客の気づきを推進することである。そこで，本章で用いているデータでは，「あんパン」と「ベーグル」があまり売れていないことが分かる（図表 9-2）。ここでは，「あんパン」と「ベーグル」に関連するルールを導くために確信度を操作（確信度を 10 に設定）し，再分析を行った。その結果得られたのが図表 9-9 のモデルである。なお，同じモデルではあるが，確信度において操作しているために，より多くのルールがそこに含まれている。

図表 9-9 から，「あんパン」をおすすめ商品にするには，アップルパイを買う顧客が多い時，もしくは売れる日時におすすめ商品にするということに

図表9-9　まれにしか売れないものへ関心を向けるために

（出所：喜田，2019）

なる。

Ⅴ　マーケット・バスケット分析の結果の利用法：2つの　レコメンドシステム

　以上のようにマーケット・バスケット分析では，アイテム間の関係についてのルールを明らかにする。そこで，このような結果をどのように店舗で用いるのか，つまり，活用法には以下の4つが挙げられる。

　第1は，**セール及びキャンペーンを行う商品，サービスの選定**である。まず，ここでいう前提条件になる商品のセールス（安売り）を行うことで，結果に入る商品が増加する場合がある。具体的にはスーパーにおいてカレー・ルーなどがそれに当たる。次に，売りたい商品（結果）がある場合，前提条件に入る商品のセールを行うことは有効であろう。

　第2は，**店舗設計**である。店舗設計では，このルールで導き出されたア

イテムをとなり合わせるように設置することになる。また，店舗設計までいかずにどの商品をどのように棚に設置するのか，という問題にも用いることができる。

第3は，**併売活動**，いわゆるセット販売である。そこでは，少し困惑するかもしれないが，結果に含まれる商品を軸に確信度の高い前提条件に含まれる商品と組み合わせることになる。最近では，インターネットビジネス，特にコンテンツ産業において無料と有料の組み合わせが重視されている（Anderson, 2009）。今後この両者の組み合わせに用いることが考えられる。

第4は，**レコメンドシステム（おすすめ商品の選定）**である。図表9-9の見方としては，一行目は，買い物かごの中にすでに「クリームパン」と「卵サンド」が入っているときには，次に，「アゲパン」が入る可能性があるということを示した。この結果から，「クリームサンド」と「卵サンド」を買う顧客には「アゲパン」をおすすめ商品にするということである。これは，アマゾンなどで見られる「この商品を買うお客は以下の商品も買います」というレコメンドの仕方になる。これが第1の方法である。

それともう1つのレコメンドの方法がある。それは，顧客個人の購買動向からおすすめ商品を選定することである（第2の方法）。第8章では，顧客の購買動向からセグメンテーションを行った。そこで，本章では，前述の顧客セグメントを前提条件にし，マーケット・バスケット分析を行う（図表9-10）。

その結果，セグメント02に含まれる顧客であれば「アップルパイ」を，セグメント20に含まれる顧客であれば「食パン」をレコメンドする。つまり，おすすめ商品にすることになる。また，RFM分析のスコアを基礎にセグメント化し，それを前提条件にして，マーケット・バスケット分析を行うという方法も考えられる。それによって，優良顧客，もしくは優良でない顧客に何をレコメンドすればよいのかが明らかにできると考えられる。その上で，優良でない顧客を優良な顧客にするためのレコメンドシステムが構築できるのではないかと考えられる。

図表9-10　誰にどのようなレコメンドをするのか

（出所：喜田，2019）

　このように誰に何をレコメンドするのか，というところを個人レベルに落とし込んだのが，アマゾンで見られる顧客個人に対するおすすめ商品のところである。なお，各自でアマゾンのホームページでこのような点を確認してほしい。

　つまり，レコメンドの方法としては2種類ある。1つは，時間経過は関係なく，ある商品を選択したことを軸におすすめ商品を提案する方法である。もう1つの方法は，時間経過も含めて，各個人の購買行動（履歴）からおすすめ商品を提案する方法である。なお，後者についての分析方法として，シークエンス分析と呼ばれる方法がある。本章で用いた事例では，商品間に後先（時間経過）や優先順位が存在しない。しかし，大型家電などを中心に，商品間で後先（時間経過）が重要な商品も存在する。例えば，パソコン，ディスプレイ，プリンター，デジタル・カメラ，各種メディア等の間には，パソコンが最優先されるであろう。このような場合に有効なのがシークエンス分析という方法である。なお，シークエンス分析に用いるアルゴリズムについては，Tan, Steinbach & Kumar（2006），pp.429-441 を参照されたい。

　以上のように，本章では，マーケット・バスケット分析の背景となっているロングテール現象やその現象を取り込んだビジネスであるロングテールビジネスについて説明した後で，マーケット・バスケット分析について説明してきた。その上で，より具体的にパン屋さんを事例にどのようにマーケット・バスケット分析を行い，おすすめ商品を選定するのか，について提案してきた。最後にこのようなビジネスがどのような市場の変化を引き起こしているのか，を説明することにしよう。

■ロングテールビジネスが引き起こした商圏の拡大

　レコメンドシステムにみられるマーケット・バスケット分析の結果は，顧客が自ら欲しい商品を検索することを自動化し，探索をしなくて済むようになってきている。この点から，顧客の気づきが促進され，ますます消費の個人化が促進されることになる。そこで企業としてこのような消費の個人化が進む，ロングテール化が促進すればするほど，より効率的な流通システムが必要となる。それを支えているのが，近年発達してきた宅配業である。また，製品在庫についても倉庫業の発達があり，在庫を持つコストも下がっているし，アマゾンなどではメーカーと共同することで，在庫をバーチャルに行うことをしている（Anderson, 2006）。このようにインターネットサイト，宅配業，倉庫業などが組み合わさってできているのが，ロングテールビジネスである。言い換えると，インターネットなど情報技術の進化のみではロングテールビジネス，もっと言うと，いわゆるインターネットビジネスは成立しない。

　その結果引き起こされてきたのが，市場に対する考え方の変化である。ここで市場とするが，第1章で説明した「商圏」という概念である（図表1-13）。

　ロングテール以前のビジネスでは，物理的に定義された「商圏」の中である商品に対する顧客を探し出す必要があった。つまり，立地がビジネスにとって重要であった。しかし，ロングテール現象がみられる現在においてこ

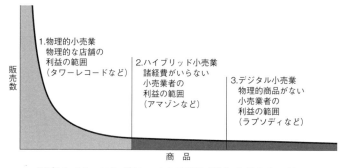

図表 9-11　ロングテールと商圏に関する考え方の違い
（出所：Anderson, 2006, p.118）

のような商圏についての考え方が変化した。商圏とロングテール現象との関
係についての考え方を整理したのが Anderson（2006）である。彼は，物理
的な商圏を持つ小売業（タワーレコード）と，デジタルな商圏を持つ小売業
（ラプソディーなどダウンロードサイト），そして，その中間の小売業（アマ
ゾン）という区別をし，それをロングテール現象という図表と組み合わせた
のが図表 9-11 である。

　図表 9-11 をみると明らかであるが，物理的商圏を持つ小売業では，ロン
グテールのヘッド（ヒット商品）を扱うことで利益を得る構造になってい
る。物理的商圏を持つ小売業にとって，テールのほうの商品を扱うことは，
その物理的な商圏の中で顧客を探すことができるか，できないか，分からな
いためである。しかし，先ほど述べた宅配業の発達，倉庫業の発達などは，
物理的な商圏を超えることができるためにテールのほうの商品を扱うことが
可能になる。つまり，より消費の個人化に対応した商品を扱うことになる。
アマゾンなどではそのような商品（実店舗で扱わない商品）を扱うことで利
益を得ているとしている。

　もっとデジタルに近いほうになるとインターネット回線のみで取引が可能
なためにもっとテールのほうの商品を扱うことができる。例えば，ダウン
ロードを用いたオンライン出版（デジタル書籍）や DVD 等の動画及び音楽

などである。

　このように見てみると，既存の物理的な空間を中心とする商圏がより広範囲な物理的に限定をされない空間へ広がっていることが分かる。つまり，このようになるとビジネスの重要な要素であった立地がある特定の業種にとっては意味がないようになることである。

　しかし，このようなロングテールビジネスを成功させるには，2つの要因が必要であるとされる（喜田，2010）。

　1つは，顧客がインターネットを通じて欲しい商品を検索しやすくすることである。これは，本書で説明したレコメンドシステムをより進めて進化させることも重要なテーマであると考えられる。もう1つは，在庫コストを抑えながら，商品リストを増加させること，十分な品ぞろえをすることである。この2つの点を通じて，より広範囲で，もっと言うと，国際化され，より個人の消費化に対応したビジネス・システムを構築することができると考えられる。

おわりに

　第6章，第7章，第8章，第9章を通じて，データマイニング（データサイエンス）でのアルゴリズムを用いて，具体的にデータを扱うことで，金融機関での与信限度枠の設定（不良債権者の予測），乗換，途中解約者；顧客離反の問題，マーケット・セグメンテーション，セール商品の選定，店舗設計やおすすめ商品の設定などの経営課題にどのように対処するのか，を挙げてきた。また，本書ではその実例を挙げる前に，その理論的な議論を提示することで，データサイエンティストに必要なドメイン・エキスパタイズ（職能などの専門知識）の基礎を提供しているし，また，その領域を研究する際にデータマイニング（データサイエンス）をどのように用いるのか，という学術的な利用法に関連するようにもしてきた。なお，経営学と関連づけることを意識したために実務界においてもどのような背景でデータマイニング及びデータサイエンスを位置づけるのかを提示してきた。もっと言うと，

なぜビジネスでデータサイエンスを研究するのかを示している。昨今，データサイエンスの学部新設が増え，データサイエンスを学ぶ学生数も増加している。データサイエンスを学ぶ学生には，なぜデータサイエンスを学ぶのかをビジネスの視点でより具体的に示しており，データサイエンスの学習内容のビジネスでの活用法などの具体的にイメージが理解できると考えている。その上で，本書の特徴でもある自動化とダッシュボード例などについても説明してきた。

　次章では，データマイニングの応用としてテキストマイニングを位置づけ，その説明を行っていくことにしよう。その上で，テキストマイニングのデータサイエンスでの位置付けなどを説明することにしよう。

第10章

非構造化データを扱う
：テキストマイニングの活用

はじめに

　本書では，ビジネスでデータマイニング（データサイエンス）の活用する
方法を説明してきた。本章では，データサイエンスでのもう1つ重要な手
法であるテキストマイニングに応用する方法について説明する。なお，本章
は，喜田（2014）及び喜田（2018）を再構成した。

　テキストマイニングは最近のビッグデータの一部であるテキストという
「非構造化データ」を対象にする。

　そこで，まず，データサイエンスの中でのテキストマイニングを位置
づけ，定義を行った後，テキストマイニングの流れ（作業手順）を説明
する。その後，データサイエンスの 1) VISUALIZATION（可視化），2)
ANAYSIS（分析），3) PREDICITIVE ANAYSIS (MODELING)（＝予測的
分析）に応じて，自己の研究例を挙げながら説明することにしよう。

I　テキストマイニングとは：データサイエンスの中で

　喜田（2018）では，テキストマイニングを，現在のビッグデータやテキ
ストマイニング及びデータサイエンスの議論から，「**テキストデータを，言
語処理技術を用いて構造化データ・変数に変換し，それを基に知識発見，仮
説発見及び仮説検証を行う手法**」と定義した。少し一般的，広義的にいう

と，「**テキストマイニングは非構造化データの定量化及び構造化の手法である**」ということである。このように定義することと関連して，第 2 点がデータマイニングでは構造化データを扱い，テキストマイニングでは非構造化データを扱うことを意識することである。つまり，テキストマイニングは非構造化データを構造化データに変換する技術であるということである。そして，その目的はモデル構築であるとする点が，前著とは大きく異なる。つまり，非構造化データ→言語処理技術→構造化データ→モデリングという段階を経るということである。

　本書第 3 章で取り上げた CRISP_DM がデータマイニングの作業手順であったことから，テキストマイニングでの作業手順を新たに検討，構築する必要性がある。データサイエンス及び非構造化データの取り扱い方などの議論と著者の今までの作業手順から，テキストマイニングの流れ（作業手順）を整理したのが図表 10-1 である。

　図表 10-1 は，テキストマイニングの一連の流れ，作業手順を示しており，テキストマイニングをシステム化するための要件でもある。

　①データ収集；各種「非構造化データ」を定量的なデータとともに収集する。
　②前処理（テキストマイニングでのデータクリーニング）

　テキストマイニングでのデータクリーニングでは，喜田（2018）の第 5 章で議論する資料論と対象となるテキスト特性の把握，長いドキュメントだと分析単位の設定などを行う。後述するように分析用データを作成する際に 1700 字程度の分析単位に設定することになる。「私の履歴書」など一般的書籍の場合はその全体のテキストをどのように分割するのかを検討する必要がある。

　このようにツール上の必要性及び限界からデータを分割することも必要になるであろうし，研究テーマによって分割する必要性があるかもしれない。例えば，「私の履歴書」であれば全人生が書かれているが仕事の期間のみ（キャリア）のテーマに限定するほか，年次が重要であれば，年次ごとに分割するなどの検討が必要である。また，会議資料であれば，発話者を限定す

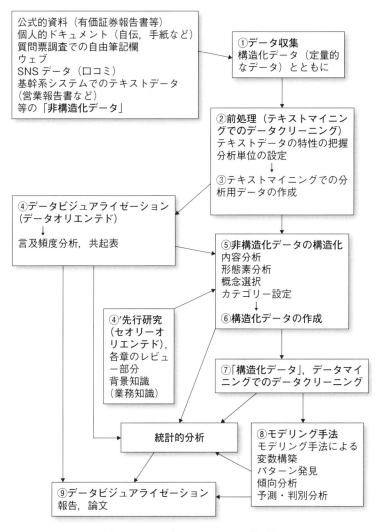

図表 10-1　テキストマイニングの流れ

(出所：喜田，2018)

るなどの検討も必要であろう。このようにテキストデータの特性と研究テー
マの関係からテキストデータの分割を行うことがここでいう前処理の重要な
点である。

③テキストマイニングでの分析用データの作成；その作業手順を経て，図
　表 10-2（p. 248）のような分析用データを作成する。

④データビジュアライゼーション（データオリエンテド）

　まず，そのデータでの言及頻度分析及び共起表を作成する。前者の言及頻
度分析では，テキストの中でどのような概念，言葉が多いのか，を明らかに
し，そのテキストの特性を明らかにする。次の共起表では概念間の関係を明
らかにすることになる。この作業はデータサイエンスでは，データヴィジュ
アライゼーション（データ表現）の一部として考えられ，この結果は，次の
段階の概念選択や分析する視点の提示の基礎となる。例えば，言及頻度の多
い言葉及び概念を選択する，などである。この段階は，テキストマイニング
においてはデータオリエンテドな分析視点といえる。なお，データヴィジュ
アライゼーション（データ表現）にはもう 1 つのタイプがあり，⑨で示さ
れるように報告，プレゼンテーションなどを効果的に行う方法を考察する方
向であり，グラフ化セオリーなどが含まれる（Tufte, 1990；Tufte, 2006；
Mazza, 2009；Nussbaumer, 2015；高間, 2017）。

　④′ 先行研究（セオリーオリエンテド）や背景知識から

　前述したように，データオリエンテドな分析視点の構築，概念選択の一
方，先行研究のレビューや背景知識，業務知識から概念選択及び分析視点を
構築する方向がある。それが，セオリーオリエンテドな分析視点といえる。
なお，各領域でテキストマイニングを用いている先行研究については喜田
（2018）の序章の第 3 節及び参考文献を参照されたい。そこで，どのような
データに注目し，どのような言葉，概念を選択しているのか，を確認する必
要がある。つまり，テキストマイニングを用いる研究にはこの 2 つの方向
性があるということである。

　⑤非構造化データの構造化

　この段階がテキストマイニングにとって最も重要な段階である。それは，
非構造化データ，テキストデータを構造化する段階である。この段階には大
きく 2 種類が存在する。1 つは，④での言及頻度分析等の頻度分析を中心と

する手法であり，内容分析と形態素分析，そして，内容分析ソフトの代わり
に，概念選択を行った上で言及頻度分析をする方法である。これは，テキス
トの特性，ある言葉の言及頻度や，形態素，例えば，名詞の数などのように
定量的な変数に変換する方向である。もう1つは，カテゴリー設定や概念選
択は同様だが，データを0（なし）と1（ある）というバイナリ・データに
変換する方法である。両者の違い，注意点を挙げると次のような点になる。

　第1は，言及頻度分析を中心とする場合は，言及頻度自体に理論的な意
味があるに限られることである。

　第2は，対象とするテキストの分量（ロングか，ショートか）とサンプル
数によることである。公式的資料などのロングの場合は，言及頻度を取る必
要があるかもしれないが，質問票調査の自由筆記欄などショートの場合は，
あまり意味がない可能性がある。次に，SNSデータ用にサンプル数が増大
な場合，全体のデータの把握という意味でいえば，テキストをバイナリ・
データに変換することの意味のほうが重要になる。

　第3は，用いる統計的手法が異なる点である。前者は，相関係数の分析
などを行うことになるだろうし，後者はχ二乗検定などのノンパラ手法が中
心となる。

　⑥構造化データの作成

　このような段階を経て，図表10-2のような構造化データが作成される。

　もしくは，言及頻度や形態素の数などの定量的変数とその他属性変数を含
むデータを作成する。その後，図中の統計分析を行うこともある。

　⑦「構造化データ」，データマイニングでのデータクリーニング

　これについては，本書第3章及び第4章を参照されたい。

　本書では，テキストマイニングでのデータクリーニング（非構造化データ
のデータクリーニング）とデータマイニングでのデータクリーニング（構造
化データのデータクリーニング）とを区別していることが特徴の1つであ
る。

　⑧モデリング手法

受講者ID	性善説	部下一人	行動力	上下関係	下	性別	状況下	適性	資生堂人	○○性	実行	重要性	リーダー
1	0	0	0	0	0	0	0	0	0	1	0	0	0
2	0	0	0	0	0	0	0	0	0	0	0	0	0
3	0	0	0	0	0	0	0	0	0	0	0	0	0
4	0	0	0	0	0	0	0	0	0	0	0	0	0
5	0	0	0	0	0	0	0	0	0	0	0	0	0
6	0	0	0	0	0	0	0	0	0	0	0	0	0
7	0	0	0	0	0	0	0	1	0	0	1	0	0
8	0	0	0	0	0	0	0	0	0	0	1	0	0
9	0	0	0	0	0	0	0	1	0	0	0	0	0
10	0	0	0	0	0	0	0	0	0	0	0	0	0
11	0	1	1	0	0	0	0	0	0	0	0	0	0
12	0	0	0	0	0	0	0	0	0	0	0	0	0
13	0	0	0	0	0	0	0	0	0	1	0	0	0
14	0	0	0	0	0	0	0	0	0	0	0	0	0
15	0	0	0	0	0	0	0	0	0	0	0	0	0
16	0	0	0	0	0	0	0	0	0	0	1	0	0
17	0	0	0	0	0	0	0	0	0	1	1	0	0
18	0	0	0	0	0	0	0	0	0	0	0	0	0
19	0	0	0	0	0	0	0	0	0	0	0	0	0
20	0	0	1	0	0	0	0	0	0	1	1	0	0
21	0	1	0	0	0	0	0	0	0	0	0	0	0
22	0	0	0	0	0	0	0	0	0	0	0	0	0
23	0	0	0	0	0	0	0	0	0	0	0	0	0
24	0	0	0	0	0	0	0	0	0	0	0	0	0
25	0	0	0	0	0	0	0	0	0	0	0	0	0
26	0	0	0	0	0	0	0	0	0	0	0	0	0
27	0	0	0	0	0	0	0	0	0	0	0	0	0
28	0	0	0	0	0	0	0	0	0	0	0	0	0
29	0	0	0	0	0	0	0	0	0	0	0	0	0

図表 10-2　構造化データ

（出所：喜田・金井・深澤, 2011b, p.10, 表 1）

これについては，本書第 5 章を参照されたい。

そして，このようにアルゴリズムを用いて変数を構築した後，統計的分析で検証を行うことができる（図中，統計的分析）。

⑨データビジュアライゼーション

そして，以上の分析結果が論文や報告などにつながっていく。そこでは，グラフ化セオリーなどによって分析結果の見せ方などが中心となる（Tufte. 1990；Tufte, 2006；Mazza, 2009；Nussbaumer, 2015；高間, 2017）。

以上のような作業手順を用いてテキストマイニングを行うことになる。そして，構造化データに変換された後の流れはデータマイニングの段階と同じ

である。

　なおテキストマイニングについては，喜田（2018）での参考文献リストを参照されたい。その中でも Feldman & Sanger（2007）がより一般的に議論している。

　その他ツール別に挙げると，Clementine 及び Text Mining for Clementine については，喜田（2008；2018）を，IBM・SPSS Text Analytics for Surveys については，日本 IBM 株式会社（2012）及び内田・川嶋・磯崎（2012），喜田（2018）などを参照されたい。また，IBM・SPSS Text Analytics については，安藤・喜田（2018）を参照されたい。kh コーダーについては，金（2007，2009），樋口（2014），石田（2017），小林（2017ab）などを参照されたい。Text Mining Studio については菊池（2006）及び服部（2010）を，Word Miner については藤井・小杉・李（2005）を，Tiny Text Miner については松村・三浦（2009）などを参照されたい。なお，現在，著者は Text Mining Studio も用いて研究している。

　テキストマイニングを，データマイニング及びデータサイエンスの3つの種類，段階 1）VISUALIZATION（可視化），2）ANAYSIS（分析），3）PREDICITIVE ANAYSIS（MODELING）（＝予測的分析）に応じて，自己の研究例を挙げながら説明することにしよう。

II　VISUALIZATION（可視化）：言及頻度分析とウェブ分析

　データマイニング及びテキストマイニングの機能には，VISUALIZATION（可視化）という機能がある。これは，データの特性の可視化という意味であり，テキストマイニングでは，言及頻度分析や共起表，もしくはテキストマイニングの結果と属性との関係を可視化するのに用いるウェブ分析などがある。なお，この点については，喜田（2007；2008；2010）を参照されたい。なお，喜田（2018）序章で提示した先行研究のほとんどがこのタイプ

である。

1) 言及頻度分析：内容分析ソフトの代替品

　テキストマイニングを用いると，どのようなテキストデータであっても最初の段階として言及頻度分析を行うことになる。言及頻度分析では，ある概念（言葉）もしくはカテゴリーがどの程度言及されているのかを調査することであり，テキストデータの中でどの言葉が多いのかを明らかにすることでその研究枠組みの方向性を決めるのに役に立つ。言及頻度分析の代表的な事例が内容分析ソフトの代替品として用いる場合である。

　喜田（2008；2018）では先行研究のレビューから，経営者の経歴に影響する要因として人間関係に注目した。そこで，人間関係とは，「私の履歴書」の中での登場人物である。まずサンプル全体での分析結果を提示することにしよう。その目的は，経営者の経歴に影響を与える人間関係の種類を明らかにすることである（図表 10-3）。

　この結果，母，父等の両親，上司，子供，先生，祖父，従業員（＝部下）の順で出現することが分かった。

2) ウェブ分析での可視化

　言及頻度分析の結果を用いてより深い可視化を行うのが，ウェブ分析である。ウェブ分析では，どのような言葉及びカテゴリーが同時に出現しているのか，という共起と特性による共通点と相違点の表示が可能となる。

①共起

　共起表とは，あるテキストの中でどのような言葉もしくはカテゴリーが同時に出現しているのか，を示し，言葉間もしくはカテゴリー間の関係を示すものである。そこで，喜田他（2013）での分析結果を提示することにしよう。

　まず，この図の見方であるが，1) 関係があれば，線で結ばれている。2)

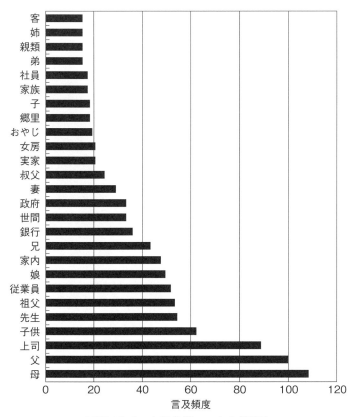

図表10-3　内容分析ソフトの代替品

（出所：喜田，2018）

線の太さは，関係の強さ，を示している。図表10-4は，どのようなカテゴリーが同期しているのか，共起しているのかを示している。また，ここでは，研究者及び分析者が仮説構築をしやすくするためにすべて関係がみられるものを提示しており，これらは操作可能である。その結果，「人」，「部下」，「リーダー」，「自分」「必要」「信頼」「行動」「業務」「心」「育てる」などの間に強い関係があることが分かった。つまり，リーダーの持論にはこれらのカテゴリーが共通して含まれるということである。なお，安藤・喜田

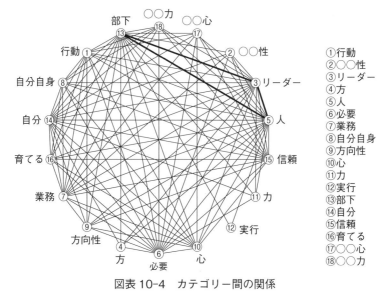

図表10-4　カテゴリー間の関係

（出所：喜田他, 2013）

(2018) でも同様の分析を行っている。

②特性による共通点と相違点の表示

　喜田他（2013）では，リーダーの持論と個人属性との間に統計的な優位があることが明らかにした。個人属性とリーダーの持論の内容（カテゴリー）の間にどのような関係があるのかを明らかにすることにしよう。そこでは，(1) 所属（販社，本社，関係，工場，研究所，海外拠点）の違い，(2) 地位（参事（＝初任管理職），課長，次長，部長）の違い，(3) 勤続年数の違い，によって持論の内容，持論の記述に使用される言葉のカテゴリーにおいての共通点と相違点を明らかにすることにした。ここでは地位（＝資格）と持論でのカテゴリーの関係についての調査結果を報告することにしよう（図表 10-5）。

　喜田他（2013）の重要な発見事実は，地位によって，関係するカテゴリー

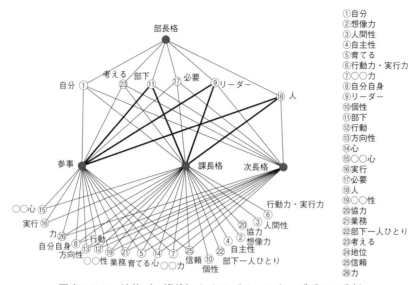

①自分
②想像力
③人間性
④自主性
⑤育てる
⑥行動力・実行力
⑦○○力
⑧自分自身
⑨リーダー
⑩個性
⑪部下
⑫行動
⑬方向性
⑭心
⑮○○心
⑯実行
⑰必要
⑱人
⑲○○性
⑳協力
㉑業務
㉒部下一人ひとり
㉓考える
㉔地位
㉕信頼
㉖力

図表 10-5　地位（＝資格）とカテゴリーのウェブグラフ分析

（出所：喜田他，2013）

に違いが見られることと課長で数多くのカテゴリーが見られるようになり，レイヤーが上がっていくとともに収斂する傾向があることである。

　以上がウェブ分析で可能になる VISUALIZATION の例である。次に VISUALIZATION で重要な研究例として挙げられるのが，言葉の系時的追求である。

③言葉の系時的追求—概念の内容上の変化（＝認知変化）と経営成果の関係

　喜田（2006，2007）では概念数（名詞の数）の変化のみならず，より具体的にどのような概念が内容上に変化しているのか，どのような概念が出現してきたのか，また消えたのか，を明らかにした。そこで，ここでは，一般経済環境を示すもの，業界環境を示すもの，その他環境を示すもの，それと，アサヒの組織革新に直結するような概念を選択した。その目的はそのような概念がいつの時点で出現するのか，を明らかにするためである。なお，

ここでは同一カテゴリーにあると考えられる概念をできるだけひとまとめにした。例えば，天候不順と冷夏などである。また，ここでは，シェア動向，経常利益，売上高の動向と概念の質的な変化の関係を調査した。その結果は図表 10-6 のとおりである。なお，この図表では，交点のところに印があるとその年次で出現していることを示している。また，色の違いがシェアの増減との関係を示しており，四角と三角の違いが売り上げの前年度比を示している。そして，印の大きさが経常利益の前年度比との関係を示している（図表 10-6）。

　以上の結果，アサヒの躍進の基になっている概念は 1985 年までに出現していることが明らかになった。この点から，アサヒの組織革新の前に大きな概念変化があったと結論づけることができる。しかし，研究期間を通じて，新たな概念が次々と出現する傾向があり，引き続き認知変化の程度が高いと結論づけることができよう。

　以上が VISUALIZATION（可視化）と分類されるテキストマイニングの利用法である。この手法はツール上でいうと，グラフ機能を中心として行われる（Feldman & Sanger, 2007）。このような手法はテキストデータの言葉の状態（言及頻度，概念間関係，系時的変化など）を明らかにし，テキストデータ全体の特徴を把握することができる。

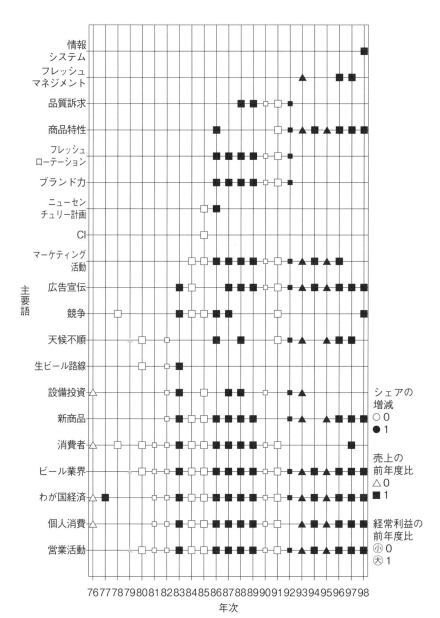

図表 10-6　概念の内容の変化と経営成果との関係

（出所：喜田, 2006；2018）

Ⅲ　ANALYSIS（分析）：概念数の変化と各変数との関係

　ANALYSIS（分析）はテキストマイニングの結果を統計的な分析手法を用いる利用法である。そこでは，通常の統計的な分析方法を用いて研究課題などを達成する。ANALYSIS（分析）と Predictive analytics 及びデータマイニングの関係については後に説明することにしよう。また，この手法はテキストマイニングの結果のみならず，経営学であれば各成果変数などの定量的な変数との分析が中心になる。この事例に当たるのが，アサヒビールの組織革新を認知変化の観点から分析した喜田（2006, 2007）である。

　認知心理学，教育心理学においては，概念は名詞に他ならないとされており（御領・菊池・江草，1993），一般に，概念変化は名詞の数の変化と概念の内容の変化の 2 つに分けて分析される。

　テキストマイニングでの形態素分析を行うことでこの点は簡単に行うことができる。テキストマニングソフトで名詞とされるものを選択し，棒グラフノードによって名詞の数（＝概念数）を各年次で集計したのが次頁のグラフである（図 10-7）。

　図 10-7 から，アサヒにおいて 1970 年代後半はあまり概念数の変化は見られないが，1980 年代前半に急激な概念数の変化が見られることが明らかである。1980 年代後半から 1990 年代前半まで概念数が減少していることが分かる。その後，1994 年では概念数が増加し，その水準にとどまっていることが分かる。なお，アサヒ躍進の基本となるスーパードライの発売は 1987 年であり，この商品の基盤となった組織革新は 1985 年度に行われている。ことを明らかにしている。

　ANALYSIS（分析）を最も示すのが，喜田（2006, 2007）でのアサヒの概念数（名詞の数），経営成果（シェア，売上高，経営上利益），一般経済環境，業界環境の間の相関分析である。図表 10-8 から，アサヒにおいて概念数は，経常利益，売上高，業界環境と正の相関があり，一般経済環境は負の

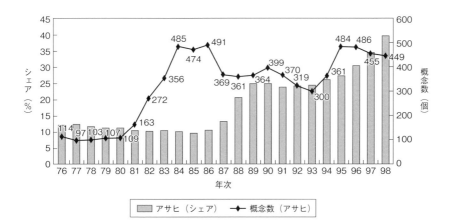

図 10-7　シェアと概念数

（出所：喜田，2006）

相関係数

		アサヒ （経常利益）	アサヒ （売上高）	アサヒ （シェア）	一般経済環境 〈GDP成長率〉	業界環境 〈出荷量(kl)〉	概念数 （アサヒ）
アサヒ（経常利益）	Person の相関係数 有意確率（両側） N	1 23	.885 ** .000 23	.950 ** .000 23	-.701 ** .000 23	.692 ** .000 23	.501 * .015 23
アサヒ（売上高）	Person の相関係数 有意確率（両側） N	.885 ** .000 23	1 23	.972 ** .000 23	-.754 ** .000 23	.935 ** .000 23	.580 ** .004 23
アサヒ（シェア）	Person の相関係数 有意確率（両側） N	.950 ** .000 23	.972 ** .000 23	1 23	-.688 ** .000 23	.834 ** .000 23	.486 * .019 23
一般経済環境（GDP成長率）	Person の相関係数 有意確率（両側） N	-.701 ** .000 23	-.754 ** .000 23	-.688 ** .000 23	1 23	-.746 ** .000 23	-.634 ** .001 23
業界環境〈出荷量(kl)〉	Person の相関係数 有意確率（両側） N	.692 ** .000 23	.935 ** .000 23	.834 ** .000 23	-.746 ** .000 23	1 23	.591 ** .003 23
概念数（アサヒ）	Person の相関係数 有意確率（両側） N	.501 * .015 23	.580 ** .004 23	.486 * .019 23	-.634 ** .001 23	.591 ** .003 23	1 23

＊＊．相関係数は 1％水準で有意（両側）です。
＊．相関係数は 5％水準で有意（両側）です。

図表 10-8　各変数と概念数についての相関分析の結果

（出所：喜田，2006）

相関があることが分かる。なお，これらについては統計的に検証される結果を得ている。ただし，正の相関があるとしてもその数字は低く，この点は概念数の変化がこれらの変数より先行して起こっているためであると考えられる。

　以上がデータマイニング及びテキストマイニングでいう ANALYSIS（分析）の事例である。このように，相関分析などの統計的な手法を用いることが中心となる。

 Ⅳ Predictive analytics（予想・予言的分析）

　Predictive analytics は，データマイニングの一領域であり，マシンラーニングを中心に用いて，過去の事象から変数を構築して未来に起こる，未知のことを予想することである。その活用領域は，通信業界，金融業界などで用いられ，特に顧客の行動の予想，分類などを中心としている。なお，本書で挙げた事例以外では，Bigus（1996），月本（1999），山鳥・古本（2001），大澤（2003 ; 2006），中島・保井・神武（2011），Provost & Fawcett（2013）などがある。また，Davenport の一連の著作などがこの参考となる。また，病院経営ではあるが，原・三枝・石橋（2015）などもある。

　テキストマイニングの通常の用い方はウェブグラフ分析や言及頻度分析等の VISUALIZATION（可視化），統計的分析を行う ANALYSIS（分析）が中心となっている。しかし，本来テキストマイニングでは，ある種のアルゴリズムを用いて，仮説検証及び仮説発見を行う手法であり，新たな変数を構築することである。そのアルゴリズムの説明については本書第 5 章もしくは喜田（2018）第 3 章を参照されたい。

1）ニューラルネットワーク及び決定木による著者判別：「私の履歴書」の内容による判別

　ここでは，「私の履歴書」が，従業員型経営者の手によるものか，それとも創業者の手によるものかを予測・判別するモデル構築を行うことにしよう。予測・判別のモデル構築には，ニューラルネットワークと決定木が用いられる。

　ニューラルネットワークを用いて著者の属性判別を行ったのが図表10-9である。

　そこで，図表10-9において重要な項目について説明することにしよう。精度分析には，このニューラルネットワークに関する情報が示される。推定精度とは，これは正確に予測されたデータセットの割合を示している。57.1％での精度で予測されていることが分かる。そこで，このモデルの内容を見ると，知人，祖父母，出資者の順に重要であり，これを用いて判別・予

図表 10-9　ニューラルネットワークの内容

（出所：喜田，2018）

測していることが分かる。

2）決定木による著者判別：「私の履歴書」の内容による判別

　次に前節と同様に私の履歴書の著者の判別を行った結果が図表 10-10 である。

　この結果，同級生という概念を用いて，著者を判別していることが分かる（図表 10-10）。

　このように見てみると，人間関係の概念を用いて，「私の履歴書」の著者が判別できるということが分かった。

　以上のように，ニューラルネットワークと決定木を用いて著者判別を行う

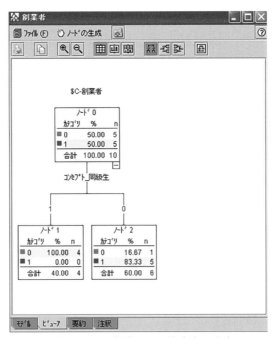

図表 10-10　作成された決定木の内容

（出所：喜田，2018）

方法について簡単に説明してきた。しかし，単独，一種類のアルゴリズムを用いてモデルを構築して終わるマイニングプロジェクトはほとんどなく，通常，2つ以上のアルゴリズムを用いてモデルを構築し，そのモデルを比較した上で推定精度が高いモデルを選択することになる（喜田，2010；2018）。

3）モデリング手法を用いたテキスト（持論）の分類

　この方法は膨大なテキストデータを言語現象上の特徴（言葉，カテゴリー，形態素などの特徴）から分類するのに用いられる。また，分類することで，そのセグメントを変数として構築することで，仮説検証に用いることが可能になる。

　そこで，ここでは，クラスタリング手法を用いてテキストデータ（ここでは，リーダーの持論）を分類し，そのグループと個人属性の関係を調査する。クラスター化手法は，似たような値もしくはパターンを持つデータレコードのグループを発見するのに使用される。この手法は，マーケティング領域，特に，マーケット・セグメンテーションに用いられる。その代表的なアルゴリズムに Kohonen ネットワーク（別名，自己組織化マップ）がある（Kohonen, 2001）。

　それを示したのが図表10-11 での散布図である。この図表は，喜田他（2013）でのリーダーの持論を内容から9つに分類した結果である。

　図表10-11 は，サンプルを「リーダーの持論」を構成するカテゴリーの類似性から9つのグループに分類した結果である。このように分類したグループの番号（セグメント番号）を変数として構築し，それを個人属性と調査することで，リーダーの持論というテキストマイニングの結果と個人属性との間の検証を行うことができる。なお，詳しい方法については，喜田他（2013）を参照されたい。この分析方法で得られた結果の1つが下記のとおりである。ここでは，所属と持論の関係についての分析結果は図表10-12 で示される。

　図表10-12 は，所属に関しては，大きく2つに分類されると考えられる。

１つは，海外，研究，工場，本社の 02 グループであり，もう１つは，関係

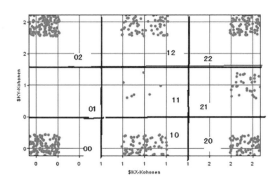

図表 10-11　作成された散布図

（出所：喜田他，2013）

			クラスタ								合計
			00	01	02	10	11	12	20	21	22	
所属	海外拠点	度数	3	1	8	2	2	0	5	1	0	22
		所属の%	13.6%	4.5%	36.4%	9.1%	9.1%	.0%	22.7%	4.5%	.0%	100.0%
		クラスタの%	2.3%	1.3%	4.1%	2.2%	7.1%	.0%	1.8%	1.6%	.0%	2.1%
	関係会社	度数	12	7	28	13	4	10	30	7	20	131
		所属の%	9.2%	5.3%	21.4%	9.9%	3.1%	7.6%	22.9%	5.3%	15.3%	100.0%
		クラスタの%	9.1%	9.0%	14.4%	14.1%	14.3%	15.2%	10.5%	11.3%	16.7%	12.4%
	研究所	度数	4	6	15	0	0	5	7	1	1	39
		所属の%	10.3%	15.4%	38.5%	.0%	.0%	12.8%	17.9%	2.6%	2.6%	100.0%
		クラスタの%	3.0%	7.7%	7.7%	.0%	.0%	7.6%	2.5%	1.6%	.8%	3.7%
	工場	度数	4	3	22	7	3	6	13	3	7	68
		所属の%	5.9%	4.4%	32.4%	10.3%	4.4%	8.8%	19.1%	4.4%	10.3%	100.0%
		クラスタの%	3.0%	3.8%	11.3%	7.6%	10.7%	9.1%	4.6%	4.8%	5.8%	6.4%
	販社	度数	71	31	64	46	13	28	197	40	64	554
		所属の%	12.8%	5.6%	11.6%	8.3%	2.3%	5.1%	35.6%	7.2%	11.6%	100.0%
		クラスタの%	53.8%	39.7%	32.8%	50.0%	46.4%	42.4%	69.1%	64.5%	53.3%	52.4%
	本社	度数	38	30	57	24	6	17	33	10	28	243
		所属の%	15.6%	12.3%	23.5%	9.9%	2.5%	7.0%	13.6%	4.1%	11.5%	100.0%
		クラスタの%	28.8%	38.5%	29.2%	26.1%	21.4%	25.8%	11.6%	16.1%	23.3%	23.0%
	労働組合	度数	0	0	1	0	0	0	0	0	0	1
		所属の%	0.0%	0.0%	100.0%	.0%	.0%	.0%	.0%	.0%	.0%	100.0%
		クラスタの%	0.0%	0.0%	.5%	.0%	.0%	.0%	.0%	.0%	.0%	.1%
合計		度数	132	78	195	92	28	66	285	62	120	1058
		所属の%	12.5%	7.4%	18.4%	8.7%	2.6%	6.2%	26.9%	5.9%	11.3%	100.0%
		クラスタの%	100.0%	100.0%	100.0%	100.0%	100.0%	100.0%	100.0%	100.0%	100.0%	100.0%

図表 10-12　所属と持論の分類との関係

（n=1058，出所：喜田他，2013）

会社，販社の 20 グループである。この分析結果はウェブグラフとの分析結果と合致する。その上で統計的に分析を行うと以下のような結果を得た。

χ 二乗検定もしくは，対称性による検定においても統計的に優位な結果を得ている（χ 二乗値＝126.2，Cramer の V＝.141，p < 0.01）。つまり，所属と持論のグループの間には統計的に有意な関係があることが示された。

以上のように，データマイニングのアルゴリズムを用いて，著者判別（予測，判別）と話題の分類（クラスター化；分類）の事例を示してきた。

最後に，アルゴリズムとテキストマイニングでの利用法との関係で示すことにしよう（**図表 10-13**）。

課　　題	アルゴリズム
著者判別；**計量文献学，歴史学での資料確定，真贋分析**	ニューラルネットワーク，決定木
話題の分類，**資料の分類**	Kohonen ネットワーク
話題と属性の関係	Apriori
話題間，概念間の関係	Apriori

図表 10-13　代表的なアルゴリズムとテキストマイニングでの利用法

（出所：喜田，2018）

これらの点については，喜田（2018）などを参照されたい。なお，太字で記載しているものは著者が用いることが可能であると考えている領域である。図表 10-13 で示した点については，今後の課題であると同時にテキストマイニングの利用可能性を拡大すると考えている。

おわりに

本章では，データサイエンスの重要な手法であるテキストマイニングについてデータサイエンスの領域，1）VISUALIZATION（可視化），2）ANAYSIS（分析），3）PREDICITIVE ANAYSIS（MODELING）（＝予測的分析）に応じて，自己の研究例を挙げながら説明してきた。そこでは，デー

タマイニングの手法がどのようにテキストマイニングで用いるのか，を明らかにしてきた。このようにデータマイニングとテキストマイニングで共通のアルゴリズムを用いることができるということは，この両者の結果を統合して分析できることを示している。それは「混合マイニング」と呼ばれる手法である（Zanasi，2005；喜田，2008；2010；2018）。

　混合マイニングでは，定量的変数のみの予測モデルや分析だけではなく，テキストマイニングの結果を変数として用いることにより，より精度の高いモデルの構築や分析が可能になる。

　その上で，テキストマイニングの結果を基にした分析を行うという変数の追加だけではなく，アルゴリズムを用いた新たな変数の構築の可能性を示唆している。混合マイニングはアカデミックな利用はもちろんのこと，ビジネス界での活用に幅を広げると考えられ，今後の大きな方向性の1つになると考えられる（喜田，2018）。

　そして，最後に重要なのだが，各研究者はそのそれぞれの領域で専門的に研究しているために，データマイニングとテキストマイニングの間には隔たりがあることである。そこで，本書で提示した方法が，データマイニングを専門とする研究者とテキストマイニングを専門とする研究者の橋渡しになることを願っている。ここでは，テキストマイニングとデータサイエンスの関係を重視しながら説明してきた。しかも，どちらかというとアカデミックな利用法に力点を置いている。実務界での利用法については，喜田（2018）の序章でのマーケティング領域での先行研究や第10章での議論を参照されたい。

　最後に，テキストマイニングについての定義に関して説明しておくことがある。それは，喜田（2018）では，「**テキストデータを，言語処理技術を用いて構造化データ・変数に変換し，それを基に知識発見，仮説発見及び仮説検証を行う手法**」と定義したことについてである。その背景には，「おわりに」で議論する人工知能技術の進化において自然言語処理に課題があることを考慮してのことである。現在のように自然言語処理技術が進化すると，人

工知能によってテキストマイニングのプロセスそのものがより進化するかも
しれないし，テキストマイニング自体が必要なくなる可能性があることを示
唆しておくことにしよう。

おわりに：
データサイエンティストのリスキリングに向けて

　本書では，データ分析業務の自動化と業務特化型 AI の自作，データサイエンティストのリスキリングという点から，ビジネス・データサイエンスについて説明してきた。

　本書で業務特化型 AI の自作に注目するのは，業務特化型 AI 自体が多様でしかも複雑化しており，自社のビジネスに効果をもたらすツールの選択に困難を極めているからである。

　この点は各業務についての AI についてカオスマップが存在することで明らかである。それ故，自社のビジネスに精通した分析者が自作する必要があるのである。今後のデータサイエンティストにはこの能力が求められるのではないかと本書では考えているのである。この点が，本書でいうデータサイエンティストのリスキリングの大きな方向である。その上で，この方向性は，業務部門のデータサイエンスへのアプローチを示していることは言うまでもない。データサイエンティストのリスキリングとしているが，ビジネス・データサイエンスにおいては，業務部門にもリスキリングを必要とするのである。これは，DX が業務改革であるからである。

　そして，Davenport & Mittal（2023）が指摘するように，経営者，経営管理者，業務部門及び職能部門とデータサイエンティストの協働が，ビジネス・データサイエンスを含む DX 推進の成功要因なのである。それ故，本書では，経営者，経営管理者，業務部門，職能部門がデータサイエンスにアプローチする際にまず，経営戦略論やマーケティング論を説明した上で，ビジネス・データサイエンスについて習得できるような構成となっている。しかも，データ分析業務の民主化（市民データサイエンス）の立場に立ってツール活用を通じてデータ活用ができるように工夫をしている。

　本書でのリスキリングの方向性は 2 つある。その参考となるのが業務特

化型 AI の自作のベースとなる Taddy（2019）での人工知能に関する図表である（図表おわりに-1）。1 つはドメイン構造を示す業務知識（広くは経営学を基礎に），計量経済学などの理論的側面を習得すること，もう 1 つは，データ生成や汎用的機械学習の領域が示す技術的な側面である。ただし，ここでドメイン構造の中に，緩和と経験則という日本企業でよく言われる k（勘），k（経験），D（度胸）に通ずるかもしれない要因を議論していることに注目する必要がある。

　ここでの経験則（ヒューリスティクス）は Newell & Simon（1972）において，意思決定者にはある種の思考の癖があり，それが認知能力及び資源の節約に影響し，意思決定のスピードを上げるとされている。そして，それは経験によって獲得され，初心者とエキスパート（ベテラン）の意思決定を区別するものであるとされる。この存在は，認知心理学において，認知バイアスとして否定的にとらえられているが意思決定のスピードという側面では有効であると考えられている（御領・菊池・江草，1993；Thagard，1996；Gilovich, Griffin & Kahneman, 2002）。また，この議論は行動経済学の議論のベースとなっている。

　ヒューリスティクスは思考の癖とされているが，ある種の「凝集化された専門性」なのである。その点が，KKD の K（勘）と関連する。それは勘も凝集化された専門性に他ならないからである。凝集化された専門性は経験（ビジネスであれば業務経験）を経て形成されるものであることは言うまでもない。

　それが後述する Mintzberg（2005）の議論に関連しているのである。なぜなら，彼らの言うクラフトはここで言う経験則に他ならないからである。

　本書では，データサイエンティストのリスキリングで重要なのは，経営学及び職能（ある種の専門知識）を習得することであるとしてきた。しかし，共に重要になってきているのが，技術的な側面である。Davenport & Mittal（2023）ではデータサイエンスに関連する領域，特に AI 領域で細分化している上に変化が激しいとされている。そこで，ビジネスに利用可能と考えられる。人工知能の技術についてまとめたのが図表おわりに-2 である。

人工知能　　ドメイン構造　　　　　データ生成　　　　汎用機械学習

AI = Domain Structure + Data Generation + General purpose ML

▼　　　　　　　　　　　　▼　　　　　　　　　▼

ビジネスの専門性　　　　　　強化学習　　　　ディープニューラルネットワーク
Business Expertise　　　Reinforcement Learning　　Deep Neural Nets

▼　　　　　　　　　　　　▼　　　　　　　　　▼

構造（計量）経済学　　　　　ビッグデータ資産　　　動画，音声，テキスト
Structural Econom[etr]ics　　Big Data Assets　　　Video/Audio/Text

▼　　　　　　　　　　　　▼　　　　　　　　　▼

緩和と経験則　　　　　　センサー，動画による追跡　標準外　確率的勾配　画像処理
Relaxations and Heuristics　Sensor/Video Tracking　検証　＋　降下法　＋　装置
　　　　　　　　　　　　　　　　　　　　　　　OOS ＋　SGD　＋ GPUs

図表おわりに-1　（図表1-7）人工知能

(Taddy, 2019, p.266, 再掲)

人工知能技術の種類	効　　果
統計的人工知能技術	
教師あり学習 ニューラルネットワーク ディープラーニング	予想モデルの構築（第6章，第7章）
教師なし学習	類似性によるデータの分類など（第8章）
画像認識のディープラーニング	ラベル化されたデータから画像・イメージを認識する。
自然言語処理のディープラーニング	スピーチやテキストからの学習
論理ベースの人工知能システム	
ルールエンジン（決定木）	第7章，予想モデルの構築
ロボティック・プロセス・オートメーション（RPA） インテリジェントオートメーション（IA）	作業手順，データアクセス，ルールベース意思決定（決定木）を結びつける。
意味論的人工知能システム	
言語認識	発話を認識し，それをテキストに変換する
自然言語の理解（LLM）	意味や意図を理解するためにテキストのコンテクストにアクセスする技術
自然言語の一般化・作成美術	理解可能なテキストを作成すること

図表おわりに-2　人工知能の技術の種類と効果

（Davenport & Mittal, 2023, 図表1-1 加筆修正）

　このようにまとめられるが，昨今特に進化したのが，自然言語処理技術をベースとする意味論的人工知能システムである。その代表的な事例がchatGPT4やLLM（大規模言語モデル）などである。このように続々と新しい技術が開発され，導入されようとしている。そこで重要なのはこのような技術と人との協働体制の構築である（Davenport & Mittal, 2023）。これは古くからある課題であり，ある仕事を人か，機械のどちらでやるのか，ということの選択ではあるが，協働をする意識というのが重要なのである。この点について Tourish（2019）では，機械化，言い換えると自動化がどのような問題点を引き起こしてきたかを歴史的に説明した後，人工知能技術の進化によって，人工知能によって仕事の自動化が同様の問題が引き起こされるとしている。その上で，仕事（働き方）及び組織というような経営学が研究してきた対象が大きく変わることを指摘している。この点は Harari（2016）において人工知能が社会にどのような影響を示すのかを詳しく議論している。なお，2023年7月号の HBR で「人間と機械の新しい関係」と題し，特集が組まれていることを指摘しておくことにしよう。

　このような続々と新しい技術が出現する際に，どの技術を採用すればよいのか，という課題の指針になるのが**ガートナー社のハイプ・サイクル**である[1]。また，最近では実務会の講習会においても最新の技術動向を知ることができる[2]。このような技術動向を知ることがデータサイエンティストのリスキリングの方向性を示唆しており，参考となると考えられる。

　図表おわりに-2 で示される人工知能からより大きな価値を得ようとすると，職場において人と機械の相互作用，もっと言うと協働関係を考え直す必要がある。それは人工知能に対して大きな投資が必要であろうし，人工知能操縦者としてだけでなく，企業と顧客の関係をどのようにするのか，も含めてすべての業務改革が必要になる。人工知能技術がビジネスプロセスを効率化させ，意思決定を改善し，既存の製品やサービスの理解を進めることに応用できることは分かっている。

　Davenport & Mittal（2023）では，「ほとんどの業務を AI に任す企業」の

出現を指摘している。その企業は意思決定と施策実行のスピードが速く，大きなコスト削減が可能であり，複雑な環境の理解を進め，顧客と従業員のエンゲージメントが可能になり，イノベーションを引き起こし，不正などのリスクを排除することができる，などの価値を得ることができるとしている（Davenport & Mittal，2023，図表1-1）。このようなすべての業務をAIに任す企業になるには大きな困難があり，しかも段階的であるとしている。その上で，より人工知能を活用できる企業になるには次の5つの点を挙げている。

1）業務の単純化と標準化を徹底すること。言い換えると，科学的管理法を踏襲することである。

2）業務のデジタル化と構造化を進め，情報システムのエコシスエムを構築することである。

3）デジタル化と構造化ができた業務は自動化に直結させることであり，RPAやIAを活用することである。

4）より進んだ分析手法の採用：自動化されたプロセスを記述的な分析手法やより精度の高いアルゴリズムなどでモニターすることである。

5）認知的技術（画像認識など）を改善すること。これは，現在の人工知能の領域の中で1つの課題であり，今後この領域の進化が待たれることになる。

そして，彼らは，日本企業では損保の事例を挙げて説明している。つまり，日本でも金融業界ではDX化が進んでいるとされている。しかし，多くの日本企業の現状はこれとは全く異なっており，D（デジタル）は進んでいるが，X（トランスフォーメーション）が遅れている。なお，この点は各種IT関係の調査と合致する。その調査としては，独立行政法人情報処理推進機構（2023），一般社団法人日本情報システム・ユーザー協会（JUAS）（2014）などがあり，最新版はウェブで公開されており，参照されたい[3]。ただし，全世界2000社を対象とした調査でDXが進み，成功しているのは30％ぐらいであるとしているので，慎重に検討すべきである[4]。つまり，日

本企業の DX には課題があるということである。

　まず，第 1 は海外子会社で通常稼働している基幹系システム（SAP の ERP）を親会社でも稼働することである。この点は，日系企業のシステム統合に影響を及ぼしている。通常，英米企業などでは情報システムを統合する場合，親会社のシステムを情報ハブとして子会社のシステムを統合する。しかし，日系企業では，親会社のシステムを子会社と同じレベルに置き，情報ハブがクラウド化されており，夜間バッチなどを用いてデータ統合がなされているのであり，意思決定のスピードを阻害していると考えられるのである。それ故，親会社の基幹系システム（SAP の ERP）が稼働することを第 1 目標にすべきである。これは，DX の第 1 段階であり，基幹系システムが対応できるようなビジネス・業務への改革が必要である。この点が遅れているために，多くの日本企業は DX の第 1 段階もクリアできていないのである。例えば，新卒一括採用や「横滑り人事」などの日本特有の人事制度は SAP の ERP では対応できない。この点については，第 3 章で示したように構成要素のうち，人とタスクが 1 対 1 対応でないことも見れば明らかである。それ故，日本企業でもジョブ型採用及び雇用などの推進はこの流れに沿ったものであるといえる。また，この点が基幹系システムのカスタマイズ化（自社開発）が必要なり，膨大なコストと投資と引き起こすことになったのである。その自社開発への志向が現在のツール軽視・プログラミング重視につながっているかもしれない。

　第 2 は，稼働させた基幹系システムのメンテナンスにデータマネジメントが重要であることである。それはビジネスと基幹系システムの中のデータの対応関係を維持することであり，この点が基本的な DX なのである。しかし，日本企業では，データマネジメントに対する関心，意識が薄く，進んでいない傾向がある（喜田，2015）。

　この 2 つをクリアにすることで「分析用データ」の作成と自動化によって，分析業務の自動化が推進され，より高度な DX につながるのである。しかし，何度も言うように，日本企業では IT よりも業務が優先される。これ

によって，業務・ビジネスがデジタルに変換しにくいという現状がある。この結果，ERP や RPA の導入でも同じような課題を持っているために，その導入の効果が確認できないのである。

そして，重要なことに最近の日本企業は好業績が続いていることを理解しておく必要がある[5]。なぜなら，企業業績が高い水準で推移していると DX 推進も含めて業務改革の必要性を考える必要がないためである。つまり，儲かっているのであれば DX は必要がないとする人たちもいるかもしれないということである。この点は，DX 推進者にも問題があるように考えられる。それは，DX 推進が目的となっており，DX が企業業績の改善にどのように関係するのか，を示していないためであると考えられる。この点が，本書で言うデータサイエンティストを中心とした DX 推進者のリスキリングの方向性の 1 つである，経営学を理解し，業務知識を基にしてデータサイエンスを行うことの重要性を示している。

その参考となるのが，Mintzberg（2005）である。Mintzberg（2005）はマネジメントには，アート，クラフト，サイエンスの 3 つの側面があるとしている。そこでその部分を引用することにしよう。「アートは，創造性を後押しし，直観とビジョンを生み出す。サイエンスは，体系的な分析・評価を通じて，秩序を生み出す。クラフトは，目に見える経験を基礎に，実務性を生み出す。この結果，アートは具体的な出来事から一般論への帰納的なアプローチを取り，サイエンスは抽象概念を個別のケースに適用する演繹的なアプローチを取り，クラフトは具体論と一般論の間を行き来する双方向型のアプローチを取る傾向がある。この違いは，戦略に対する態度に最もよく現れる。アートは戦略をビジョンづくり，サイエンスは計画，クラフトは冒険とみなす。

マネジメントが成功するためにはこの 3 つの要素がすべて求められる。 必ずしも完全な均衡を保つ必要はないが，3 要素が互いに補完し合わなければならない。そこで，**図表おわりに-4** では，3 角形のそれぞれの頂点に位置するマネジメントスタイルには，否定的なネーミングを付けておいた。

	サイエンス	アート	クラフト
土台	論理（言語的）	創造性（視覚的）	経験（本能的）
キーワード	課題解決	ビジョン，課題発見	業務経験（知識）
手段	科学的事実	創造的な内省	実践的な体験
関心事	再現可能性	斬新さ	有用性
意思決定	演繹的	帰納的	反復的
戦略決定	計画	ビジョン	冒険
基礎になる知識	経済学，統計学，データサイエンス，AI/IT	リベラルアーツ（人文科学）哲学	業務知識，直観
研究例など	ポーターなどの分析的戦略論，統計手法，**本書**	ビジョナリー・カンパニー，アート教育，Madsbjerg「センスメーキング」	ケーススタディー

図表おわりに-3　マネジメントの３つの側面
（Mintzberg, 2005, p.126, 図表 4-1 加筆修正）

アート一辺倒は，「ナルシスト型」。アートのためのアートを追求してしま
う。クラフト一辺倒は，「退屈型」。自分の経験にないことに踏み出そうとし
ない。サイエンス一辺倒は，「計算型」。人間性が失われかねない。**図表おわ
りに-4** に示したように，スピリチュアルな性格を持つアートは，空高く舞
い上がるが，雲の中に消えていってしまう危険がある。世俗的なクラフト
は，海面を漂うが，漂流してしまう恐れがある。合理主義的すぎるサイエン
スは，しっかり地に足が着いているが，そこから動けなくなってしまいかね
ない。
　３角形の３つの辺に位置するマネジメントスタイルも，肯定的に評価する
わけにはいかない。３つの要素のうちの２つは組み合わせていても，残り１
つが完全に置いてけぼりになっているからだ。サイエンスの体系的分析を欠
くアートとクラフトは，「無秩序型」のマネジメントを生む。アートの創造
的ビジョンなしのクラフトとサイエンスは，「無気力型」。慎重で実務的では
あるけれど，活気がない。クラフトの経験なしのアートとサイエンスは，

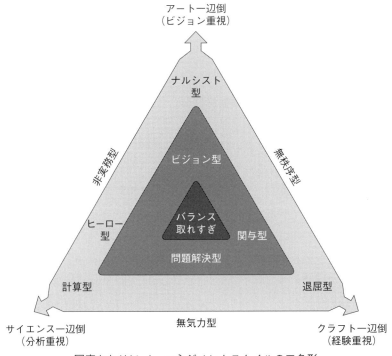

図表おわりに-4　マネジメントスタイルの三角形

(Mintzberg, 2005, p.125, 図表 4-1)

「非実務型」。地に足が着かない非人間的なマネジメントが行われてしまう。後で詳しく紹介する「ヒーロー型」は，この非実務型の一種である。サイエンスの性格が強いが，アートの色彩（あるいは幻想）も少しだけある。今日の企業で非常によく見かけるタイプだ。

　成功するマネジメントは**図表おわりに-4**の最も中側の3角形（バランスが取れすぎている）の中で行われることが多い。ここでは，比重の軽重はあるにせよ，3つの要素が共存してしまうため，これはこれでうまくいかない恐れがある。内側2番目の三角形の中では，さまざまな効果的なマネジメントスタイルがありうる。1つは，「ビジョン型」。おおむねアート重視だが，経験に土台を置いていて，ある程度の分析にも支えられている（それがない

と，収拾がつかなくなる）。アートの得意とする「大きな絵柄」は突然浮かび上がるものではなく，クラフトの具体的経験によって一筆一筆描いていかなくてはならないのだ。ビジョン型のマネジメントスタイルは，成功している起業家の間で特によく見られる。もう1つは，「問題解決型」。主としてクラフトとサイエンスを組み合わせたスタイルである。このスタイルは，工場の監督やプロジェクトマネジヤーなど，ライン部門の現場の管理職に多いようだ。分析重視の面が大きいが，経験にしっかり根をおろしているし，ある程度は直観にも依存している。

残る1つは，人間重視の「関与型」だ。このマネジメントスタイルを好むマネジャーは，コーチングやファシーリテーティングを重んじる。クラフト重視の面が大きいが，退屈しない程度にアートも取り入れているし，破綻しない程度にサイエンスもある（Mintzberg, 2005, pp.124-127 加筆修正）。

そこでこの議論を少し考えてみることにしよう。それは，経営学及び実務界では上述したようにどれかにバランスが偏っているのである。それは，サイエンスとクラフト（業務）のどちらかに偏り，それが振り子のように動いていると考えられる。例えば，経営戦略論でのポーターの分析的戦略論を取り巻く議論がそれであり，最近は，データサイエンスよりの戦略論（データ至上主義）からクラフト重視，アート重視への動きである。なお，前者の点については，岸田（2005）での経営戦略論の歴史を参照されたい。後者については，Christensen, et al.（2016）や Madsbjerg（2017）が代表的である。Christensen, et al.（2016）では，商品の顧客が求める「ジョブ」に注目すべきであり，この点はデータ分析的なアプローチではなく，文化人類学的にアプローチをし，顧客が商品に対する意味付けに注目することでイノベーション研究が進むとしている。Madsbjerg（2017）では，人間行動及び社会を研究する際に人文科学的アプローチに注目し，人間のセンスメーキング（意味付け）を重視している。

さらに，日本企業を見てみると，業務，つまり，クラフトが重視される傾向が強い。これは現場主義と同義であると考えられる（伊丹・加護野，

1989）。それ故，日本企業では，サイエンスに直結する IT よりも業務が優先される。

　本書では，そのサイエンス及びクラフトの一部，特にサイエンスを自動化しようとしている。もしくは，サイエンスとクラフトの間にある「問題解決」を自動化しようとしているのである。そして，問題解決を自動化することが「意思決定工学」という視点なのである。

　それは，この 3 角形の中でサイエンスに従事するデータサイエンティストのリスキリングを位置付け，その方向性を示しているのである。それはクラフト（業務）とアート（問題発見）に関心を持つことである。そのためには，本書で言うデータ分析業務の自動化が必要・不可欠なのである。ただし，データ分析業務の自動化を行うにはここでいうクラフトの知識を持ち課題を発見することが重要である。

　その上で，この 3 つの領域を統合するかもしれないのが，スタンフォード大学の**シンボリックシステムズ**（コンピューターサイエンスと心理学，人工知能，認知科学，哲学・論理学，言語学，統計学，数学を含むさまざまな表現領域からなる知識を総合的に扱うカリキュラム）のようなデータサイエンスのとらえ方である。なぜなら，アートとクラフトにつながる Madsbjerg（2017）を理解するのに必要不可欠な知識を習得できるからである。

　本書では業務特化型 AI の自作を可能にし，「意思決定工学」を目指してきた。そこで残されている課題がこれを実装することであり，これには通常で言うデータエンジニアリングの専門家との共働が必要になることを指摘しておくことにしよう。その事例を提示する前に，理論的な議論を提示することで，データサイエンティストに必要なドメイン・エキスパタイズ（職能などの専門知識）のベースを提供しているし，また，その領域を研究する際にデータマイニング（データサイエンス）をどのように用いるのか，という学術的な利用法に関連するようにもしてきた。なお，経営学と関連づけることを意識したために実務界においてもどのような背景でデータサイエンスを位置づけるのかを提示してきた。この点は，なぜビジネスでデータサイエンス

を研究するのかを示している。昨今，データサイエンスの学部新設が増え，データサイエンスを学ぶ学生数も増加している。データサイエンスを学ぶ学生には，なぜデータサイエンスを学ぶのかをビジネスの視点でより具体的に示しており，データサイエンスの学習内容のビジネスでの活用法などの具体的にイメージが理解できると考えている。

▌注

1　詳しくは https://www.gartner.co.jp/ja/research/methodologies/gartner-hype-cycle，2023/05/22 アクセスを参照されたい。

2　代表的な講習として STANDARD 社の DX リテラシー講座があり約 600 社で導入されている。https://standard-dx.com/services/dx-training　2023/08/10 アクセス。

3　https://juas.or.jp/activities/research/it_trend/。2023/05/29 アクセス。

4　https://active.nikkeibp.co.jp/atcl/wp/b/22/08/25/02912/?n_cid=nbpnxta_mltg_20230623_C23030145_a_i_w_1。2023/06/25 アクセス。

5　2023 年 3 月期決算で東証プライムの 3 割近くが過去最高益である。

付　録

第6章ストリーム

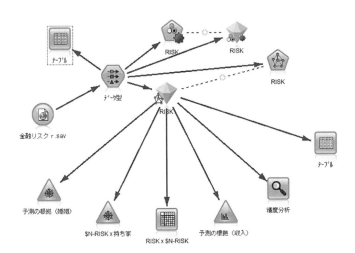

第7章ストリーム

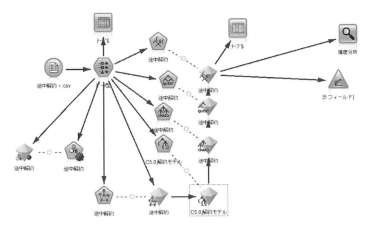

第 7 章　dm に反応するお客の自動化とダッシュボード

ストリーム

郵便番号	自動分類での予測	自動分類での予測の推定精度 -dm への反応
564-0028	1	0.96
564-0028	1	0.96
564-0028	1	0.96
564-0028	1	0.96
564-0028	1	0.96
564-0028	1	0.96
564-0028	1	0.96
564-0028	1	0.96
564-0028	1	0.96
564-0028	1	0.96
564-0028	1	0.96
564-0028	1	0.96
564-0028	1	0.96
564-0028	1	0.96
564-0028	1	0.96
564-0028	1	0.96
564-0028	1	0.96
564-0028	1	0.96
564-0028	1	0.96

ダッシュボード

第7章　需要予測の推定精度

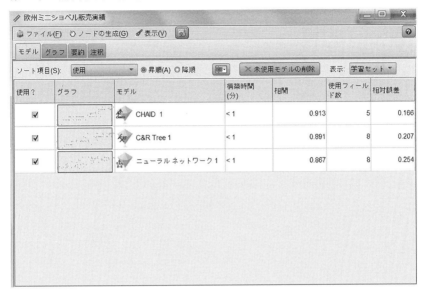

第8章　ストリーム

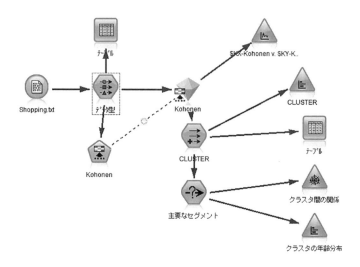

第9章ストリーム1（マーケット・バスケット分析）

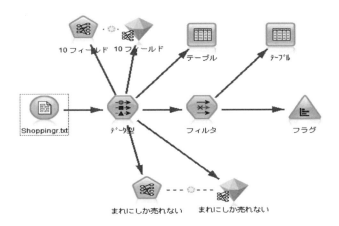

第9章ストリーム2（レコメンドシステムの構築）

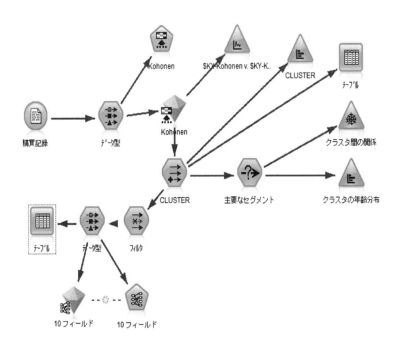

参考文献

Aaker, D. & Day, G.（1980）*Marketing research : private and public sector decisions Wiley series in marketing.* Wiley（野中郁次郎・石井淳蔵訳（1981）『マーケティング・リサーチ：企業と公組織の意思決定』白桃書房).

Aaker, D.（1984）Strategic market management. Wiley（野中郁次郎・北洞忠宏・嶋口充輝・石井淳蔵訳（1986）『戦略市場経営：戦略をどう開発し評価し実行するか』ダイヤモンド社).

Aaker, D.（2001）*Developing business strategies 6th ed.* Wiley（今枝昌宏訳（2002）『Best solution 戦略立案ハンドブック』東洋経済新報社).

アクセンチュア村山徹・三谷宏治＋戦略グループ・CRM グループ（2001）『CRM 増補改訂版：顧客はそこにいる』東洋経済新報社。

Anderson, C.（2006）*The long tail : why the future of business is selling less of more.* Hyperion（篠森ゆりこ訳（2006）『ロングテール：売れない商品」を宝の山に変える新戦略』早川書房).

Anderson, C.（2009）*Free : the future of a radical price.* Hyperion（小林弘人監修・高橋則明訳（2009）『フリー：「無料」からお金を生みだす新戦略』日本放送出版協会).

安文秀（2022）「市況分析による将来の需要予測」滋賀大学特定課題研究。

安藤史江・喜田昌樹（2018）「現在の制度設計は，育児期の女性従業員の活躍を促しうるか？」『南山大学経営研究センター報』第 18 号，pp.1-28。

Ansoff, H. I.（1968）*Corporate strategy : an analytic approach to business policy for growth and expansion.* Penguin Books（広田寿亮訳（1969）『企業戦略論』産業能率短期大学出版部).

安西祐一郎・石崎俊・大津由紀雄・波多野誼余夫・溝口文雄編（1992）『認知科学ハンドブック』共立出版。

淺羽茂・牛島辰男（2010）『経営戦略をつかむ』有斐閣。

Athey, S. & Imbens, G. W.（2019）"*Machine learning methods that economists should know about*". *Annual Review of Economics,* 11, 685-725.

Barney, J. B.（2002）*Gaining and sustaining competitive advantage.* Prentice Hall

（岡田正大訳（2003）『企業戦略論：競争優位の構築と持続：上：基本編．中：事業戦略編．下：全社戦略編』ダイヤモンド社）．

Bauman, Z.（2000）*Liquid modernity.* Polity Press（森田典正訳（2001）『リキッド・モダニティ：液状化する社会』大月書店）．

Berry, M. J. A. & Linoff, G. S.（1997）*Data Mining Techniques : For Marketing, Sales, and Customer Support.* Wiley（Sd）（SAS インスティチュートジャパン・江原淳・佐藤栄作訳（1999）『データマイニング手法：営業，マーケティング，カスタマーサポートのための顧客分析』海文堂出版）．

Berry, M. J. A. & Linoff, G. S.（2000）*Mastering Data Mining : The Art and Science of Customer Relationship Management.* Wiley（江原淳・金子武久・斉藤史朗・佐藤栄作・清水聡・寺田英治・守口剛訳（2002）『マスタリング・データマイニング：CRM のアートとサイエンス（理論編）（事例編）』海文堂出版）．

Berson, A. & Dubov, L.（2010）*Master Data Management AND Data Governance, 2/E.* McGraw-Hill Education.

BI ソリューション総覧編集委員会（2009）『最新の企業戦略と情報活用の実践方法：BI ソリューション総覧―ビジネスインテリジェンス（BI）ソリューション』産業技術サービスセンター。

Bigus, J. P.（1996）*Data mining with neural networks : solving business problems-from application development to decision support.* McGraw-Hill（社会調査研究所・日本アイ・ビー・エム株式会社・ビジネス・インテリジェンス事業推進部共訳（1997）『ニューラル・ネットワークによるデータマイニング』日経 BP 社）．

Bourdieu, P.（1979）*La Distinction.* Minuit（石井洋二郎訳（1990）『ディスタンクシオンⅠ・Ⅱ』藤原書店）．

Bradford, M.（2008）*Modern ERP : Select, Implement, and Use Today's Advanced Business Systems.* Lulu. com.

Brown, J. & Duguid, P.（2000）*The social life of information.* Harvard Business School Press（宮本喜一訳（2002）『なぜ IT は社会を変えないのか』日本経済新聞社）．

Buttrey, S. E. & Whitaker, L. R.（2017）*A Data Scientist's Guide to Acquiring, Cleaning, and Managing Data in R.* Wiley.

Cabena, P., Hadjnian, P., Stadler, R., Verhees, J. & Zanasi, A.（1989）*Discovering datamining : from concept to implementation, first edition.* Prentice Hall（河村佳

洋・福田剛志監訳；日本アイ・ビー・エム株式会社ナショナル・ランゲージ・サポート訳（2000）『データマイニング活用ガイド：概念から実践まで』エスアイビー・アクセス社）.

Christensen, C., Hall, T., Dillon, K. & Duncan, D. S. (2016) *Competing against luck. The story of innovation and customer choice. First edition.* Harper Business an imprint of HarperCollins Publishers（依田光江訳（2017）『ジョブ理論：イノベーションを予測可能にする消費のメカニズム』ハーパーコリンズ・ジャパン）.

鳥海不二夫・石井晃・岡田勇・社会科学・上東貴志・小林哲郎他（2021）『計算社会科学入門』丸善出版。

Cody, R. P. & SAS Institute, (2008) *Cody's data cleaning techniques using SAS 2nd ed.* SAS Institute Inc..

Coyle, J., Bardi, E. & Langley, C. (1996) *The management of business logistics*（Vol. 6）. West publishing company.

Croll, A. & Yoskovitz, B. (2013) *Lean analytics : Use data to build a better startup faster.* O'Reilly Media, Inc.".

DAMA International (2006) *The DAMA Guide to the Data Management Body of Knowledge*（データ総研監訳（2011）『データマネジメント知識体系ガイド』日経 BP 社）.

DAMA International (2018) *The DAMA Guide to the Data Management Body of Knowledge*（データ総研監訳（2018）『データマネジメント知識体系ガイド第 2 版』日経 BP 社）.

Davenport, T. & Prusak, L. (2000) *Working knowledge : how organizations manage what they know.* Harvard Business School Press（梅本勝博訳（2000）『ワーキング・ナレッジ：「知」を活かす経営』生産性出版）.

Davenport, T. (2005) *Thinking for a living : how to get better performance and results from knowledge workers.* Harvard Business School Press（藤堂圭太訳（2006）『ナレッジワーカー』ランダムハウス講談社）.

Davenport, T. & Harris, J. (2007) *Competing on analytics : the new science of winning.* Harvard Business School Press（村井章子訳（2008）『分析力を武器とする企業：強さを支える新しい戦略の科学』日経 BP 社）.

Davenport, T., Harris, J. & Morison, R. (2010) *Analytics at work : smarter decisions, better results.* Harvard Business Press（村井章子訳（2011）『分析力を駆使する企業：発展の五段階：分析で答を出す六つの問題』日経 BP 社）.

Davenport, T. & Kim, J.（2013）*Keeping up with the quants : your guide to understanding and using analytics.* Harvard Business Press（古川奈々子訳（2014）『真実を見抜く分析力：ビジネスエリートは知っているデータ活用の基礎知識』日経 BP 社）.

Davenport, T.（2014）*Big Data at Work : Dispelling the Myths, Uncovering the Opportunities.* Harvard Business Press.

Davenport, T. H.（2018）*The AI advantage : How to put the artificial intelligence revolution to work.* MIT Press.

Davenport, T. & Redman, T.（2023）"*How AI Is Improving Data Management.*" *MIT Sloan Management Review*, 64（2）, 1-5.

Davenport, T. H. & Mittal, N.（2023）*All-in On AI : How Smart Companies Win Big with Artificial Intelligence*（English Edition）. Kindle 版. Amazon Services International Inc..

独立行政法人情報処理推進機構（2023）『DX 白書 2023［電子書籍版］：進み始めた「デジタル」，進まない「トランスフォーメーション」』。Kindle 版。Amazon Services International Inc..

江尻弘（1998）『小売業データベース・マーケティング』中央経済社。

江尻弘（2000）『日本のデータベース・マーケティング』中央経済社。

Erl, T., Khattak, W. & Buhler, P.（2015）*Big Data Fundamentals : Concepts, Drivers & Techniques*（*The Prentice Hall Service Technology Series from Thomas Erl*）. Prentice Hall : Amazon Services International Inc..

Feldman, R. & Sanger, J.（2007）*The text mining handbook : advanced approaches in analyzing unstructured data.* Cambridge university press（辻井純一監訳，IBM 東京基礎研究所（2010）『テキストマイニングハンドブック』東京電機大学出版局）.

藤井美和・小杉孝司・李政元（2005）『福祉・心理・看護のテキストマイニング入門』中央法規。

Gilovich, T., D., Griffin, & Kahneman, D.（Eds.）.（2002）*Heuristics and biases : The psychology of intuitive judgment.* Cambridge university press.

Giudici, P.（2003）*Applied data mining : statistical methods for business and industry.* Wiley.

Goodman, J.（2014）*Customer experience 3.0 : high-profit strategies in the age of techno service.* Amacom Books（畑中伸介訳（2016）『顧客体験の教科書：収益

を生み出すロイヤルカスタマーの作り方』東洋経済新報社).

御領謙・菊池正・江草浩幸（1993）『新心理学ライブラリ 7　最新認知心理学への招待：心の働きとしくみを探る』サイエンス社。

Haeringer, G.（2018）*Market design：auctions and matching*. MIT Press（栗野盛光訳（2020）『マーケットデザイン：オークションとマッチングの理論・実践』中央経済社).

原敦子・三枝信・石橋雄一（2015）「病理診断におけるテキストマイニングの応用」『計算機統計学』第 28 巻第 1 号，pp.57-68。

原田保（1999）『戦略的パーソナル・マーケティング：データベースによるリテンション経営』白桃書房。

Harari, Y. N.（2016）*Homo Deus : A brief history of tomorrow*. random house（柴田裕之訳（2022）『ホモ・デウス：テクノロジーとサピエンスの未来』河出書房新社).

服部兼敏（2010）『テキストマイニングで広がる看護の世界：Text Mining Studio を使いこなす』ナカニシヤ出版。

樋口耕一（2014）『社会調査のための計量テキスト分析〜内容分析の継承と発展を目指して』ナカニシヤ出版。

平本健太（2007）『情報システムと競争優位』白桃書房。

Hitt, M. A., Ireland, R. D. & Hoskisson, R. E.（2012）*Strategic management cases : competitiveness and globalization*. Cengage Learning（久原正治・横山寛美監訳（2014）『戦略経営論：競争力とグローバリゼーション』センゲージラーニング，同友館).

Hoel, P. G.（1960）*Elementary statistics 4th ed.*（浅井晃・村上正康 共訳（1981）『初等統計学』培風館).

Hofer, C.W. & Schendel, D.（1978）*Strategy formulation : Analytical concepts*. West Pub. Co.（奥村昭博・榊原清則・野中郁次郎訳（1981）『戦略策定』千倉書房).

池尾恭一・井上哲浩（2008）『戦略的データマイニング：アスクルの事例で学ぶ』日経 BP 社。

石田基広（2017）『R によるテキストマイニング入門 第 2 版』森北出版。

石井淳蔵（1999）『ブランド―価値の創造』岩波書店。

石井淳蔵（2004）『岩波アクティブ新書 114　営業が変わる：顧客関係のマネジメント』岩波書店。

石井淳蔵・栗木契・嶋口充輝・余田拓郎（2004）『ゼミナールマーケティング入門』

日本経済新聞社。

石井淳蔵・奥村昭博・加護野忠男・野中郁次郎（1985）『経営戦略論』有斐閣。

石井哲（2002）『テキストマイニング活用法—顧客志向経営を実現する』リックテレコム。

石倉弘樹・後藤晃範・喜田昌樹・奥田真也（2016）「情報統合の規定要因と効果：アンケート調査をもとに」『大阪学院大学商・経営学論集』第41巻第2号，pp.1-16。

一般社団法人日本情報システム・ユーザー協会（JUAS）（2014）『企業IT動向調査報告書2014』日経BP社。

一般社団法人日本データマネジメント・コンソーシアム『データマネジメントの基礎と価値』研究会（2015）『データマネジメント概説書（JDMC版）：ビジネスとITをつなぐ：データマネジメントとは』。Amazon Services International Inc..

一般社団法人日本データマネジメント・コンソーシアム『データマネジメントの基礎と価値』研究会（2016a）『データマネジメント・ケーススタディ ボトムアップ編：始まりは品目検索へのクレームだった』。Amazon Services International Inc..

一般社団法人日本データマネジメント・コンソーシアム『データマネジメントの基礎と価値』研究会（2016b）『データマネジメント・ケーススタディ トップダウン編：顧客満足度向上のための業務横断データ活用』。Amazon Services International Inc..

Jeffery, M.（2010）*Data-driven marketing : the 15 metrics everyone in marketing should know.* Wiley（佐藤純・矢倉純之介・内田彩香共訳（2017）『データ・ドリブン・マーケティング：最低限知っておくべき15の指標』ダイヤモンド社).

城繁幸（2007）『若者はなぜ3年で辞めるのか？ 年功序列が奪う日本の未来』光文社新書。

井上達彦（1998）『情報技術と事業システムの進化』白桃書房。

伊丹敬之・加護野忠男（1989）『ゼミナール経営学入門』日本経済新聞社。

加護野忠男（1998）『組織認識論—企業における創造と革新の研究』千倉書房。

加護野忠男（2011）『新装版 組織認識論：企業における創造と革新の研究（bibliotheque chikura）』千倉書房。

加護野忠男・井上達彦（2004）『事業システム戦略：事業の仕組みと競争優位』有斐閣。

加護野忠男・山田幸三編（2016）『日本のビジネスシステム：その原理と革新』有斐閣。

加護野忠男・吉村典久編（2006）『1 からの経営学』碩学舎。

Kalbach, J.（2016）*Mapping experiences : a complete guide to creating value through journeys, blueprints, and diagrams.* O'Reilly（武舎広幸・武舎るみ訳（2018）『マッピングエクスペリエンス：カスタマージャーニー，サービスブループリント，その他ダイアグラムから価値を創る』オライリー・ジャパン，オーム社）.

加登豊・吉田栄介・新井康平（2022）『実務に活かす管理会計のエビデンス』中央経済グループパブリッシング。

加藤直樹・羽室行信・矢田勝俊（2008）『（シリーズオペレーションズ・リサーチ 2：データマイニングとその応用』朝倉書店。

岸田民樹（1985）『経営戦略と環境適応』白桃書房。

岸田民樹（2005）『現代経営組織論』有斐閣ブックス。

岸田民樹（2019）『組織学の生成と展開』有斐閣。

岸田民樹・田中政光（2009）『経営学説史有斐閣アルマ』有斐閣。

岸本義之（2004）「顧客フォーカスのダイレクトモデル：デル・コンピューターなどにみる仕組み革新」。

菊池淳（2006）「テキストマイニングツール Text Mining Studio の紹介」『計算機統計学』第 18 巻第 1 号，pp.45–49。

金明哲（2007）『R によるデータサイエンス：データ解析の基礎から最新手法まで』森北出版。

金明哲（2009）『テキストデータの統計科学入門』岩波書店。

Kelleher, J. D. & Tierney, B.（2018）*Data science.* MIT Press（今野紀雄監訳，久島聡子訳（2020）『データサイエンス』ニュートンプレス）.

Khan, N. & Millner, D.（2023）*Introduction to people analytics : a practical guide to data-driven HR.* Kogan Page Publishers. Amazon Services International Inc..

小林雄一郎（2017a）『R によるやさしいテキストマイニング』オーム社。

小林雄一郎（2017b）『仕事に使えるクチコミ分析：テキストマイニングと統計学をマーケティングに活用する』技術評論社。

Kohonen, T.（2001）*Self-organizing maps 3rd ed.*（*Springer series in information sciences ; 30*).Springer（徳高平蔵・大藪又茂・堀尾恵一・藤村喜久郎・大北正昭訳（2005）『自己組織化マップ　改訂版』シュプリンガー・フェアラーク東京）.

紺野登（1998）『知識資産の経営―企業を変える第 5 の資源』日本経済新聞社。

越出均（1998）『経営情報学の視座：組織の情報と協創』創成社。

Krippendorff, K.（1980）*Content Analysis : An Introduction to Its Methodology,* Bever. Sage Publication（三上俊治訳（1989）『メッセージ分析の技法』勁草書房）.

Kotler, P. & K. Keller, L.（2006）*Philip Kotler Kevin Lane Keller marketing management.*Prentice-Hall（恩藏直人監修・月谷真紀訳（2008）『コトラー＆ケラーのマーケティング・マネジメント第12版』ピアソン・エデュケーション）.

Kuehn, E. F.（2023）"The information ecosystem concept in information literacy : A theoretical approach and definition". *Journal of the Association for Information Science and Technology,* 74（4）, 434-443.

桑田耕太郎・田尾雅夫（1998；2010）『組織論』有斐閣。

Larose, D. T.（2004）*Discovering Knowledge in Data : An Introduction to Data Mining.* Wiley.

Liebowittz, J.（1999）*Knowledge Management Handbook.* CRC Press.

Linoff, G. & Berry, M.（2011a）*Data mining techniques : for marketing, sales, and customer relationship management.* Wiley（上野勉・江原淳・大野知英・小川祐樹・斉藤史朗・佐藤栄作・谷岡日出男・原田慧・藤本浩司訳（2014）『データマイニング手法 探索的知識発見編―営業，マーケティング，CRM のための顧客分析』海文堂出版）.

Linoff, G. & Berry, M.（2011b）*Data mining techniques : for marketing, sales, and customer relationship management.* Wiley（上野勉・江原淳・大野知英・小川祐樹・斉藤史朗・佐藤栄作・谷岡日出男・原田慧・藤本浩司訳（2014）『データマイニング手法 予測・スコアリング編：営業，マーケティング，CRM のための顧客分析』海文堂出版）.

Loshin, D.（2008）*Master Data Management*（*The MK/OMG Press*）. Morgan Kaufmann.

Madsbjerg, C.（2017）Sensemaking : The Power of the Humanities in the Age of the Algorithm. Hachette UK.（斎藤栄一郎訳（2018）『センスメイキング：本当に重要なものを見極める力：文学，歴史，哲学，美術，心理学，人類学，テクノロジー至上主義時代を生き抜く審美眼を磨け』プレジデント社）.

Magal, S. R. & Word, J.（2012）*Integrated business processes with ERP systems.* Wiley.

Maier, R.（2002）*Knowledge management systems : information and communication technologies for knowledge management.* Springer.

Mattison, R.（2001）*Telecom Churn Management : The Golden Opportunity* (Customer Telecare Series).Apdg Pub..

Mazza, R.（2009）*Introduction to information visualization.* Springer（加藤諒（編集），中本浩（翻訳）（2011）『情報を見える形にする技術：情報可視化概論』ボーンデジタル）.

McCallum, Q. E.（2012）*Mapping the world of data problems Bad data handbook.* O'Reilly（磯蘭水・笹井崇司訳（2013）『バッドデータハンドブック—データにまつわる問題への19の処方箋』オライリージャパン）.

松村真宏（2016）『仕掛学：人を動かすアイデアのつくり方』東洋経済新報社.

松村真宏・三浦麻子（2009）『人文・社会科学のためのテキストマイニング』誠信書房.

松下桂樹（1999）『戦略的IT投資のマネジメント：情報システム投資の経済性評価』白桃書房.

三室克哉・鈴村賢治・神田晴彦（2007）『顧客の声マネジメント；テキストマイニングで本音を「見る」』オーム社.

Mintzberg, H.（2005）*Managers not MBAs : A hard look at the soft practice of managing and management development.* Berrett-Koehler Publishers（池村千秋訳（2006）『MBAが会社を滅ぼす：マネジャーの正しい育て方』日経BP社）.

Mintzberg, H., Ahlstrand, B. W. & Lampel, J.（1998）*Strategy safari : a guided tour through the wilds of strategic management.* Free Press（斎藤嘉則監訳・木村充・奥澤朋美・山口あきも訳（1999）『戦略サファリ：戦略マネジメント・ガイドブック』東洋経済新報社）.

三品和広（2004）『戦略不全の論理：漫性的な低収益の病からどう抜け出すか.』東洋経済新報社.

三品和広（2007）『戦略不全の因果』東洋経済新報社.

Mitsa, T.（2010）*Temporal data mining*（*Chapman & Hall/CRC data mining and knowledge discovery series*）. Chapman & Hall/CRC.

宮川公男・上田泰（2014）『経営情報システム〈第4版〉』中央経済社.

Monk, E. F. & B. Wagner, J.（2006）*Concepts in enterprise resource planning 2nd ed.* Thomson Course Technology（堀内正博・田中正郎訳（2006）『マネジメント入門：ERPで学ぶビジネスプロセス』トムソンラーニング，ビーエヌエヌ新社（発売））.

Moore, G.（1999）*Crossing the chasm : marketing and selling high-tech products to mainstream customers.* Harper Business（川又政治訳（2002）『キャズム：ハイテクをブレイクさせる「超」マーケティング理論』翔泳社）.

Moorhead, G. & Griffin, R.（2004）*Organizational behavior : managing people and organizations 7th ed.* Mifflin.

元田浩・津本周作・山口高平・沼尾正行（2006）『IT text　データマイニングの基礎』オーム社。

村上征勝（1994）『行動計量学シリーズ6 真贋の科学：計量文献学入門』朝倉書店。

中島庸介・保井俊之・神武直彦（2011）「オープンソース・インテリジェンスの競争分析への活用の戦略的枠組み：テキストマイニングによる日本の製薬業界の2010年問題におけるM&A情報分析を事例として」『インテリジェンス・マネジメント』第3巻第1号, pp.15-26。

中村博編著（2008）『専修大学商学研究所叢書7　マーケット・セグメンテーション：購買履歴データを用いて販売機会の発見』白桃書房。

那須川哲哉（2006）『テキストマイニングを使う技術／作る技術～基礎技術と適用事例から導く本質と活用法』東京電機大学出版局。

那須川哲哉（2009）「テキストマイニングの普及に向けて：研究を実用化につなぐ課題への取り組み」『人工知能学会誌』第24巻第2号, pp.275-282。

Nettleton, D.（2014）*Commercial data mining : processing, analysis and modeling for predictive analytics projects.* Morgan Kaufmann Publishers Inc.（市川太祐・島田直希訳（2017）『データ分析プロジェクトの手引：データの前処理から予測モデルの運用までを俯瞰する20章』共立出版）.

Newell, A. & Simon, H.（1972）*Human problem solving.* Prentice-hall.

Nielsen, L. & Burlingame, N.（2013）*A Simple Introduction to DATA SCIENCE : BOOK ONE*（*New Street Data Science Basics 1*）（*English Edition*）. Amazon Services International Inc..

日本IBM株式会社（2012）「Text Analytics for Surveys」。

西田圭介（2017）『ビッグデータを支える技術：刻々とデータが脈打つ自動化の世界（WEB+DB PRESS plus）』技術評論社。

野中郁次郎（1990）『知識創造の経営：日本企業のエピステモロジー』日本経済新聞社。

野中郁次郎（2017）『知的機動力の本質：アメリカ海兵隊の組織論的研究』中央公論新社。

野中郁次郎・紺野登（1999）「知識経営のすすめ：ナレッジ・マネジメントとその時代」ちくま新書。

野中郁次郎・竹内弘高（1996）『知識創造企業』東洋経済新報社。

沼上幹（2008）『わかりやすいマーケティング戦略 新版』有斐閣。

沼上幹（2009）『経営戦略の思考法：時間展開・相互作用・ダイナミクス』日本経済新聞出版社。

Nussbaumer, K. C.（2015）*Storytelling with data : a data visualization guide for business professionals*, Wiley（村井瑞枝訳（2017）『Google 流資料作成術』日本実業出版社）.

岡嶋裕史（2006）『数式を使わないデータマイニング入門：隠れた法則を発見する』光文社新書。

Olson, D. & Yong, S.（2007）*Introduction to business data mining, The Irwin/McGraw-Hill series in operations and decision sciences.* McGraw-Hill/Irwin.

大隈昇（2003）「テキスト型データのマイニング：最近の動向とそれが目指すもの」『テキスト型データのマイニングとその応用』（2003 年度公開講座資料），統計数理研究所。

大澤幸生（2003）『チャンス発見の情報技術』東京電機大学出版局。

大澤幸生（2006）『チャンス発見のデータ分析：モデル化＋可視化＋コミュニケーション→シナリオ創発』東京電機大学出版局。

Osborne, J. W.（2013）*Best practices in data cleaning : a complete guide to everything you need to do before and after collecting your data.* SAGE.

Pelphrey, M. W.（2015）*Directing the ERP implementation : a best practice guide to avoiding program failure traps while tuning system performance*（*Series on resource management*）. CRC Press.

Pfeffer, J. & Sutton, R.（2006）*Hard facts, dangerous half-truths, and total nonsense : profiting from evidence-based management.* Harvard Business School Press（清水勝彦訳（2009）『事実に基づいた経営：なぜ「当たり前」ができないのか?』東洋経済新報社）.

Porter, M. E.（1980）*Competitive strategy : techniques for analyzing industries and competitors.* Free Press（土岐坤・中辻萬治・服部照夫訳（1982）『競争の戦略』ダイヤモンド社）.

Porter, M. E.（1985）*Competitive advantage : creating and sustaining superior performance.* Free Press（土岐坤・中辻萬治・小野寺武夫訳（1985）『競争優位

の戦略：いかに高業績を持続させるか』ダイヤモンド社).

Porter, M. E.（1996）"*What is Strategy*"（DAIAMOND ハーバード・ビジネス・レビュー編集部訳（2010）『戦略論 1994－1999』ダイヤモンド社，第 6 章).

Provost, F. & Fawcett, T.（2013）*Data science for business : what you need to know about data mining and data-analytic thinking.* O'Reilly（竹田正和・古畠敦・瀬戸山雅人・大木嘉人・藤野賢祐・宗定洋平・西谷雅史・砂子一徳・市川正和・佐藤正士訳（2014）『戦略的データサイエンス入門：ビジネスに活かすコンセプトとテクニック』オライリー・ジャパン，オーム社).

Pyle, D.（2003）*Business Modeling and Data Mining.* Morgan Kaufmann.

Redman, T.（2008）*Data Driven : Profiting from Your Most Important Business Asset.* Harvard Business School Press（栗原潔訳（2010）『戦略的データマネジメント 企業利益は真のデータ価値にあり』翔泳社).

Redman, T. & Davenport, T.（2021）4 Ways to Democratize Data Science in Your Organization, *HBR*, march, 08.

李洪茂（2019）『リスクマネジメント論』成文堂。

Rogers, E. M.（2003）*Diffusion of innovations 5th ed.* Free Press（三藤利雄訳（2007）『イノベーションの普及』翔泳社).

蝋山昌一（1982）『日本の金融システム』東洋経済新報社。

榊原清則（2005）『イノベーションの収益化：技術経営の課題と分析』有斐閣。

坂下昭宣（2007）『経営学への招待 第 3 版』白桃書房。

佐藤雅春（2001）『顧客行動を予測する「データマイニング」』日刊工業新聞社。

嶋口充輝（2004）『仕組み革新の時代：新しいマーケティング・パラダイムを求めて』有斐閣，pp.241-268. 所収。

嶋口充輝・石井淳蔵（1987）『現代マーケティング』有斐閣。

総務省統計局編（2023）「世界の統計〈2023 年版〉」日本統計協会。

Squire, M.（2015）*Clean Data,* Packt Publishing.

高間康史（2017）『情報可視化：データ分析・活用のためのしくみと考えかた』森北出版。

Taddy, M.（2019）*Business data science : Combining machine learning and economics to optimize, automate, and accelerate business decisions.* McGraw Hill Professional.

田村正紀（2006）『リサーチ・デザイン；経営知識創造の基本技術』白桃書房。

Tan, P., Steinbach, M. & Kumar, V.（2006）*Introduction to Data Mining : Interna-*

tional Edition. Prentice Hall.

Tan, P., Steinbach, M. & Kumar, V.（2013）*Introduction to Data Mining : Pearson New International Edition, Pearson* : Amazon Services International Inc..

田中洋（2008）『消費者行動論体系』中央経済社。

Thagard, P.（1996）*Mind : introduction to cognitive science.* MIT Press（松原仁監訳，梅田聡・江尻桂子・幸島明男・開一夫訳（1999）『マインド：認知科学入門』共立出版）.

遠山曉・村田潔・岸眞理子（2015）『経営情報論 新版補訂（有斐閣アルマ）』有斐閣。

Tourish, D.（2019）*Management studies in crisis : Fraud, deception and meaningless research.* Cambridge University Press（佐藤郁哉訳（2022）『経営学の危機：詐術・欺瞞・無意味な研究』白桃書房）.

豊田裕貴・菰田文男編（2011）『特許情報のテキストマイニング：技術経営のパラダイム転換』ミネルヴァ書房。

Tufte, E. R.（1990）*Envisioning information.* Graphics Press.

Tufte, E. R.（2006）*Beautiful evidence.* Graphics Press.

月本洋（1999）『実践データマイニング：金融・競馬予測の科学』オーム社。

上田隆穂・黒岩祥太・戸谷圭子・豊田裕貴（2005）『テキストマイニングによるマーケティング調査』講談社。

牛田一雄・高井勉・木暮大輔（2003）『SPSS クレメンタインによるデータマイニング』東京図書。

歌代豊（2007）『情報・知識管理インフォメーション・マネジメント：IT とナレッジマネジメント（マネジメント基本全集）』学文社。

内田治（2002）『例解データマイニング入門—これが最新データ透視術』日本経済新聞社。

内田治・川嶋敦子・磯崎幸子（2012）『SPSS によるテキストマイニング入門』オーム社。

Veres, A. & Eross, A. ed.（2017）*Data Fusion : Methods, Applications and Research* (*Research Methodology and Data Analysis*). Nova Science Pub Inc..

Viktor M. S. & Cukier, K.（2013）*Big data : a revolution that will transform how we live, work and think*, (An Eamon Dolan book). Houghton Mifflin Harcourt（斎藤栄一郎訳（2013）『ビッグデータの正体：情報の産業革命が世界のすべてを変える』講談社 Amazon Services International Inc.）.

Walsh, J. P. (1995) "Managerial cognition and organizational cognition : Note from a trip down memory lane," *Organization Science*, Vol.6, No.3, pp.280-321.

Watson, R. (2013) *Data Management : Foundations of Data Analytics* (English Edition). Amazon Services International Inc..

Weiss, S. M., Indurkha, N., Zhang, T. & Damerau F. J. (2005) *Text mining : Predictive methods for analyzing unstructured information.* Springer.

Wendler, T. & Gröttrup, S. (2016) *Data Mining with SPSS Modeler : Theory, Exercises and Solutions,* Springer International Publishing.

Wenger, E., McDermott, R. & Snyder, W. M. (2002) *Cultivating communities of practice.* Harvard Business School Press(野村恭彦監修, 櫻井祐子訳(2002『コミュニティ・オブ・プラクティス:ナレッジ社会の新たな知識形態の実践』翔泳社).

West, M. (2019) *People analytics for dummies.* John Wiley & Sons. Amazon Services International Inc..

Wu, X. & Kumar, V. (2009) *The top ten algorithms in data mining (Chapman & Hall/CRC data mining and knowledge discovery series).* Chapman & Hall/CRC.

矢田勝俊(2004)『ソシオネットワーク戦略研究叢書;第2巻データマイニングと組織能力』多賀出版。

山鳥忠司・古本孝(2001)『戦略経営に活かすデータマイニング:過去を分析し未来を予測する』かんき出版。

山口雄大(2018)『需要予測の基本:この1冊ですべてわかるSCMとマーケティングを劇的に変える』日本実業出版社。

山口雄大(2021)『需要予測の戦略的活用—マーケティングとサプライチェーンマネジメント(SCM)をつなぐ(オペレーションズ・マネジメント選書)』日本評論社。

Zaki, M. & Wagner, M. (2014) *Data mining and analysis : fundamental concepts and algorithms.* Cambridge University Press.

Zanasi, A. (2005) *Text mining and its applications to intelligence, CRM and knowledge management.* WIT.

Zyman, S. (1999) *The end of marketing as we know it.* Harper Collins Business(中野雅司訳(2000)『そんなマーケティングなら, やめてしまえ!:マーケターが忘れたいちばん大切なこと』ダイヤモンド社).

Zyman, S. & Brott, A. (2004) *Renovate Before You Innovate why doing the new thing might not be the right thing*. Portfolio（中野雅司・山本暎子（2005）『そんな新事業なら，やめてしまえ！　既存の資産と能力を活かす 6 つの原則』ダイヤモンド社）.

喜田昌樹（2005）「経営学におけるテキストマイニングのデータクリーニング」『大阪学院大学企業情報研究』第 4 巻第 2 号，pp.57-72。

喜田昌樹（2006）「アサヒの組織革新の認知的研究：有価証券報告書のテキストマイニング」『組織科学』第 39 巻第 4 号，pp.79-92。

喜田昌樹（2007）『組織革新の認知的研究：認知変化・知識の可視化と組織科学へのテキストマイニングの導入』白桃書房。

喜田昌樹（2008）『テキストマイニング入門：経営研究での利用法』白桃書房。

喜田昌樹（2010）『ビジネス・データマイニング入門』白桃書房。

喜田昌樹・金井壽宏・深澤晶久（2013）「個人属性とリーダーシップ持論の関係：実践家の抱く持論のテキストマイニング」『國民經濟雜誌』第 208 巻第 6 号，pp.1-32。

喜田昌樹（2013）『ビジネス心理士検定試験公式テキスト 2　マネジメント心理』中央経済出版社，pp.117-138。

喜田昌樹（2014）「データマイニングの視点から見たテキストマイニング（〈特集〉情報経営への言語的アプローチ）」『日本情報経営学会誌』第 35 巻 1 号，pp.4-18。

喜田昌樹（2015）「企業内情報活用の前提条件」『経営情報学会　全国研究発表大会要旨集 2015f』pp.267-270。

喜田昌樹（2018）『新テキストマイニング入門：経営研究での「非構造化データ」の扱い方』白桃書房。

喜田昌樹・一般社団法人日本情報システム・ユーザー協会ビジネスデータ研究会（2018）『経営のためのデータマネジメント入門』中央経済社。Amazon Services International Inc..

喜田昌樹（2019）『ビジネス・データマイニング入門【増補改訂版】』白桃書房。

■著者紹介

喜田　昌樹（きだ　まさき）

1989年　同志社大学経済学部卒業
1995年　神戸大学大学院経営学研究科博士後期課程
　　　　単位取得退学
1995年　大阪学院大学経営科学部専任講師
2000年　大阪学院大学企業情報学部助教授
2008年　神戸大学より博士号取得，博士（経営学）
　　　　大阪学院大学経営学部教授
2021年　滋賀大学経済学部教授（現在）
研究領域　認知的組織論，ナレッジマネジメント，
　　　　　テキストマイニング
著書に『組織革新の認知的研究―認知変化・知識の可視化と組織科学へのテキストマイニングの導入―』（2007，白桃書房），『テキストマイニング入門―経営研究での活用法―』（2008，白桃書房）。『新テキストマイニング入門―経営研究での「非構造化データ」の扱い方―』（2018，白桃書房），『ビジネス・データマイニング入門（増補改訂版）』（2019，白桃書房），『経営のためのデータマネジメント入門』（2018，中央経済社），『変わろうとする組織　変わりゆく働く女性たち―学際的アプローチから見据える共幸の未来―』（2020，晃洋書房，共著）。
主要論文に「アサヒビールの組織革新の認知的研究―有価証券報告書のテキストマイニング―」『組織科学』（2006），「組織的知識構造の知識表象研究の貢献―組織知識の可視化に向けて―」『ナレッジ・マネジメント研究年報』（2005），「ナレッジ・マネジメントの理論的・方法論的基盤としての組織的知識構造の知識表象研究」『ナレッジ・マネジメント研究年報』（2002）等がある。

■ ビジネス・データサイエンス入門
　　ーデータ分析業務の自動化とデータサイエンティストのリスキ
　　リングー
　　　　　　　　　　　　　　　　　　　　　　　　〈検印省略〉

■ 発行日 ── 2023年12月6日　初版発行

■ 著　者 ── 喜田　昌樹

■ 発行者 ── 大矢栄一郎

■ 発行所 ── 株式会社　白桃書房
　　　　　　　〒101-0021　東京都千代田区外神田5-1-15
　　　　　　　☎03-3836-4781　FAX03-3836-9370　振替00100-4-20192
　　　　　　　https://www.hakutou.co.jp/

■ 印刷・製本 ── 藤原印刷
© KIDA, Masaki 2023　Printed in Japan
ISBN 978-4-561-24788-3　C3034

好 評 書